江西理工大学学术著作出版资助
江西理工大学繁荣哲学社会科学项目（FZ18-YB-06）

江西理工大学优秀博士论文文库

中国广义贸易成本测度及效应研究

廖秋敏 著

中国财经出版传媒集团
经济科学出版社
Economic Science Press

图书在版编目（CIP）数据

中国广义贸易成本测度及效应研究/廖秋敏著．—北京：经济科学出版社，2020.10

ISBN 978－7－5218－1977－9

Ⅰ．①中…　Ⅱ．①廖…　Ⅲ．①对外贸易－测度（数学）－成本计算－研究－中国　Ⅳ．①F752

中国版本图书馆 CIP 数据核字（2020）第 198251 号

责任编辑：周国强
责任校对：王肖楠
责任印制：王世伟

中国广义贸易成本测度及效应研究

廖秋敏　著

经济科学出版社出版、发行　新华书店经销

社址：北京市海淀区阜成路甲 28 号　邮编：100142

总编部电话：010－88191217　发行部电话：010－88191522

网址：www.esp.com.cn

电子邮箱：esp@esp.com.cn

天猫网店：经济科学出版社旗舰店

网址：http://jjkxcbs.tmall.com

北京季蜂印刷有限公司印装

710×1000　16 开　14.5 印张　230000 字

2020 年 10 月第 1 版　2020 年 10 月第 1 次印刷

ISBN 978－7－5218－1977－9　定价：72.00 元

（图书出现印装问题，本社负责调换。电话：010－88191510）

前　言

国际贸易是经济增长的三大引擎之一。自20世纪90年代以来，国际贸易的经济成本普遍下降，国际贸易对世界经济增长起到了重要的促进作用。但是近年来这种情形逐渐被打破，全球商品贸易总额下降，世界经济增长放缓，中国的经济和对外贸易增速也开始放缓。尤其是在美国提出“美国优先”政策之后，全球贸易摩擦不断加剧，这些无疑将进一步增加贸易经济成本。除了经济成本的上升，环境成本变化也不容忽视。中国经济发展水平的提高使人们对清洁环境的要求越来越高，中共十九大报告强调“必须树立和践行绿水青山就是金山银山的理念”，2018年1月1日起正式开始实施《中华人民共和国环境保护税法》，环境保护成为企业生产和出口的硬性约束条件，贸易的环境成本也越来越高。因此可以说，中国近年来出口快速增长、总体贸易成本持续下降的局面已经完全改变了。

在这样的背景下，本书以降低广义贸易成本为目标，准确地测算我国广义贸易的成本，判断贸易经济成本变化及其影响因素，明确贸易环境成本对我国企业出口的影响，合理度量广义贸易成本及其变化趋势，对广义贸易成本的外来冲击影响进行模拟。只有这样，才能够明确如何在外贸出口中转动力、调结构，培育竞争新优势，才能够努力“推动形成全面开放新格局”，建设“富强民主文明和谐美丽①”的社会主义现代化强国。

本书的研究主要采取了以下几种研究方法：一是文献分析法。在搜寻、阅读、分析有关贸易经济成本、贸易环境成本及其效应的相关文献的基础上，发现现有文献研究的不足，寻找研究的起点，为广义贸易成本测度及其效应的研究提供有益借鉴。二是归纳演绎方法。运用经济学数理模型分析以及其他常规的归纳演绎方法来，详细阐述广义贸易成本与对外贸易之间的关系。三是实证分析与规范分析相结合。基于引力模型实证分析了反倾销对贸易经济成本的影响，运用熵权法计算了贸易环境成本，利用 Heckman 两步法模型分析排污费对出口金额、出口数量以及贸易三元边际的影响。理论分析了在异质性企业模型框架下贸易经济成本的测度方法，以及该方法与比较优势等传统贸易理论的兼容性，理论分析了环境成本对国际贸易的影响机理。

研究结果发现，中国广义贸易成本变化大致可以分为三个阶段：第一，2002～2007 年，贸易环境成本迅速增加导致广义贸易成本上升；第二，2008～2010 年全球经济危机，贸易环境成本呈现 V 形走势而贸易加总经济成本呈现倒 V 形，广义贸易成本大致呈微笑曲线状；第三，2011～2015 年，加总贸易经济成本上行，而贸易环境成本稳中有降，导致广义贸易成本稳中有降，但是降幅较小。对东盟和美国、日本、韩国以及中国香港地区的广义贸易成本低于中国整体的广义贸易成本，而对欧盟、金砖国家、“一带一路”沿线其他国家均高于中国整体广义贸易成本。广义贸易成本是由贸易经济成本和贸易环境成本指数化后，利用熵权法计算获得的，经济成本和环境成本的权重分别为 0.786 和 0.214。

其中，贸易的经济成本是利用诺维（2013）方法进行测算的，涵盖 2002～2016 年中国与 173 个贸易伙伴的贸易经济成本，结果发现中国加总贸易经济成本仅为平均贸易经济成本的 43% 左右，平均贸易经济成本忽略权重的差异，会导致对贸易经济成本的测算结果偏高。而且贸易经济成本持续下降的趋势已经改变，2014 年出现拐点由下降转为上升趋势。对不同贸易伙伴经济

① 习近平总书记在中共十九大报告中三次提到“美丽中国”，这意味着生态文明建设已经上升为新时代中国特色社会主义的主要部分。

成本变化出现拐点的时间存在差异，对东盟、美国、日本、韩国以及中国香港地区贸易经济成本低于加总贸易经济成本，而对欧盟、金砖国家以及“一带一路”其他国家高于加总贸易经济成本。

贸易环境成本是根据能源消耗指标和污染物排放指标利用熵权法计算得到的。2001～2007年环境成本快速上升，2008～2010年全球经济危机中呈U形变化，2011年回升之后到达最高值后逐渐平稳，2015年再次出现明显下降。从能源消耗的角度，我国与越南、泰国、马来西亚、印度、南非、俄罗斯的出口含污贸易条件PTT小于100，与其他排名前20位的主要贸易伙伴含污贸易条件PTT均大于100，与大多数国家的PTT在2005年达到峰值后逐步下降。从污染物排放的角度，贸易环境成本的增加完全来自废气排放总量的增加，也就是温室气体的增加。

关于贸易经济成本的影响因素，结合当前国际经济局势发展变化，引入贸易伙伴“对自由贸易的态度”这一因素，并且以反倾销案件数量作为代理变量，在经典的引力模型中加入反倾销相关变量进行回归，发现中国发起和遭遇反倾销的数量以及贸易伙伴遭遇反倾销的数量均增加了中国的贸易经济成本。但是，贸易伙伴专门针对中国发起的反倾销指控数量和采取的反倾销措施数量对中国贸易经济成本的影响均不显著。也就是说，是贸易伙伴“对自由贸易的态度”显著影响了我国贸易经济成本，而“与中国进行贸易的态度”对我国贸易经济成本的影响不显著。反事实模拟表明，2002～2016年如果中国不遭遇任何反倾销指控，贸易经济成本将下降36.40%。如果所有贸易伙伴都不相互发起反倾销指控，中国贸易经济成本将下降23.89%。如果所有贸易伙伴都不遭遇反倾销指控，中国的贸易经济成本将下降2.07%。简言之，中国是全球自由贸易的受益者之一，应该继续坚定地成为WTO的拥护者和支持者，维护国际自由贸易秩序。

在异质性企业贸易理论模型中引入排污费变量，分析企业的环境成本排污费对出口的影响，研究发现企业出口额与单位产值排污费和单位金额排污费强度呈U形关系，并且位于曲线的左侧，还没有达到拐点，企业出口额随着这两种排污费强度的增加而下降，但是与单位产量排污费正相关。所有企业排污费指标均与出口数量正相关。单位产量排污费强度对企业出口扩展边际具有正向作用，排污费总量和单位产量排污费强度对出口集约边际具有正向作用。无论是总排污费还是3种单位排污费强度指标均与出口质量呈U形关系，尽管还没有达到拐点，波特假设在一定程度上得到了证实。排污费主要通过降低企业全要素生产率、增加企业长期投资和研发投入来影响企业出口行为，不同行业存在差异。

最后，利用GTAP模型将全球划分为7个地区和6个部门进行广义贸易成本变化模拟，结果发现美国对中国制造部门产品加征关税导致广义贸易成本增加，恶化了中国的贸易条件，减少了中国进出口总额，其中出口总额降低更明显，因此中国贸易赤字增加，这种增加完全是来自制造部门。制造业产品贸易在全球贸易的比重降低，但是中国制造业的产出降低并不明显。关税严重拖累中国GDP增长，严重恶化了中国的福利。关税可以改善美国的贸易条件和国际收支平衡，增加美国福利，促进GDP增长，但是对于增加产出和就业并没有帮助。

本书由此得出以下政策建议：降低对欧盟和其他“一带一路”国家的贸易经济成本；保持平稳的对外贸易增长速度；进一步扩大对外开放程度；谨慎扩大基础设施建设投资，坚持产业结构调整；合理利用税收政策引导产业转型升级。

本书可能在以下几个方面存在创新：一是将传统的贸易经济成本和贸易环境成本融合延伸为广义贸易成本，采用熵权法对其进行测度，分析其变化规律，丰富了贸易成本的内涵；二是在经典异质性企业贸易理论模型中加入排污费变量，拓展了异质性企业模型，从微观层次实证分析了贸易企业排污费（即贸易环境成本）对出口的影响；三是利用GTAP模型研究了广义贸易成本的经济效应，得到的结论不仅考虑了贸易发展等传统的经济目标，而且考虑了生态环境目标。本书的不足之处在于广义贸易成本经济效应研究有待进一步深化，以及企业排污费对出口影响经验分析中的数据陈旧问题。

目　录

| 第 1 章 |
导　论

1.1 研究背景与意义

1.1.1 研究背景

国际贸易对经济增长至关重要，其中出口被誉为经济增长的三大引擎之一。1992 ~ 2013 年，世界商品出口总额从 24576.61 亿美元增长到 186158.03 亿美元，增加幅度为 657.46%。与此同时，全世界国内生产总值总量从 25389.80 亿美元增长到 769246.50 亿美元，增加幅度为 202.97%，[①] 国际贸易的增长幅度远远大于 GDP 的增长幅度，国际贸易对全球经济增长起到了巨大的拉动作用。这其中，贸易经济成本的下降（Jacks et al.，2008），尤其是发展中国家贸易经济成本的下降显著（Arvis et al.，2010），起到了重要的作用。中国作为世界上最大

① 国内生产总值数据来自世界银行数据库，进出口数据来自联合国 UN Comtrade 数据库，下同。

的发展中国家，近年来对外贸易经历了非常迅猛的增长，商品出口总额从1992年的849.40亿美元增长到2014年的最高点23422.93亿美元，增加幅度高达2657.59%。在这期间，中国的贸易经济成本，无论是从商品层面、行业层面还是国家层面来计算，几乎都一致出现了明显的下降。①

但是，这种贸易经济成本下降、贸易增长拉动经济增长的景象似乎难以持续，2013年起全世界的商品出口总额开始持续下降，2014年起中国的出口总额开始持续下降。出口占国内生产总值比重出现下滑的时间更早，全世界的拐点出现在2011年，而中国在2006年达到最高峰后就开始下降了（如图1-1所示）。在国内生产总值尚未出现负增长的情况下，出口的下降很可能伴随着贸易经济成本的增加。无论对于中国的经济增长还是世界经济增长来说，这都不是一个好消息。

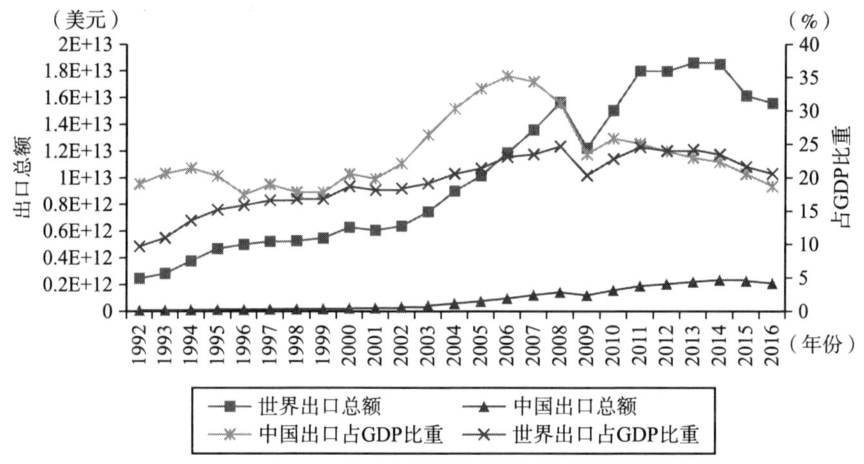

图1-1　1992~2016年世界和中国出口总额以及出口占国内生产总值比重

资料来源：世界银行、UN Comtrade数据库。

更加令人感到不安的是，目前出现了“逆全球化”的趋势，国际贸易摩擦加剧，贸易经济成本上升趋势愈加明显。2016年6月23日英国通过全民公投决定脱离欧盟，美国总统特朗普上台后提出“美国优先”，先后退出

① 相关文献见本书第2.1.3小节“商品贸易经济成本的测度结果和影响因素”部分。

“跨太平洋伙伴关系协定”（TPP）、《巴黎协定》以及联合国教科文组织等。2018 年 3 月 8 日，美国总统特朗普签署公告对进口钢铁和铝产品征收高关税，并于当天在白宫宣布美国将对进口钢铁征收 25% 的关税，对进口铝产品征收 10% 的关税。关税措施将在 15 天后正式生效，由此拉开了全球贸易战的序幕。[①] 之后，中美之间的贸易摩擦不断，同时美国对于其他贸易伙伴的态度也趋于严苛。贸易自由化前景堪忧，甚至可能出现大幅度倒退，这种不确定性的增加必然会减少对经济全球化的信心，增加国际贸易的经济成本。

除了“显性”的贸易经济成本之外，“隐性”的贸易环境成本也是非常值得关注的。

根据环境库兹涅茨曲线（EKC 曲线），当人均国内生产总值达到一定水平，人们对于清洁环境的要求就会促使环境污染程度下降。世界上很多发达国家达到了这样的水平，中国目前也已经到达了这样的经济水平，2017 年中国人均国内生产总值（按照购买力平价计算）已经达到 1.68 万美元[②]，这个收入水平已经超过了许多库兹涅茨曲线经验研究文献中的“拐点”[③]。环境质量是“人民日益增长的美好生活需要”，中共十九大报告也强调“必须树立和践行绿水青山就是金山银山的理念”[④]。2018 年 5 月 19 日习近平总书记在全国生态环境保护大会上指出，“生态文明建设是关系中华民族永续发展的根本大计”[⑤]。2018 年 1 月 1 日起，我国正式开始实施《中华人民共和国环境

① 金昉昉，高攀．美国宣布对进口钢铁和铝产品征收高关税［EB/OL］. 2018 - 03 - 09.（2018 - 12 - 11）http：//www. xinhuanet. com/world/2018 - 03/009c_1122509186. htm.

② 世界银行数据库。

③ 不同污染物的环境库兹涅茨曲线（EKC 曲线）拐点存在明显差异。二氧化硫和烟尘的 EKC 曲线拐点出现比较早，格罗斯曼、克鲁格（1991）认为在人均收入 4000 ~ 5000 美元；帕纳约托（Panayoto，1993）估算二氧化硫、氮氧化物和悬浮颗粒物排放量转折点大约分别在 3000 美元、5500 美元和 4500 美元左右。我国目前按照购买力平价人均国民收入已经超过上述水平。二氧化碳排放的 EKC 曲线拐点出现更晚，国际经验低估值为 13260 美元（Galeotti and Lanza，1999），中等估值到 25100 美元（Cole，Rayner and Bates，1997），高等估值到达 35428 ~ 80000 美元（Holtz-Eakin and Selden，1995）。对于中国二氧化碳排放 EKC 曲线拐点的估计，林伯强、蒋竺均（2009）认为在人均收入 37170 元，许广月、宋德勇（2010）认为在人均收入 59874 元。2017 年实际中国人均可支配收入为 25974 元，北京市人均收入 57230 元，上海市为 58988 元，有 4 个省（自治区）超过了林伯强、蒋竺均（2009）提出二氧化碳排放 EKC 曲线拐点。

④ 中国共产党第十九次全国代表大会报告。

⑤ 开创美丽中国建设新局面：习近平总书记在全国生态环境保护大会上的重要讲话引起热烈反响［N］. 人民日报，2018 - 05 - 21（1）.

保护税法》，环境保护对于企业来说不再仅仅停留在号召倡议或者最低标准阶段，而是上升到法律层面，成为真金白银收入的硬性约束条件。所有这些都意味着，作为制造和出口大国的中国必须以更加“清洁”的方式来生产产品，必须要为全世界的消费者提供更加“清洁”的产品，而这样无疑将进一步增加我国的贸易环境成本。

中共十九大报告中提出我国要建设贸易强国，在如今复杂的国际形势和不断变化的国内环境下，非常有必要清楚地了解我国的贸易成本、变化趋势及其影响。这里所说的成本不仅是经济意义上的成本，也包括国际贸易的环境成本。只有这样我国才能明确如何在外贸出口中转动力、调结构，培育竞争新优势，才能够“推动形成全面开放新格局”。

1.1.2 研究意义

自从大卫·李嘉图的比较优势理论起，传统的国际贸易理论中几乎不考虑贸易成本，换言之，分工之后的“交换”是没有成本的。但是在现实中，贸易成本是真实存在的，即使在通信和物流发达、全球经济一体化程度比较高的今天，贸易成本依然是不可忽略的。而且更加重要的是，它在一定程度上决定了国际贸易能否如同理论预期的那样产生发展。随着国际贸易理论的不断发展和创新，贸易成本已成为“新贸易理论”“异质性企业贸易理论”“新经济地理学”的关键概念，具有“至关重要性”和“丰富的政策含义”[①]（Anderson and Wincoop，2004）。

本书的理论意义在于：首先，将显性的贸易经济成本和隐性的贸易环境成本融合延伸为广义贸易成本，丰富了贸易成本内涵。将其作为一种额外的要素禀赋，引入传统的比较优势理论，拓展了比较优势理论模型。其次，在对于贸易经济成本的研究中，以各国发起和遭遇反倾销指控的数量作为“对于自由贸易的态度”和“被自由贸易体系接受程度”的代理变量，研究贸易经济成本的影响因素，进一步丰富了贸易经济成本理论和引力模型中距离的内涵。最后，对于贸易环境成本的研究中，在经典异质性企业贸易理论模型

---

① Anderson J E，Wincoop V E. Gravity with Gravitas：A Solution to the Border Puzzle [J]. American Economic Review，2004（93）：170－192.

加入排污费变量，从微观层次揭示了征收企业排污费影响企业出口的机理，为环境规制强度与国际贸易关系的研究提供了新的经验证据。

本书的现实意义在于：第一，将传统的贸易经济成本加入贸易生态成本拓展为广义贸易成本，测度更具完备性的广义贸易成本，能够更科学准确地认识贸易成本的大小，有助于更好把握资源环境约束日益强化背景下贸易成本对贸易发展的作用。第二，在拓展模型的基础上，通过模拟广义贸易成本变化冲击带来的影响，明确国际经济环境变化对中国出口的影响，据此所提的政策建议有助于转动力、调结构，培育竞争新优势，布局和调整国际经济合作战略方向，推动形成全面开放新格局。第三，在当前美国发动贸易战争导致全球经济一体化进程停滞甚至出现倒退的背景下，测度贸易经济成本上升的程度并且寻找成本上升的影响因素，有助于清醒地认识国际环境变化对我国出口产生的影响，更好地制定合理的政策，促进我国对外贸易持续健康发展。第四，关于贸易环境成本对出口的影响，利用企业微观层面数据分析了征收排污费如何影响中国企业的出口，并且进一步深入探讨了影响机制，为政府今后出台更加有针对性的政策措施、进一步完善《中华人民共和国环境保护税法》提供借鉴参考，同时也帮助企业明确排污费对自身的影响，指导企业在研发和固定资产投资方面的决策行为。

1.2 相关概念界定

1.2.1 贸易经济成本

贸易经济成本是指“除了生产商品成本之外，最终使用者获得商品所必须支付的所有成本，包括运输成本、政策壁垒（关税和非关税壁垒）成本、合同执行成本、不同货币兑换成本、语言壁垒成本、文化差异成本及信息成本等”①。

贸易经济成本是相对于贸易环境成本而言，其本质仍然是交易成本。

① 张毓卿的博士学位论文《贸易成本对贸易发展的影响》有相同的表述，是国家自然科学基金项目“中国广义贸易成本的测度及对贸易发展影响的经验分析”（项目编号 71263016）的研究成果。

1.2.2 贸易环境成本

对于经济行为的环境成本，目前国内外还没有非常明确的定义。在许多研究中国内外学者把他们定义为对于自然环境产生影响的行为，如能源的消耗和污染物的排放等。沙尔古特、齐比克、斯塔内克（Szargut，Ziębik and Stanek，2012）把环境成本定义为“不可再生能源的累积消耗”，并且建立了线性的投入－产出系统来确定环境成本，这种做法被应用于高能耗的钢铁行业。杨青龙（2012）在对贸易“全成本”的定义中，把环境成本作为其中的一部分，指的是“使用生态环境要素的机会成本”，这种定义在规范分析中存在一定合理性，但是在经验分析中，“生态环境要素”究竟是指哪些要素，机会成本又是如何计算的，这些都尚未明确。

本书从投入和产出两个方面度量了贸易的环境成本：从环境资源投入的角度来说，贸易环境成本是指不可再生能源的消耗；从环境污染物产出的角度，贸易环境成本是指进出口商品中隐含污染物（embodied effluent trade）的排放量，包括废水、废气、二氧化硫、烟尘排放、粉尘排放和固体废弃物。其中，主要以产出角度为主进行实证分析。

1.2.3 广义贸易成本

从多个角度综合阐述贸易成本的研究并不多见，仅杨青龙（2012）提出了“国际贸易的全成本”的概念①，并且把它分解为“使用劳动、资本、土地等传统要素的机会成本为生产成本；使用制度要素的机会成本为交易成本；使用生态环境要素的机会成本为环境成本；耗费‘可持续性’要素的机会成本为代际成本”。这样的划分理论上具有一定的合理性，但是实际操作中各项指标之间存在交叉重叠，例如，环境成本上升导致污染和不可持续发展，这也是一种代际成本。制度要素也会影响传统要素如劳动、资本等的价格，在测度时不容易将两者完全分开。

---

① 杨青龙（2012）在《成本的广义化趋势与国际贸易的“全成本”观》一文中也指出，关于国内外贸易成本的研究存在广义化趋势。

为了既能够综合考虑各方面因素，又有便于简化分解，本书将广义贸易成本定义为贸易经济成本和贸易环境成本的总称。

1.3 研究框架与内容

本书的研究框架如图 1 – 2 所示。

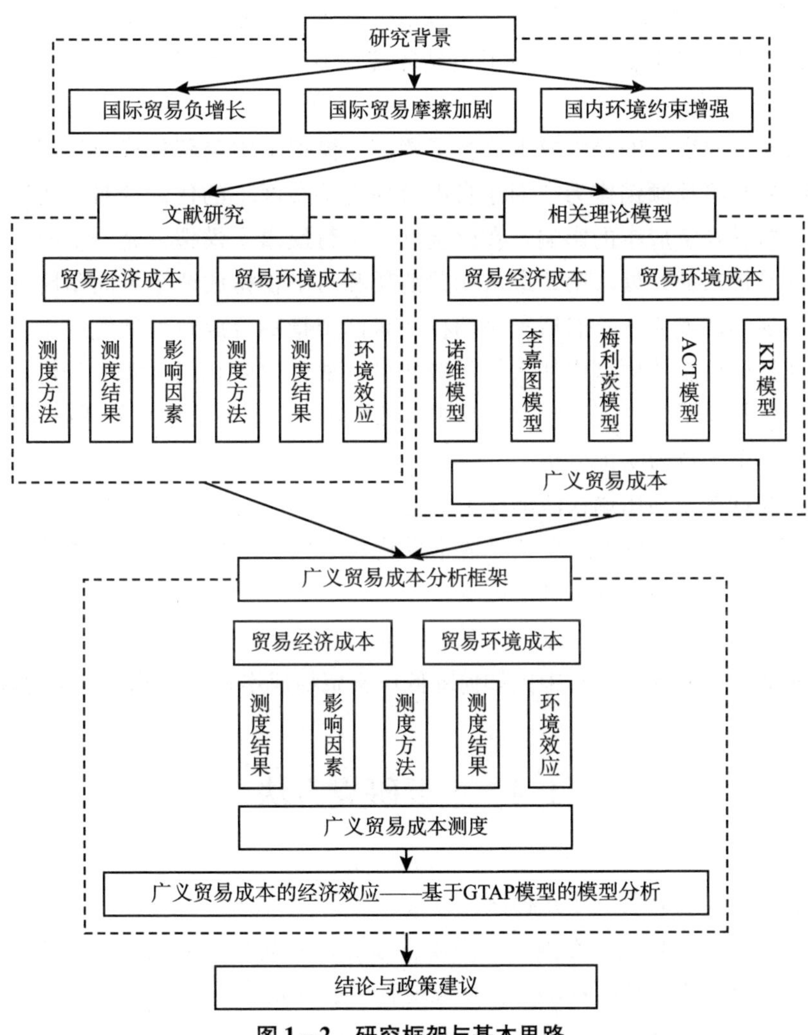

图 1 – 2　研究框架与基本思路

本书由7章组成。第1章至第3章为基础理论分析。第1章介绍了研究背景和意义、研究方法以及创新与不足，第2章根据广义贸易成本的定义，从贸易经济成本和贸易环境成本两个方面对相关文献进行了回顾和评述。第3章首先从贸易经济成本和贸易环境成本两方面阐述了广义贸易成本的理论基础，其中贸易经济成本部分主要分析了贸易成本计算的基本模型，以及它与李嘉图的比较优势理论模型和异质性企业理论模型的相容性，环境成本则是在异质性企业模型框架下加入排放变量，分析贸易自由化（贸易成本的降低）对排放总量和污染的影响。然后基于异质性企业模型，在存在“冰山贸易经济成本”的前提下，分析了贸易环境成本（环境税率）对企业生产率、污染以及福利的影响。

第4章对贸易的经济成本进行了测度，模拟了中美贸易战对我国出口的影响，并且将反倾销作为“对于自由贸易支持态度”的代理变量，实证分析了它对贸易经济成本的影响。在此基础上进行反事实模拟，充分说明了支持自由贸易带来的好处。第5章从能源消耗和污染物排放两个不同角度分别测度了贸易的环境成本，然后利用熵权法将两个指标合成贸易环境成本。并且通过在异质性企业模型中加入排污费变量，从企业微观层次实证分析了环境成本对贸易总量、二元边际和产品质量的影响，并且对影响机制进行了检验。第4章和第5章为实证分析。

第6章首先利用熵权法测度了中国2002~2015年的广义贸易成本，并且利用GTAP模型分析了广义贸易成本变化对中国贸易增长、贸易条件、贸易收支平衡、产业结构和福利的影响。

第7章为政策建议部分，在对前面章节的研究做了概括性总结的基础上，基于实证分析的结果，对中国如何降低广义贸易成本提出了几点政策建议。

1.4 主要研究方法

本书主要采取了以下几种研究方法：

（1）文献分析法。在搜寻、阅读、分析有关贸易经济成本、贸易环境成本及其效应相关文献的基础上，发现现有文献研究的不足，寻找研究的起点，为广义贸易成本测度及其效应的研究提供有益借鉴。

（2）归纳演绎方法。运用经济学数理模型分析以及其他常规的归纳演绎方法，来详细阐述广义贸易成本与对外贸易之间的关系。

（3）实证分析与规范分析相结合。基于引力模型实证分析了反倾销对贸易经济成本的影响，运用熵权法计算了贸易环境成本，利用Heckman两步法模型分析排污费对出口金额、出口数量以及贸易三元边际的影响。理论分析在异质性企业模型框架下贸易经济成本的测度方法，以及该方法与比较优势等传统贸易理论的兼容性，理论分析环境成本对国际贸易的影响机理。

1.5　创新点与不足之处

1.5.1　创新点

本书可能在以下几个方面存在创新：

（1）将传统的贸易经济成本和贸易环境成本融合延伸为广义贸易成本，采用熵权法对其进行测度，分析其变化规律，丰富了贸易成本的内涵。

（2）在经典异质性企业贸易理论模型中加入排污费变量，拓展了异质性企业模型，从微观层次实证研究了贸易企业排污费（即贸易环境成本）对出口的影响。

（3）利用GTAP模型研究了广义贸易成本的经济效应，得到的结论不仅考虑了贸易发展等传统的经济目标，而且考虑了生态环境目标，在环境约束日益加强的今天更具有现实意义。

1.5.2　不足之处

（1）关于广义贸易成本经济效应研究有待进一步深化。贸易成本的经济效应所包含的内容广泛，本书仅仅分析了它对贸易增长、贸易收支平衡、贸易结构、产业经济增长和福利的影响，而关于它对技术创新以及贸易品质量的影响、对外商直接投资等的影响并没有阐述。

（2）企业排污费对出口影响经验分析中的数据陈旧问题。由于《中国工业企业数据库》中仅2004年统计数据含有排污费指标，其他年份均缺乏该项指标，其他途径可能获取的企业排污费数据并不完整，数据的时间连贯性差，而且更重要的是可能无法与《中国海关数据库》进行对接，因此本书在企业排污费对出口影响的经验分析中只能采用2004年的截面数据进行回归分析。

第2章
文献综述

由于本书将广义贸易成本的定义为“贸易经济成本和贸易环境成本的总称”，因此从贸易经济成本和贸易环境成本两个方面对相关文献进行阐述。

2.1 贸易经济成本的相关研究

2.1.1 贸易经济成本的测度方法

测度贸易经济成本的方法主要有两种：直接法和间接法。

（1）直接法可以用运输价格（Hummels，2001；Limao and Venable，2001）、关税税率或者是 CIF/FOB 价格比率来度量贸易的经济成本，方法相对比较简单，但是却较少被使用，原因在于这类测度方法不够准确。理论上，如果把贸易的经济成本定义为“最终使用者支付的所有成本减去商品的生产成本”，那么关税、运费和保险仅仅是其中的一小部分，语言文化差距、汇率风险、进口国的基础设施水平，甚至是两国政治风险等诸多因素都会影响最终使用者的实际总支付。实际进出口贸易中，全球经济一体化背景下世界各地的国际运输费率、关税税率和保险费率差别都不大，但是各国之间贸易额却经常有成千上万倍的差距，用直接法测度的贸易经济成本难以解释如此巨大的差异。

（2）间接法主要有两种：贸易流量法和价格指数法。尽管价格指数法有良好的经济学理论基础，大多数经济学模型（包括国内外商品替代弹性的计算）中使用的都是价格指数，但是计算商品价格指数需要大量微观数据，准确计算国内价格指数已经不容易，而国外数据更是难以获取。因此目前贸易流量法是学术界测度贸易经济成本的主流方法。贸易流量法是利用贸易经济成本对贸易流量的影响来倒推算出贸易的经济成本。流量法测算是基于传统的引力模型，这一点在早期一直被诟病，被认为缺乏理论基础，但是在伊顿、科图姆（Eaton and Kortum，2002）以及安德森、温库普（Anderson and Wincoop，2004）的经典文献证实了引力模型与传统经济学理论的相容性之后，引力模型已经广泛被学术界所接受。尤其是近年来，许多学者在最初引力模型的基础上进行了一系列拓展，考虑了多重因素的影响，贸易经济成本的测度也愈加合理。利用流量法计算经济成本，相关数据的获取也更加容易。在利用流量法计算贸易成本时，除了姆雷佐韦、内里（Mrázová and Neary，2014）之外①，学者们通常都采用 CES 函数形式。

2.1.2 涉及贸易经济成本的参数 Armington 替代弹性

如果利用诺维（Novy，2013）计算贸易的经济成本，阿明顿（Armington）替代弹性的数值就比较重要。关于 Armington 替代弹性的估计，国内外有很多的文献做了大量研究。斯多恩等（Stern et al.，1976）利用 28 个行业的国际标准产业分类 3 位码数据，首次对美国进口产品替代弹性做了估计，并且根据估计结果将不同产品划分为“对进口非常敏感”“对进口相对敏感”“进口不敏感”。希尔斯等（Shiells et al.，1986）采用“库存调整”（stock-adjustment）模型，以 1962 ~ 1978 年 163 个行业的年度数据为样本估计了贸

① 姆雷佐韦、内里（Mrázová and Neary，2014）没有采用通常的 CES 函数假设，而是利用超凸需求和超凹效用（superconvex demand and supercancave utlity）的概念重新建立了一个简化的模型。

易替代弹性，获得了其中122个行业的Armington替代弹性的显著估计结果。希尔斯等（Shiells et al.，1993）利用1980～1988年的季度数据估计了128个采矿和制造部门的Armington替代弹性，使用的估计方法包括三种：广义最小二乘法（GLS）、极大似然估计法（ML）和联立方程估计法，发现这三种方法估计的结果基本相同。瑞纳特、罗兰德、霍尔斯特（Reinert，Roland and Holst，1992）利用美国163个采矿和制造业部门1980～1988年的季度数据估计了Armington替代弹性，其中大约2/3的按照国际标准产业3位码分类的行业取得了显著性结果，估值范围在0.14～3.49之间。加拉韦等（Gallaway et al.，2003）利用局部均衡和一般均衡模型基于1989～1995年按标准产业分类4位数代码（SIC-4）的309个行业数据进行了长期Armington替代弹性的测算，认为长期弹性的估值在0.52～4.83之间，平均而言，长期Armington替代弹性是短期弹性的2倍，并且，按照标准产业分类4位数代码（SIC-4）和3位数代码（SIC-3）进行估值的结果显著不同，商品层面划分越具体，替代弹性估计值越高。芬斯特拉等（Feenstra et al.，2014）在新新贸易理论框架下将Armington替代弹性进一步区分为"宏观"（macro）与"微观"（micro）替代弹性，发现对于大部分产品而言"微观"替代弹性要大于"宏观"替代弹性。

国内也有许多学者对中国进口产品的Armington替代弹性进行估计。佟苍松（2006）根据美国国际贸易委员会（UNITC）1998～2003年的数据对21类美国国产商品与从中国进口商品之间的Armington替代弹性进行了估计，结果表明短期弹性估值为0.85，长期值在5左右。陆旸（2007）对我国具有代表性的8种进口商品的Armington替代弹性进行估计，发现原煤进口替代弹性高达11.502，而谷物和电视机分别为1.521和0.788，处于较低的水平。赵丽佳（2008）基于CES函数，利用1991～2005年的时间序列数据模型，测算了大豆和油菜籽的Armington替代弹性，发现大豆和油菜短期替代弹性分别为0.62和-0.44，长期值分别为7.30和9.18。陆旸（2008）利用面板数据模型测度了我国原油总体和国别的Armington替代弹性，据此分析了我国原油进口依存度的国别差异性。孟东梅、姜绍政（2013）估计了我国进口大豆与国产大豆之间的替代弹性，得出我国进口大豆的短期Armington替代弹性为3.3692，长期替代弹性为7.2078。许统生、廖秋敏、涂远芬（2018）测度了中国39类工业产品的宏微观Armington替代弹性，其中宏观Armington替代弹性的值从-1.16～2.23。但是目前从国内大部分学者利用诺维（Novy，2012）

的方法测算国家层面的贸易经济成本时，Armington 替代弹性通常采用 3、5、8 和 10 等经验值。

2.1.3 商品贸易经济成本的测度结果和影响因素

国内外学者关于商品贸易经济成本的测度进行了很多研究，相关文献也比较丰富。按照测度对象的不同，从微观到宏观大致可以分为三类：基于产品层面的贸易经济成本测度、基于行业层面的贸易经济成本测度和基于不同贸易伙伴（即国家和地区层面）的贸易经济成本测度，下面就其中的主要文献加以总结归纳。

2.1.3.1 产品层面的贸易经济成本测度

近年来国内外许多学者测度了不同产品的贸易经济成本及其影响因素，主要相关文献如表 2－1 所示。

表 2－1　不同产品的贸易经济成本测度结果和影响因素

产品	文献	成本测度	影响因素
农产品	许统生、李志萌、涂远芬、余昌龙（2012）	模型：利用改进的引力模型 数据：1996～2009 年主要农产品贸易数据 结论：我国主要农产品的平均贸易成本逐年下降。其中，劳动密集型农产品的贸易成本较低，下降幅度也较大。对美日的农产品贸易成本低于对东盟和欧盟。从行业来看，农产品的贸易成本要高于制造业产品的贸易成本	技术性贸易壁垒等非关税壁垒是农产品出口的重要阻碍
	尤姆等（Eum et al.，2018）	模型：李嘉图贸易模型 结论：系统的、不对称的双边贸易成本和农业生产力水平的变化是发展中国家农产品出口的主要贸易壁垒。低收入国家的出口贸易成本高于高收入国家	—
谷物	贾伟、秦富（2013）	模型：诺维（Novy，2011） 结论：以贸易成本当量来计算，中国谷物贸易成本基本上呈现下降趋势，其中小麦普遍高于玉米和稻谷；中国谷物贸易成本当量高于美国，而中国与美国谷物贸易成本当量高于中国与世界其他国家与地区	—

续表

产品	文献	成本测度	影响因素
柑橘	宋金田、迟艳华（2014）	模型：改进的引力模型 数据：2002 ~ 2011 年与日本、美国、澳大利亚、南非和泰国 5 国的贸易数据 结论：中国柑橘贸易成本总体上呈下降趋势，对澳大利亚、南非和泰国下降明显，但是对美国和日本却出现了上升	高标准的检验检疫制度和新型的贸易壁垒
创意产品	王洪涛（2014）	模型：基于安德森、温库普（Anderson and Wincoop，2004）的一般均衡模型 数据：2003 ~ 2012 年 UNCTAD 数据库中国与 25 个主要贸易伙伴的创意产品贸易数据 结论：中国创意产品出口贸易成本总体呈下降趋势，向发展中经济体出口的贸易成本和贸易难度相对于发达经济体更低	与实际人均收入差额、文化差异水平、平均名义关税水平及贸易对外开放度正相关，与人民币实际有效汇率水平、陆地相邻和优惠的贸易安排负相关，地理距离影响不显著
文化产品	王洪涛（2014）	模型：基于安德森、温库普（Anderson and Wincoop，2004）的一般均衡模型 数据：1998 ~ 2013 年中国文化产品贸易数据 结论：中国文化产品出口贸易成本总体呈下降趋势，向发展中经济体出口的贸易成本和贸易难度相对于发达经济体更低	与实际人均收入差额、地理距离、文化差异水平、平均名义关税水平正相关，与人民币实际有效汇率水平、陆地相邻和优惠贸易安排等负相关，地理距离影响尤其显著
林产品	熊立春、程宝栋（2017）	模型：诺维（Novy，2011） 数据：2000 ~ 2014 年中国与 20 个贸易伙伴国的双边贸易数据 结论：中国主要林产品进出口贸易成本整体上呈现逐年上升趋势，不同产品对不同国家的涨幅不同。存在部分国家的贸易成本下降，企业可以进行市场选择空间	双边人均国内生产总值差值、人口规模、距离和伙伴国贸易开放程度与贸易成本正相关；共同边界和双边自由贸易协定与贸易成本负相关
农产品制造业产品	焦晓松、张丹、焦莉莉（2017）	数据：2005 ~ 2014 年中国与不同收入组别国家的农产品、制造业产品贸易成本数据 结论：从产品角度，农产品贸易平均成本显著高于制造业产品，但均呈现下降趋势；从贸易伙伴国角度，除了与低收入国家双边贸易成本有小幅上涨外，与其他三组国家的双边贸易成本均呈现下降趋势	—

续表

产品	文献	成本测度	影响因素
农产品制造业产品	阿尔维斯等（Arvis et al., 2016）	模型：诺维（Novy, 2012） 数据：1995～2010 年 178 个国家和地区贸易和生产数据 结论：贸易成本显著下降，发达国家比发展中国家下降快，非洲撒哈拉地区和低收入国家的贸易成本仍然很高	海运连通性和物流效率最重要，市场进入壁垒和区域自由贸易协定等传统和非传统贸易政策也决定了贸易成本

资料来源：笔者经过整理文献获得。

从表 2－1 可以看出，产品层面贸易经济成本的测度主要集中于农产品和文化产品，而这两者的贸易经济成本实际上是比较高的，除了双方国内生产总值相关指标和地理距离之外，技术性贸易壁垒和双边贸易协定对农产品贸易经济成本的影响更加明显，而文化差异水平对文化创意产品的贸易经济成本影响显著。

2.1.3.2 行业层面的贸易经济成本测度

国内学者对于行业层面贸易经济成本的测度集中于制造业。许统生、陈瑾、薛智韵（2011）研究发现，1997～2007 年中国对主要贸易伙伴的贸易经济成本在制造业各产业上都表现出不同程度的逐年下降趋势，在制造业所有的产业中，高技术型制成品贸易经济成本最低，下降幅度最大。在主要贸易伙伴中，中国与日本、韩国的贸易经济成本低于欧美国家。中国与欧美等发达国家之间存在较大的技术“鸿沟”，高技术产业仍处于国际产品内分工的低端环节。许统生、梁肖（2016）按照 ISIC2 位数代码分类，利用 2000～2013 年中国与 86 个贸易伙伴双边贸易数据测度了制造业 17 个子行业的加总贸易经济成本。研究结果发现：尽管加总贸易经济成本总体呈现下降态势，但仍要比 10 年前发达国家的平均水平高出 1/3，并且对部分国家的双边贸易的经济成本不降反升。所采用的计算方法分别是基于诺维（Novy，2009）模型和诺维（Novy，2013）模型。

由于中国是制造大国，制造业行业层面的贸易经济成本测度对于我国明确产业比较优势，制定合理的产业政策具有重要意义。

2.1.3.3 国家和地区层面的贸易经济成本经济测度

从国家和地区层面进行贸易经济成本测度的文献比较丰富，尤其是对于我国出口贸易经济成本的测度，总体来看绝大多数研究发现中国贸易经济成本呈现不断下降的趋势，影响因素包括：经济水平、地理距离、语言文化以及政策制度等，如表2-2所示。

表2-2　不同贸易伙伴的贸易经济成本测度结果和影响因素

贸易伙伴	文献	成本测度	影响因素
G-7国家	钱学锋、梁琦（2008）	模型：改进的引力模型 数据：1980~2006年中国与G-7各国的贸易等相关数据 结论：中国与G-7国家关税等价的平均贸易成本2006年比1980年已经下降了30%，并且在中国加入世界贸易组织后呈现加速下降的趋势	—
37个国家和地区[a]	施炳展（2008）	模型：改进的引力模型 数据：1995~2006年双边贸易等相关数据 结论：贸易成本呈下降趋势，在时间上是非线性的	地理距离、历史联系和收入水平
中国台湾地区	蒋含明（2012）	模型：诺维（Novy，2008）模型 数据：中国大陆与台湾地区1998~2011年贸易数据 结论：动态面板数据模型GMM估计结果显示，总体上两岸各行业贸易成本均呈现下降趋势，下降的幅度存在较大的差异	平均关税水平、贸易开放度、人均收入水平差异以及包括"三通"在内的经贸政策的影响显著
东盟	丁媛媛、彭星（2012）	模型：根据诺维（Novy，2008）模型放松双边贸易成本对称性假设 结论：1995~2009年我国与东盟的贸易成本平均下降了33.34%，其中收入增长贡献对贸易增长的贡献是92.52%、贸易成本和多边阻力下降的贡献分别是45.16%和-37.68%	汇率波动对贸易成本影响最为显著，其次是共同语言、距离和人均国内生产总值差额
APEC成员	薛冰、卫平（2017）	模型：改进的引力模型 数据：1989~2014年APEC成员方双边面板数据 结论：APEC成员之间贸易成本总体呈现下降趋势，东南亚、东北亚地区贸易成本较低，而墨西哥和秘鲁两国贸易成本更高。中国与其他APEC成员方的贸易成本低于平均水平并呈现下降趋势	地理距离、双边贸易协定、制度（清廉指数）

续表

贸易伙伴	文献	成本测度	影响因素
英、美、法三国	杰克斯等（Jacks et al.，2008）	模型：诺维（Novy，2007） 数据：1870～2000 年英美法 3 个国家数据 结论：第一次世界大战前的贸易繁荣有 55%要归功于贸易成本降低，第二次世界大战后的贸易繁荣有 33%要归功于贸易成本降低，两次战争之间贸易的暴跌完全是由于贸易成本的剧烈上升造成的	
37 个国家和地区	米尔纳、麦克－戈万（Milner and McGowan，2013）	模型：诺维（Novy，2011） 数据：1990～2004 年 37 个样本国家和地区数据 结论：贸易成本尽管呈现下降趋势，但是相对依然很大，而且各国家和地区贸易成本的差异明显，这影响贸易结构和出口比较优势	

注：a. 包括欧盟 27 国、东盟四国、“亚洲四小龙”及美国和日本。
资料来源：笔者经整理文献获得。

根据最初的引力模型计算贸易经济成本时，模型中的距离最早是指两个贸易伙伴国之间的地理位置间隔，这个距离与商品的运输成本之间几乎是完全正相关的。但是“距离”的含义后来逐渐被扩大化，例如，共同边界（Anderson and Wincoop，2004），语言和文化的距离（Novy，2006；涂远芬，2016）甚至是“制度”的距离，包括是否同为世界贸易组织成员以及是否签订了自由贸易协定（王洪涛，2014；熊立春、程宝栋，2017）。“距离”的含义随着社会经济发展变化不断丰富，吴小康、于津平（2016）把标准货物的通关成本转化为距离，发现在中国对贸易伙伴的出口中，进口国通关时间每增加 1 天等价于双边距离增加 151 公里，费用每增加 100 美元等价于双边距离增加 194 公里，单证数每增加 1 张等价于双边距离增加 746 公里。在电子商务迅速发展的今天，潘申彪、王剑斌（2018）利用互联网发展差距代替传统的地理位置距离，实证分析了中国与“一带一路”沿线 44 个国家和地区的出口贸易。结果表明互联网可以同时降低国际贸易固定成本和可变成本。降低互联网发展差距有助于克服传统对外贸易障碍，提高贸易投资便利化程度，中国帮助“一带一路”沿线国家提高互联网发展水平是能够实现互利共赢。事实上引力模型中的距离，广义上可以理解为一切阻碍贸易发展的因素。

除了传统的地理距离、共同语言、自由贸易协定以及人均国内生产总值差异等因素之外，最近也有学者发现了新的贸易经济成本的影响因素，例如，朱丹丹、黄梅波（2015）就发现接受国外援助也有利于降低贸易经济成本，中国对 15 个非洲国家 2005 ~ 2011 年援助的经验分析就证明了这一点，这种影响广义上可以理解为能够拉近出口国与世界“距离”的因素。

此外，许多学者利用同样的方法测度了国内区域间的贸易经济成本。许统生、洪勇、涂远芬等（2013）测度了中国加入世界贸易组织后省际贸易经济成本的变化，发现省际贸易经济成本有所下降，但降幅较小，国内市场一体化程度较低。铁路交通基础设施显著降低了省际贸易经济成本。潘文卿、李跟强（2017）将中国划分成 8 个区域进行贸易经济成本测度，发现区域间贸易成本呈现先上升后下降的倒 U 形变化，国内贸易的经济成本始终小于国际贸易的经济成本。不同地区不同行业有所差别，地理距离的影响显著，“邻近偏好”明显，收入水平差距大与贸易的经济成本负相关，东部沿海地区之间由于竞争出现了“区域分割”，贸易的经济成本反而更高。国内关于贸易经济成本的研究多是利用中国地区投入产出表的数据。

2.1.4 服务贸易经济成本的测度结果和影响因素

对于服务贸易经济成本进行研究的文献不如对商品贸易研究的文献那么丰富。服务贸易与商品贸易存在显著区别，布劳尔斯、布劳尔斯（Brouthers K D and Brouthers L E，2003）认为服务业和制造业企业的国际进入模式存在很大差异，这种差异可以用贸易的经济成本和风险以及信任倾向来解释。由于制造业是投资密集型的，环境不确定性和风险倾向影响制造商成本和国际进入模式选择；而服务业是人员密集型的，行为不确定性、信任倾向和资产专用性会影响服务提供商的贸易经济成本和国际进入模式选择。米鲁多特、萨维斯（Miroudot and Sauvage，2013）发现服务贸易的经济成本比商品贸易的经济成本高 2 ~ 3 倍。在 1995 ~ 2007 年之间，服务贸易的经济成本保持相对稳定，而货物贸易的经济成本快速下降。区域贸易协定对服务贸易经济成本的影响更小，而且随着时间推移减弱。贸易经济成本较低的服务业往往更具生产力，并且经历了更快的生产率增长，这与商品市场是完全一致的。

近年来国内比较有代表性的研究有邵学言、刘洪铎（2011），马凌远（2012），涂远芬（2016）以及龚静、尹忠明（2017）等。在服务贸易经济成本的测算方法上，他们仍旧是采用诺维（Novy）的模型；在影响因素部分也依旧是利用改进的引力模型进行分析。这些文献都发现近年来中国服务业贸易经济成本总体呈下降趋势。涂远芬（2016）测算发现我国服务贸易经济成本比货物贸易高 75.75%，尽管近年来下降幅度较大，但是下降速度仍低于货物贸易，贸易经济成本与发达国家相比仍然偏高。马凌远（2012）发现加入世界贸易组织后服务贸易经济成本呈加速下降的趋势。从行业结构来看，涂远芬（2016）发现现代服务业的贸易经济成本较高且下降幅度较小；龚静、尹忠明（2017）发现年均服务贸易经济成本最低的部门是航空运输业，而成本最高的是有雇佣人员的家庭服务，服务贸易经济成本期末值下降幅度最大的部门是商品批发代理销售业，最小的是房地产业。从贸易地理来看，邵学言、刘洪铎（2011）的研究表明，中国与经济合作与发展组织国家的贸易中，与意大利和挪威的服务贸易经济成本不但没有下降反而呈现小幅上升趋势；龚静、尹忠明（2017）发现年均服务贸易经济成本最小是卢森堡，最大的是土耳其。成本下降幅度最大的是土耳其，降幅最小的是中国台湾地区。

关于服务贸易的影响因素，除了公认的空间距离与服务贸易经济成本显著负相关之外，涂远芬（2016）认为文化距离和自由贸易区对服务贸易的经济成本有显著影响，而马凌远（2012）则认为服务贸易壁垒和共同的海陆边界影响显著，共同贸易集团的影响并不明显。

对比国内外近年来的相关研究，可以发现存在着一些差异。在研究对象上，近年来随着中国“一带一路”倡议的提出和推进，国内学者更加关注中国与“一带一路”沿线国家双边贸易的经济成本，对其进行了测度，并且对相关影响因素进行了分析（魏昀妍、樊秀峰、柳春，2016；孙瑾、杨英俊，2016；刘洪铎、蔡晓珊，2016；康晓玲、张莹，2016；冯宗宪、米嘉伟、张军，2017）。而国外学者对中国贸易经济成本变化的研究不多，除了赫雷罗、许（Herrero and Xu，2017）估计了运输成本（包括铁路和海运）的降低对“一带一路”国家的贸易创造效应，更多的研究都是以全球绝大多数国家为样本，研究关税和反倾销税（Kee et al.，2013）、贸易摩擦（Eaton et al.，2016）以及不确定性（Handley and Limão，2017）等政策和环境因素对贸易经济成本的影响。在研究结论上，无论是基于产品、行业层面还是按照国别来进行测度贸易的经济成本，国内研究几乎都一致得出中国对贸易伙伴的双边贸易经济成本下降这样乐观的结论，尤其是当2001 年中国加入世界贸易组织以后的观测值占据了样本数据大部分的时候。国外的研究结果就并未如此乐观。阿尔维斯等（Arvis et al.，2016）利用 1988～2010 年的贸易数据估计经济合作与发展组织国家间的贸易成本，结果表明贸易经济成本在最近几十年不降反升，而且双边和多边贸易阻力在经济合作与发展组织地区内部是不对称分布的，但发达国家和发展中国家之间存在趋同过程。

2.2　贸易环境成本的相关研究

2.2.1　贸易环境成本的测度方法

现有文献大都通过三种方法度量贸易生态成本。一是测度贸易品中包含的直接含污量作为贸易生态成本，即将工业直接产污密度与贸易量进行乘积（Muradian et at.，2001），该方法忽视了生产过程中的间接产污情况，导致测算结果偏低。二是利用生命周期评价（life cycle assessment，LCA）方法测算贸易品在整个生命周期阶段（从生产的原材料采掘到作为废弃物最终处理）的污染物排放量作为贸易生态成本，由于贸易品种类很丰富，该方法实际难以操作。三是投入产出法，即利用投入产出模型度量贸易品中隐含单一污染物（如二氧化碳、二氧化硫等）排放量作为贸易生态成本。该方法不仅包括直接的贸易生态成本，而且包括间接贸易生态成本。与前两种方法相比，该方法更具科学性和合理性。

根据进出口国生产技术水平是否相同，投入产出法可分为单区域投入产出模型（SRIO）和多区域投入产出模型（MRIO）。前者是基于进出口产品生产技术水平相同的理想假设，即进出口产品的隐含污染物排放系数相同；后者则不需要这样的假设，但是对数据的要求很高，因此相关文献较少。

2.2.2 贸易环境成本的测度结果

国内很多学者对贸易的环境成本进行了测度。在测度方法方面，几乎都是采用投入产出模型，基于不同机构发布的投入产出表对贸易引致的某些污染物指标进行测度。这些污染物指标主要是来自废气的污染，其中对温室气体二氧化碳排放的研究占了大多数。同时这些研究中大多对贸易的环境效应进行了分解，如表 2-3 所示。

表 2-3　　贸易环境成本测度与效应分解

指标	文献	环境成本测度
隐含二氧化硫、化学需氧量和氨氮排放量	庞军、石媛昌、胡涛等（2013）	数据：2002 年、2005 年和 2007 年投入产出表数据，以及 2003 年、2006 年和 2008 年的污染排放数据 结论：2002～2007 年我国出口隐含二氧化硫、化学需氧量和氨氮排放量占国内总排放的 20% 以上，其中贸易的规模效应是主要原因，技术效应和结构效应随着行业和时间的不同而存在显著差异
11 种消费侧资源环境负荷	张文城、彭水军（2014）	数据：WIOD 数据 结论：1995～2009 年 28 个发达国家的 11 种消费侧资源环境负荷普遍高于其生产侧，12 个发展中国家（地区）恰好相反，存在突出的“南北资源环境负荷转移”问题。无论是生产侧还是消费者，发达国家人均资源环境负荷均高于发展中国家（地区），后者差距更加明显
能源消耗、二氧化碳和细颗粒物	陈雯、李强（2015）	方法：OECD 和 WTO 开发的增加值贸易核算体系 数据：WIOD 数据库中的国际投入产出表和环境账户表 结论：根据增加值贸易核算方法，1995～2009 年中美两国的出口规模均小于传统的关境出口，但中国更为明显。两国均有部分行业的出口规模出现大幅变化
隐含碳	潘安、魏龙（2015）	数据：WIOD 提供的金砖国家投入产出和直接碳排放数据 结论：1995～2011 年中国与不同金砖国家贸易所处地位存在异质性特征，在中俄贸易中以贸易逆差换取碳减排、中印贸易中以碳排放换取贸易顺差、中巴贸易中隐含碳净出口和贸易逆差共存
隐含污染量	独孤昌慧、吴翔、周小琳（2015）	数据：欧盟委员会编制的 1995～2011 年世界投入产出表 结论：2000～2009 年中美贸易中我国出口产生的隐含污染量远远大于进口减少的隐含污染量。经过因素分解发现，技术效应减少了贸易含污量，但不足以抵消贸易规模效应的增加作用，贸易效应作用较小

续表

指标	文献	环境成本测度
8种污染气体排放量	苏庆义（2015）	模型：投入产出模型，SDA模型 数据：WIOD数据库的非竞争型投入产出表和环境账户 结论：出口引致的污染气体排放总量在1995～2011年期间增长2.23倍，主要增长发生在2002～2007年期间。2011年中国单位出口排放量相比1995年下降43.72%。2002年起中国对美国单位出口排放量小于中国整体出口单位排放量。技术效应方面，排放技术改善的影响是积极的，而投入技术效应却是消极的，出口结构效应影响有限
碳价格	顾阿伦（2015）	数据：2005年和2007年投入产出表数据和海关统计数据 结论：我国62个部门出口的能源成本平均占我国出口产品成本的13%左右，不同行业存在差异
8种空气污染物增加值出口排污强度	张文城、盛斌（2017）	数据：2005年和2007年投入产出表数据和海关统计数据 结论：1995～2009年中国增加值出口排污强度出现显著的下降，但仍远高于其他出口强国。其中生产部门直接排污强度在下降，但是中间投入结构变化不利于增加值排污强度的下降
二氧化碳排放量	刘啟仁、陈恬（2020）	数据：2008～2011年全国税收调查数据库 结论：出口造成中国企业二氧化碳排放强度显著增大，排放强度随着企业出口密度的提高不断增长，出口并没有显著提升企业环境绩效，原因在于出口企业效率和加成率低，拖累了企业技术升级和环保投资，结论支持中国出口企业存在“生产率悖论”

资料来源：笔者经过整理文献获得。

理论上讲，无论是使用能源消耗指标还是污染物排放指标，如果仅仅作为环境成本的测度，都有一定合理性，在一定程度上反映了经济行为的环境代价。但是如果以此作为环境成本来分析企业行为，其合理性就受到质疑。因为企业行为的环境代价没有被完全“内部化”，企业所负担的环境经济成本并不等于社会环境成本。例如，对于二氧化碳的排放，很多发展中国家目前尚未开始征收“碳税”或者全面的环境税，也没有建立碳交易机制，排放二氧化碳行为本身并不会让企业付出代价，企业根本没有承受环境成本。对于许多固体废弃物的排放也是如此。

由于企业的环境成本和社会环境成本不一致，以及缺乏企业实际承担的污染排放费用的微观数据，因此对于企业环境成本的研究比较少，在贸易领域更多的学者研究“环境规制”与贸易的关系。

2.2.3 环境规制对国际贸易的影响

2.2.3.1 环境规制对贸易流量的影响

关于环境规制对出口影响，长期存在三种观点：

一是“阻碍论”，即环境规制使企业生产的生态环境成本内部化，增加企业的生产成本，不利于出口。国外有很多学者的研究都支持这种观点。例如，朱格、莫尔扎（Jug and Morza，2005）以欧盟国家为对象的研究，卡加塔伊、米赫奇（Cagatay and Mihci，2006）对31个发达国家和发展中国家研究，以及海林、庞塞特（Hering and Poncet，2014）以中国256个城市为样本的研究等。国内学者任力、黄崇杰（2015）利用中国对37个贸易伙伴国家的出口数据，实证分析了环境规制强度对于中国出口贸易的影响，发现两者之间具有显著的负相关关系，而且出口贸易的国别特征显著，发达国家的环境规制强度对于中国出口贸易具有显著的负面影响，而发展中国家的环境规制强度与中国相应的出口贸易之间并没有显著的相关性。张彩云（2019）发现科技标准型环境规制降低了我国企业的出口概率和出口量。

二是“促进论”，即环境规制可以促进企业创新，切断“资源诅咒”的传导路径，在改善环境的同时提高出口企业的国内附加值率，抑制贸易开放对绿色进步的削弱效应，增强国际竞争力，促进企业出口（Porter and Linde，1995；陆旸，2009；傅京燕、赵春梅，2014；马淑琴、戴军、温怀德，2019；宋德勇、杨秋月，2019；王毅、黄先海、余骁，2019）。

三是“不确定论”，即环境规制在一定条件下或在一定程度上可以促进出口，而在另一种条件下不利于出口。托贝（Tobey，1990）利用58个收入高中低国家的数据进行研究的结果显示：环境变量并没有对污染密集型商品的出口产生显著影响。原因可能在于，虽然严格的环境规制措施提高了企业的支出，但其份额还不足以产生重要影响。范比尔斯、范登伯格（Van Beers and Van deng Bergh，1997）发现环境规制对于污染密集型产品出口的影响总体并不显著，但是如果将产品进一步区分为资源型和非资源型，环境规制措施对于后者的出口具有显著的负面影响。哈里斯等（Harris et al.，1995）基于比尔斯、伯格（Beers and Bergh，1997）的研究方法使用24个经济合作与发展组织国家1990～1999年的相关数据进行分析，发现不同模型设定对于环境规制变量的显著性有很大影响。阿鲁里等（Arouri et al.，2012）来自罗马尼亚的经验证据显示，环境规制并没有对罗马尼亚的对外贸易产生显著影响。康志勇等（2020）发现不同类型的环境规制效果并不相同，行政命令型和公众参与型环境规制能够起到促进创新从而间接促进企业出口的作用，而市场激励型则没有这种效果。

通过国内外现有文献对比可以发现，支持环境规制强度对出口产生负面影响的文献相对较多，而鲜有经验证据表明环境规制强度对出口产生正面影响，还有一部分文献认为两者没有显著关联性。对于环境规制与贸易之间没有显著关联的原因，埃德林顿、米尼尔（Ederington and Minier，2003）认为这是由于许多研究把环境规制变量当作外生给定的，忽略了环境规制本身的内生性问题，从而导致了不显著的研究结果。埃德林顿等（Ederington et al.，2005）认为由于发达国家之间的环境规制水平相似，污染密集型产业本身难以迁移，这使得以往研究无法得出环境规制与贸易之间显著关系的原因。莱维蒙、泰勒（Levimon and Taylor，2008）认为导致不显著的原因包括未观察到的异质性问题、变量的内生性问题以及宏观数据的聚集偏差问题（aggregation bias）。

但是，从研究对象上看，上述文献研究的对象依然是环境规制，并没有把环境规制充分内部化为实际的排污费，因而并不能充分体现贸易的环境成本。

从研究层次上看，现有环境规制对出口影响的文献主要有两个层次：宏观层次（Santis，2012；Xu et al.，2016；任力、黄崇杰，2015）和中观层次（陆旸，2009；李小平等，2012；Cole and Elliot，2003；Yang et al.，2012；Chatzistamoulou et al.，2017；谢靖、廖涵，2017）等。这些文献未从企业微观层次展开研究①。

① 李小平等（2012）也指出，从企业角度分析环境规制强度等因素对其比较优势及出口的影响，是有关环境规制与贸易问题进一步研究的方向。

2.2.3.2 环境规制对产业比较优势的影响

关于环境规制对产业比较优势的影响，有些学者的研究结论比较乐观，认为环境规制并不会降低行业的比较优势。贾菲等（Jaffe et al.，1995）利用美国数据进行的研究显示，环境规制对相关产业的竞争力并无显著影响。陆旸（2009）利用HOV模型对2005年95个国家总样本和42个国家子样本的数据进行了经验分析，结果表明环境规制并没有影响五类污染密集型商品的比较优势，因此得出结论：为获得污染密集型商品的比较优势而降低环境规制水平完全没有必要。科斯坦蒂尼、马赞蒂（Costantini and Mazzanti，2012）利用欧盟国家的制造业数据对波特、林德（Porter and Linde，1995）的观点进行了检验，环境规制程度的加强总体上并没有对制造业的出口竞争力产生负面影响。傅京燕、赵春梅（2014）对环境规制如何影响我国五类污染密集型商品出口贸易比较优势进行了实证分析。研究结果发现，严格的内生环境规制可以显著提升五类污染密集型行业的出口比较优势，尽管采用不同环境强度指标发现不同产业之间存在差异，但是总体上支持提高环境规制水平的结论。卜茂亮、李双、张三峰（2017）认为环境规制对清洁行业出口起到了促进作用，对于污染行业出口并无显著影响。李小平、卢现祥、陶小琴（2012）的研究结论更加乐观，通过测算中国30个工业行业1998~2008年三种贸易比较优势指标，实证分析了环境规制强度的影响，发现中国工业行业的贸易比较优势集中于劳动密集型产业，环境规制强度提升了工业行业的比较优势，这种提升效果有一定的范围限制，当环境规制强度超过一定水平时就不利于产业贸易比较优势的提升，即两者存在倒U形关系。另外，杨曦、彭水军（2017）基于异质性企业模型的规范分析也表明，尽管发展中国家所谓的“环境比较优势”会导致“碳泄露”，但是这并没有降低发达国家的贸易竞争力。

另外一些学者的研究结论更接近“波特假设”。廖涵、谢靖（2017）从出口增加值的视角研究了环境规制对中国制造业贸易比较优势的影响，发现两者之间呈U形关系，环境规制会先抑制后促进制造业的贸易比较优势，促进作用主要通过技术引进、人力资本和外资参与来实现；自主研发、人均资本和企业规模并未发挥出预期的积极作用。不同的技术创新方式下环境规制对贸易比较优势的影响机制存在差异。李娜等（2016）从分析扩大开放与环境规制相互作用机理入手进行研究，发现尽管扩大开放与环境规制短期内对我国产业结构升级的影响不显著，但是长期的调整作用非常显著，开放程度越高环境规制的调节作用越明显。中国扩大开放与环境规制对产业结构升级的影响已经经历了“冲突期”“拐点期”，在进入“协调期”后共同产生正向的促进作用，也就是近似呈 U 形关系。

但是也有比较悲观的观点，齐绍洲、徐佳（2018）认为环境规制在短期内不利于制造业低碳国际竞争力的提升，因为技术创新效应还不能超越成本遵循效应。这种负向影响在发展中国家和贸易开放度较高的国家更为显著，影响更大。其数据样本覆盖包含了中国在内 G-20 国家中的 16 国。

除了对贸易总量和比较优势的影响之外，邵帅（2017）研究了环境规制对我国货物出口商品结构的影响，发现不同类型的环境规制（费用型和投资型）对出口商品结构影响在方向、强度和途径上都存在差异，对不同地区的影响也有差别。张胜满、张继栋（2016）在产品内分工视角下实证分析了环境规制对行业出口二元边际的影响。结果发现环境规制与扩展边际呈 U 形关系，对集约边际存在促进作用；产品内分工地位的提高促进扩展边际抑制集约边际；而两者的交互作用对于扩展边际有显著的积极效应，对于集约边际影响不明显。

2.2.4 国际贸易对环境成本的影响

格罗斯曼、克鲁格（Grossman and Kruger，1991）的经典文献通过扩大经济规模、改变经济结构和改变生产技术三个方面实证分析了北美自由贸易协定的环境效应，发现北美自由贸易协定让墨西哥益处良多。首先，自由贸易和更大的潜在市场可能会促进墨西哥收入增长，人均收入达到约 4000 ~ 5000 美元时经济增长就会缓解污染问题，而当时墨西哥人均国内生产总值为 5000 美元恰好处于发展进程的关键时刻，经济进一步增长应该会增加环境保护的政治压力，并可能改变私人消费行为，也就是从贸易的经济效应上证明“环境库兹涅茨曲线”的存在。其次，对于墨西哥那些环境损害程度低于平均水平的部门来说，贸易自由化可以增加他们的专业化程度。调查表明，该国从大量相对不熟练的工人中获得了比较优势，并且进口的产品需要大量使用物质和人力资本。美国和墨西哥之间的环境法规和执法的不对称在引导资源跨部门分配方面起的作用不大，但由于劳动密集型和农业活动似乎需要较少的能源投入，并且每单位产出产生的危险废物少于人均劳动力和人力资本密集型部门，污染减少可能只是墨西哥专业化程度和贸易增加的附带好处，即贸易的技术效应和结构效应上，依然支持北美自由贸易协定降低了环境污染。需要指出的是，由于缺乏不同国家二氧化碳排放的可靠数据，空气质量是以二氧化硫和烟雾两种污染物的浓度来衡量的。

后来的许多学者都采用了格罗斯曼、克鲁格（Grossman and Kruger，1991）的思路来研究国际贸易的环境效应。其中很多国内外学者发现国际贸易对中国环境存在负面影响。科尔（Cole，2004）利用有关污染密集型产品的南北贸易流量数据来验证污染避难假设，然后估算 10 种空气和水污染物的排放，控制了贸易开放度，结构变化和含污“南北贸易流量”后，发现了“污染避风港”效应的证据，尽管这种影响似乎并不普遍，并且与其他解释变量的相比影响也较小。

更多国内学者的经验研究表明，国际贸易与环境污染并非是简单的线性关系，而是依赖于其他条件的变化而变化。吕延方、王冬、陈树文（2015）基于我国 1992～2010 年省际面板数据的门限模型回归结果表明，各主要贸易指标对环境的影响存在门限效应，门限特征变量为人均国内生产总值，其中进口对碳排放影响存在单边上升的门限效应，这意味着在经济发展水平较低的地区，以进口替代高能耗的国内生产对碳减排是有利的，而对于经济发展水平较高的地区来说进口则对碳减排有负面影响。阚大学、吕连菊（2016）发现进出口贸易对环境污染存在显著的非线性影响，这种影响依赖于经济发展水平、产业结构、技术进步、环境规制、外资和腐败程度等因素。其中与环境库兹涅茨曲线理论不同，经济发展水平和外商直接投资对环境污染的影响具有双门限非对称特征，近似呈倒 N 形。产业结构（尤其是第二产业比重）和腐败程度都与环境污染正相关，技术进步和环境规制强度与环境污染负相关。周默涵（2017）在异质性企业垄断竞争模型中加入“排污－减排”决策来分析贸易自由化对污染排放的影响。研究发现，在固定排污税率下，初始排污税率较低时贸易自由化会增加全球总产出，但可能降低全球总污染排放，经济效益和环境效益是可能兼得的。如果排污税率是内生的，在一定参数下最优的排污税率在贸易自由化以后应该上升。

2.3 文献评述

通过对国内外相关文献的梳理可以发现，现有研究成果对贸易（包括商品贸易和服务贸易）的经济成本及其影响因素、贸易的环境效应以及环境规制对贸易经济成本的影响等方面都进行了深入细致的研究，为本书的研究提供了坚实的理论依据和经验基础。但是与当今快速发展变化的国际贸易形式相比，已有的研究存在如下一些未尽之处：

（1）通过查阅现有文献发现，关于中国贸易成本现有的文献要么只看到了贸易的显性成本（即贸易的经济成本）变化，导致很容易得出乐观的结论；要么只分析了贸易的隐性成本（即贸易的环境成本）变化，这又很容易得出悲观的结论。这些都难免有偏颇之处。究竟如何才能全面准确地度量贸易成本，本书进行了探索性工作，试图发现习惯性思维下欠缺的深层问题。

（2）现有的文献没有从企业微观层次分析贸易环境成本对中国出口的影响。国内外关于环境对贸易影响的研究很多，但是其中大部分选取的指标为“环境规制”，定义为包含一个或者多个污染物排放指标的集合，这种规则并没有完全被“内部化”为企业成本，因此也就无法衡量其对企业出口行为产生的影响。而且现有研究大多是从产业层面进行分析，没有从企业微观层次进行分析，国外有研究利用污水排放费用等单一经济指标分析企业环境成本对贸易的影响，样本容量比较小且大多集中于某一行业或者某一地区，可能存在样本选择偏误。从企业微观层面分析环境成本对国际贸易的影响，对于中国环境税的进一步完善环境税法、降低广义贸易成本来说，更加具有现实的指导意义。

（3）现有的关于贸易经济效应影响的研究大多是单独针对贸易的某一方面影响，而事实上贸易成本变化的影响非常广泛。利用 GTAP 模型对贸易增长、贸易条件、贸易收支平衡、贸易结构、产业结构、经济增长以及福利等个指标进行模拟，分析贸易成本变化带来的经济效应，对于解决当前中国对外贸易面临的新问题更加具有现实意义和决策参考价值。

第3章

广义贸易成本的相关理论

由于广义贸易成本包括贸易经济成本和贸易环境成本两部分，因此本章首先从贸易经济成本和贸易环境成本两个角度对相关理论模型进行阐述，然后分析包括“冰山”成本（贸易经济成本）和环境税率（贸易环境成本）的广义贸易成本模型，为后续的经验研究奠定理论基础。

3.1 贸易经济成本的相关理论基础

利用流量法计算贸易经济成本最早是基于引力模型，但在很长一段时间内引力模型被认为只是一种经验之谈，缺乏经济学理论基础。安德森、温库普（Anderson and Wincoop，2004）开创性的著作打破了这种认识，使引力模型在经验研究中广泛被采用。诺维（Novy，2013）也是基于引力模型计算了贸易经济成本，并且发现这与李嘉图的比较优势理论以及梅利茨（Melitz，2003）开创性的异质性企业模型是完全相融的。

3.1.1 基础的引力模型

萨维奇、道驰（Savage and Deutsch，1960）最早将物理学的引力模型以概率的形式引入到经济学研究中，两年后丁伯根（Tinbergen，1962）的经典论文也使用了双边贸易数据来估算引力方程，但是在 1995 年以前这并不是国际贸易研究的主流做法，原因在于当时的经济学家认为这只是引力模型的“理论遗产”，缺乏经济学微观基础，是让人值得怀疑的（Deardoff，1984）。尽管安德森（Anderson，1979）正式给出了模型的微观基础，却由于太复杂而没有推广到经济贸易领域中。

引力模型被经济贸易学家们广泛接受是在 1995 年，当时特来夫特（Trefter，1995）发现用 HOV 模型预测的要素服务贸易比实际观察到的要高出很多，因此提出“缺失贸易”的概念，并且用“本地偏好”来解释。这种“本地偏好”来自地理的距离。克鲁格曼（Krugman，1995）直观地说明了双边距离不是引力方程中唯一重要的东西，还需要考虑多边阻力。这与当时主流商业媒体宣传的“无国界”“距离已死”等观点完全相反。麦卡勒姆（McCallum，1995）利用重力方程和省际贸易数据完全驳斥了媒体流行的观点，不仅展示了引力方程作为估算贸易一体化政策影响的基本方法的有效性，还试图理解“边界效应”的重要性。随后及安德森、温库普（Anderson and Wincoop，2004）被认为是第一篇是关于引力方法论的重要的论文，解决了麦卡勒姆（McCallum，1995）所揭示的难题。

伊顿、科图姆（Eaton and Kortum，2002）以及安德森、温库普（Anderson and Wincoop，2004）打破了引力方程缺乏微观基础的传统观念。这两种模型都不依赖于不完全竞争或增加收益，因此没有理由相信引力方程应仅适用于一部分国家或行业。最重要的是，这些论文指出了考虑模型结构的估算方法。芬斯特拉（Feenstra，2004）以及雷丁、维纳布尔斯（Redding and Venables，2004）的文献清楚地表明，进口商和出口商的固定效应可以用来获取不同理论模型中的多边阻力。由于引力模型与理论相容，而且大部分时候比较容易计算，因此在经验研究中迅速得到采用。

2008 年发表的三篇经典文献钱尼（Chaney，2008），赫尔普曼、梅利茨、鲁宾斯坦（Helpman，Melitz and Rubinstein，2008）以及梅利茨、奥塔维亚诺

(Melitz and Ottaviano, 2008) 将异质企业与双边贸易流动结合起来。此时引力模型已经能够作为一种工具包，很好地衡量扩展边际和集约边际对贸易的冲击 (Bernard et al., 2007; Mayer and Ottaviano, 2007; Chaney, 2008)。异质性企业与引力模型的“合并”改变了引力方程的估计方法，也改变了学者们如何解释估计的系数。2008 年的经典文献表明引力方程与异质性企业模型是相容的，这使它的学术重要性不断提高上升①。在经济学这样一个一直被纯粹理论所主导的一个领域，引力模型被接受是一种确定的认可，这种认可目前进一步扩大，它最近已经成为理论的核心组成部分和贸易福利的衡量方法。

3.1.2 安德森、温库普 (Anderson and Wincoop, 2004) 模型

安德森、温库普 (Anderson and Wincoop, 2004) 开发了多国一般均衡模型。每个国家都生产一种与其他国家不同的商品，追求效用最大化的消费者喜欢消费大量国内外商品。各国之间的偏好被认为是类似的，并且替代弹性不变。

作为模型中的关键因素，安德森、温库普 (Anderson and Wincoop, 2004) 中引入的双边贸易经济成本是外生的。当货物从 i 国运到 j 国时，双边可变运输成本和其他可变贸易壁垒增加了每个单位运输的成本。由于贸易经济成本的存在，各国商品的价格有所不同。具体而言，如果 p_i 是原产国 i 的商品净供给价格，那么 $p_{ij}=p_i t_{ij}$ 就是 j 国消费者所面对的这种商品的价格，其中 $t_{ij}\geqslant 1$ 是总双边贸易经济成本因素（也就是 1 加上关税当量）。

基于这个框架，安德森、温库普 (Anderson and Wincoop, 2004) 用贸易经济成本推导了一个具有微观基础的引力方程：

$$x_{ij} = \frac{y_i y_j}{y^W}\left(\frac{t_{ij}}{\Pi_i P_j}\right)^{1-\sigma} \tag{3.1}$$

其中，x_{ij} 表示从 i 到 j 的名义出口，y_i 是 i 国的名义收入，y^W 是世界总收入，定义为 $y^W = \sum_i y_i$，σ 表示商品之间的替代弹性且 $\sigma>1$。Π_i 和 P_j 是 i 国和 j

① Head K, Mayer T. Gravity Equations: Workhorse, Toolkit, and Cookbook [M]. Handbook of International Economics. Elsevier, 2014: 131-195.

国的价格指数。

从该引力方程可以看出，在其他所有条件都相同的情况下，国家越大他们之间的贸易越多。双边贸易经济成本 t_{ij} 减少了双边贸易，但 t_{ij} 是由相对价格指数 Π_i 和 P_j 来衡量的。由于这些价格指数包含了与所有贸易伙伴的贸易经济成本，因此安德森、温库普（Anderson and Wincoop，2004）将这些价格指数定义成为多边阻力变量，也可以解释为平均交易成本。Π_i 是外向多边阻力变量，而 P_j 是内向多边阻力变量。

由于通常无法直接获得实际平均交易成本，很难找到多边阻力变量的表达式。安德森、温库普（Anderson and Wincoop，2004）假定双边贸易经济成本是两个特定贸易经济成本代理变量的函数，这两个代理变量就是边界障碍和地理距离。具体而言，他们假设交易成本函数 $t_{ij} = b_{ij} d_{ij}^{\kappa}$，其中，$b_{ij}$ 是边界相关指标变量，d_{ij} 是双边距离 κ 的距离弹性。另外，简化了模型，他们假设双边贸易的经济成本是对称的，即 $t_{ij} = t_{ji}$。在成本对称的假定下，外部和内部多边阻力是相同的，$\Pi_i = P_j$。这样，安德森、温库普（Anderson and Wincoop，2004）这些额外的假设为多边阻力提供了一个解决方案。

安德森、温库普（Anderson and Wincoop，2004）的附加假设有很多缺点。首先，所选择的贸易经济成本函数可能有误，函数形式可能不正确，可能会忽略关税等重要的贸易经济成本决定因素。其次，双边贸易经济成本可能不对称，例如，如果一个国家实施的关税税率高于另一个国家。最后，贸易壁垒实际上是随时间变化的，例如，各国逐步取消关税。因此，通过距离等不随时间变化的贸易经济成本代理变量很难获得贸易经济成本变化。

3.1.3 诺维（Novy，2013）的贸易经济成本测度模型

诺维（Novy，2013）提出了一种方法，通过推导多边阻力变量来帮助克服这些缺点。该方法不依赖任何特定的交易成本函数，也不会需要利用交易成本的对称性。相反，贸易经济成本可以通过易于观察的随时间变化的交易数据推算出来。

直觉上，双边贸易壁垒的变化不仅影响国际贸易，而且也影响国内贸易。例如，假设 i 国与其他所有国家的贸易壁垒都在下降，这样的情况下，原来 i 国内一些用于国内消费的货物现在被运往国外。因此，不但国际贸易在一定

程度上取决于世界其他国家的贸易壁垒，而且国内贸易也是如此。

从引力方程（3.1）中的国内贸易 x_{ii} 中可以看出这一点。由此可以获得产品对外和对内多边阻力的乘积：

$$\Pi_i P_j = \left(\frac{x_{ii}/y_i}{y_i/y^W}\right)^{\frac{1}{\sigma-1}} t_{ii} \tag{3.2}$$

假设 i 国和 j 国两个国家面对相同的国内贸易经济成本，即 $t_{ii}=t_{jj}$，并且规模相同，$y_i=y_j$，但 i 国是更封闭的经济体，也就是说，$x_{ii}>x_{jj}$。根据方程（3.2）可以直接看出 i 国的多边阻力更大，即 $\Pi_i P_i > \Pi_j P_j$。方程（3.2）意味着对于给定的 t_{ii}，很容易测量随着时间变化的多边阻力，因为它不依赖于距离等不随时间变化的交易成本代理变量。

可以利用开发多边阻力变量的解来解决双边贸易经济成本。引力方程（3.1）包含一个国家产品的外向多边阻力和另一国产品的内向多边阻力，而方程（3.2）提供了 $\Pi_i P_i$ 的解。因此将引力方程（3.1）乘以相应反方向的贸易流量，就可以同时获得该国外向和内向的多边阻力变量。

$$x_{ij}x_{ji} = \left(\frac{y_i y_j}{y^W}\right)^2 \left(\frac{t_{ij}t_{ji}}{\Pi_i P_j \Pi_j P_i}\right)^{1-\sigma} \tag{3.3}$$

把方程（3.2）代入并重新整理，得到：

$$\frac{t_{ij}t_{ji}}{t_{ii}t_{jj}} = \left(\frac{x_{ii}x_{jj}}{x_{ij}x_{ji}}\right)^{\frac{1}{\sigma-1}} \tag{3.4}$$

由于 i 国和 j 国之间的运输成本是可能不对称的，即 $t_{ij}\neq t_{ji}$，各国的国内贸易经济成本也有所不同 $t_{ii}\neq t_{jj}$，因此可以取两个方向的几何平均数来计算阻力，再从结果中减去 1 来表示关税当量。贸易经济成本 τ_{ij} 可以表示为：

$$\tau_{ij} \equiv \left(\frac{t_{ij}t_{ji}}{t_{ii}t_{jj}}\right)^{\frac{1}{2}} - 1 = \left(\frac{x_{ii}x_{jj}}{x_{ij}x_{ji}}\right)^{\frac{1}{2(\sigma-1)}} - 1 \tag{3.5}$$

其中，τ_{ij} 衡量双边贸易经济成本 $t_{ij}t_{ji}$ 相对于国内贸易经济成本 $t_{ii}t_{jj}$ 的值。这种测算方式并不需要假设国内贸易是无摩擦的，也不需要找出国际贸易比国内贸易更加昂贵的原因。赫德、莱斯（Head and Ries，2001）基于 Dixit-Stiglitz 的替代弹性不变偏好将贸易经济成本表示为国内外贸易流量的函数形式。

τ_{ij} 背后的直觉是很直观的。如果双边贸易流量 $x_{ij}x_{ji}$ 相对于国内贸易流量 $x_{ii}x_{jj}$ 增长，两国之间进行贸易一定比在国内进行交易更容易。贸易经济成本 τ_{ij} 减少，反之亦然。因此该方法是对可观察的交易行为进行推测，以间接方式获得交易成本。由于这些贸易流量是随着时间推移而变化的，所以交易成本 τ_{ij}不仅可以利用截面数据来计算，也可以利用时间序列和面板数据计算。这比安德森、温库普（Anderson and Wincoop，2004）只能使用横截面数据的模型更具优势。需要强调的是双边贸易阻力可能是不对称的（$t_{ij} \neq t_{ji}$），τ_{ij}背后表示的是双边相对贸易经济成本阻力的几何平均值。

最后，上述模型和交易成本 τ_{ij}的度量也可以由赫克歇尔 - 俄林模型来提供支撑。迪尔多夫（Deardoff，1998）认为，只要存在双边贸易壁垒，赫克歇尔 - 俄林模型就不能在两个相互交易的国家之间进行要素价格均等化。如果要素价格相等，商品价格也将相等，两国都无法克服贸易壁垒。在这个世界上商品数量众多而要素种类很少，因此现实很有可能是这样：一个国家是成本最低的生产国，而赫克歇尔 - 俄林模型所描述的贸易很可能与阿明顿模型描述的贸易相似。

3.1.4 李嘉图模型中的贸易经济成本

安德森、温库普（Anderson and Wincoop，2004）模型是需求侧模型，它把生产看作外生的，伊顿、科图姆（Eaton and Kortum，2002）拓展的李嘉图模型则强调供给侧。每个国家都有可能在全球范围内生产每一种商品，但只有一个成本最低的生产商为其他所有国家服务，只要跨国价格差距超过可变双边贸易经济成本 t_{ij}。伊顿、科图姆（Eaton and Kortum，2002）因此引入贸易的扩展边际。

各国的生产力服从弗雷歇（Fréchet）分布。参数 T_i 决定了 i 国的平均绝对生产力优势，T_i 高表示较高的整体生产力水平。参数$\vartheta>1$ 控制着生产率分布的变化，在各个国家相同。T_i 低意味着ϑ表现变化很大，因此比较优势的范围很大。该模型为总体贸易流量的引力方程，表达式为：

$$x_{ij} = \frac{T_i(c_i t_{ij})^{-\vartheta}}{\sum_{i=1}^{J} T_i(c_i t_{ij})^{-\vartheta}} y_j \tag{3.6}$$

其中，c_i 表示 i 国的投入成本，y_i 表示目的国 j 的总支出。

由于 c_i 和 T_i 是未知的，因此不可能将交易成本参数 t_{ij}从式（3.6）单独分离出来表示为可观测的变量。然而，参照方程（3.5）的方法，同样可以将双边和国内贸易经济成本系数相乘，计算国内贸易相对双边贸易的比率。即：

$$\tau_{ij}^{EK} = \left(\frac{t_{ij}t_{ji}}{t_{ii}t_{jj}}\right)^{\frac{1}{2}} - 1 = \left(\frac{x_{ii}x_{jj}}{x_{ij}x_{ji}}\right)^{\frac{1}{2\vartheta}} - 1 \qquad (3.7)$$

贸易经济成本指标 τ_{ij}^{EK} 就是方程（3.5）中的 τ_{ij}，ϑ即相当于 $\sigma-1$，李嘉图模型的贸易经济成本度量实际上与诺维（Novy，2013）是相同的。由于贸易是由比较优势驱动的，贸易经济成本相对于贸易流量的敏感性取决于各国相对生产率的异质性，由ϑ的大小决定。但在安德森、温库普（Anderson and Wincoop，2004）基于消费的模型中，贸易是由对多样性的偏好所驱动的，其敏感性取决于生产的差异，由 σ 的大小决定。σ 低表示产品差异化程度较高，而ϑ低表示生产率差别大。这两种贸易经济成本指标意味着较高的异质性对应较高的相对贸易摩擦。经济学的直觉是，较高的异质性能够激发更多的贸易。如果异质性很高但国际贸易规模较小，一定存在相对较大的贸易壁垒阻碍了国际一体化。

3.1.5 异质性企业模型中的贸易经济成本

考虑由钱尼（Chaney，2008）和梅利茨、奥塔维亚诺（Melitz and Ottaviano，2008）提出的异质性企业理论，企业具有不同的生产力水平，取决于他们的帕累托分布图，形状参数为 γ。钱尼（Chaney，2008）中每个企业都生产一种独特的产品，但面临着双边出口成本 f_{ij}。他推导出以下加总的引力方程：

$$x_{ij} = \mu \frac{y_i y_j}{y^W}\left(\frac{w_i t_{ij}}{\lambda_j}\right)^{-\gamma}(f_{ij})^{-\left(\frac{\gamma}{\sigma-1}-1\right)} \qquad (3.8)$$

其中，μ 是消费者效用函数中不同商品的权重，w_i 是 i 国工人的生产率，λ_j 是一个类似于多边阻力的变量。再次把双边贸易和国内贸易结合起来，计算国内外贸易相对双边贸易的比率：

$$\tau_{ij}^{Ch} = \left(\frac{t_{ij}t_{ji}}{t_{ii}t_{jj}}\right)^{\frac{1}{2}}\left(\frac{f_{ij}f_{ji}}{f_{ii}f_{jj}}\right)^{\frac{1}{2}\left(\frac{1}{\sigma-1}-\frac{1}{\gamma}\right)} - 1 = \left(\frac{x_{ii}x_{jj}}{x_{ij}x_{ji}}\right)^{\frac{1}{2\gamma}} - 1 \qquad (3.9)$$

贸易经济成本指标 τ_{ij}^{Ch} 显示了可变和固定的交易成本。它相对于贸易流量的敏感度取决于生产率分布参数 γ，γ 决定了企业进入和退出出口市场。梅利茨、奥塔维亚诺（Melitz and Ottaviano，2008）使用了非 CES 偏好，导致了内生的价格加成。异质性企业面临市场进入的沉没成本 f_E，可以解释为产品开发和生产启动成本。出口时企业仅面临可变成本，不涉及出口固定成本。可以用引力方程表示为：

$$x_{ij}=\frac{1}{2\delta(\gamma+2)}N_i^E\psi_iL_j(c_j^d)^{\gamma+2}(t_{ij})^{-\gamma} \tag{3.10}$$

其中，δ 在效用函数中表示产品差异程度的参数，N_i^E 是 i 国市场进入者的数量。ψ_i 是技术的比较优势指数，L_j 表示 j 国的消费者数量，c_j^d 是边际成本临界点，超过这个临界点后 j 国的国内企业将不再生产。如上所述，方程（3.10）中唯一的双边变量是交易成本因子 t_{ij}，所有其他变量在考虑国内贸易与双边贸易的比例时就会被消掉，因此有：

$$\tau_{ij}^{MO}=\left(\frac{t_{ij}t_{ji}}{t_{ii}t_{jj}}\right)^{\frac{1}{2}}-1=\left(\frac{x_{ii}x_{jj}}{x_{ij}x_{ji}}\right)^{\frac{1}{2\gamma}}-1 \tag{3.11}$$

成本经济指标 τ_{ij}^{MO} 与可观察的贸易流量 τ_{ij}^{Ch} 就是同一个函数。解释的不同之处在于固定成本没有进入 τ_{ij}^{MO}，因为企业仅仅面临出口的可变成本。

3.2 贸易环境成本的相关理论模型

格罗斯曼、克鲁格（Grossman and Kruger，1991）的经典文献提出了贸易对环境污染的规模效应、结构效应和技术效应，并且在格罗斯曼、克鲁格（Grossman and Kruger，1995）中进行了实证分析。安特韦勒、科普兰德、泰勒（Antweiler，Copeland and Taylor，2001）建立了理论模型来分析提高国际商品市场开放度对污染产生的影响（以下简称 ACT 模型），在梅利茨（Melitz，2003）经典的异质性企业理论提出后，学者们又引入该理论框架来建立模型，从微观层面出发进一步分析贸易的环境效应。

3.2.1 经典 ACT 模型中的贸易环境效应

3.2.1.1 基本模型

在一个小型开放经济体中有 N 个独立个体，产生两种最终产品 X 和产品

Y，使用劳动力 L 和资本 K 两种要素。产品 Y 所属的行业为劳动密集型，不会产生污染，而产品 X 所属的行业是资本密集型，作为副产品会产生污染。假设规模报酬不变，因此产品 X 和产品 Y 的生产技术可以用单位成本函数 $c^X(w, r)$ 和 $c^Y(w, r)$ 来描述。

以产品 Y 作为计价物，设 $p_y=1$，并用 p 来表示产品 X 的相对价格。

生产每单位产品 X 产生的污染为单位污染，记作污染的基础水平 B。生产者可以使用减排技术，为简单起见，假设减排技术只通过产品 X 投入。对于给定的基础污染水平 B，减少的污染量 A 由函数 $\lambda A(x_a, B)$ 给出。其中，x_a 是减排所使用的资源量，λ 是可能受技术进步影响的参数。污染排放量可以表示为 B 减去 A，或者：

$$z=[x-\lambda A(x_a, x)] \tag{3.12}$$

假设 $A(x_a, x)$ 是线性齐次的，单调递增的，并且是 x_a 和 x 的凹函数。因此可以得到：

$$A(x_a, x)=xa(\theta) \tag{3.13}$$

其中，$\theta=x_a/x$ 是产品 X 产出中专门用于减排的部分，$a(\theta)\equiv A(\theta, 1)$。假设所有的减排都需要投入，并且不可能完全减少所有污染：即 $a(0)=0$ 并且 $\lambda a(1)<1$。这意味着边际减排成本递增，因为对于给定的水平基础污染，减排活动的收益递减。

利用式（3.13），式（3.12）的污染排放可以重写为：

$$z=x[1-\lambda a(\theta)] \tag{3.14}$$

（1）生产者。

现在来看生产者均衡条件。假设政府征收污染排放税（内生变量）来减少污染。

对于给定的污染税 τ，产品 X 的生产企业利润 π^x 为收入减去生产成本、污染税和减排成本，即

$$\pi^x=px-c^x(w, r)-\tau[1-\lambda a(\theta)]x-p\theta x \tag{3.15}$$

企业将共同选择总产出（x）及其减排比例，以便利润最大化。

定义 $\tilde{p}=p(1-\theta)-c^x(w, r)x$。于是式（3.15）变成：$\pi^x=\tilde{p}x-c^x(w, r)x$。

由于规模报酬不变，单个公司的产出是不确定的，但对于任何产出水平，选择 θ 隐含的一阶条件为：

$$p = \lambda \tau a'(\theta) \tag{3.16}$$

式（3.16）意味着将最优减排量 θ^* 定义为 τ/p 的增函数。

$$\theta^* = \theta(\lambda \tau / p) \tag{3.17}$$

其中，$\theta' > 0$。正如人们所预料的那样，减排活动随着污染税的上升而提高。

由于是自由进入，企业将进入每个行业，直到利润为零。利用式（3.15）可以发现，对于 X 行业有

$$c^X(w,\ r) = \tilde{p} \tag{3.18}$$

对于 Y 行业，则有

$$c^Y(w,\ r) = 1 \tag{3.19}$$

假设两个行业都是活跃的，因此式（3.18）和式（3.19）决定了要素价格 w 和 r 是 $\tilde{p}$ 的函数。要素价格反过来决定了每个部门的单位投入系数。充分就业条件决定了产出：

$$c_w^X x + c_w^Y y = L \tag{3.20}$$

$$c_r^X x + c_r^Y y = K \tag{3.21}$$

其中，如前所述，x 表示产品 X 的总产出，产品 X 的净输出（剩余用于消费和/或出口）是 $x_n = x - x_a = x(1-\theta)$。

（2）消费者。

每个消费者最大化效用，将污染视为给定。为简单起见，假设对消费品的偏好是相似的，污染的边际负效应是不变的。代表性消费者的间接效用函数由下式给出：

$$V(p,\ G/N,\ z) = u\left(\frac{G/N}{\rho(p)}\right) - \delta z \tag{3.22}$$

其中，G 是国民收入（G/N 是人均收入），ρ 是价格指数，u 是污染的边际负效用为递增的凹函数。请注意，污染对消费者有害，并被视为纯粹的公害（所有消费者都经历相同的污染水平）。

将实际人均收入定义为：

$I \equiv \dfrac{G/N}{\rho(p)}$，并将间接效用重写为 $u(I) - \delta z$。

（3）政府。

污染政策由政府决定，并将随经济条件而变化。假设政府设定污染税，并且税收水平是最优税的增加函数，来模拟政策过程。这允许各国政府行为

可能不同（也许取决于国家特征和政治制度），而且也允许污染政策对不断变化的经济条件做出内生反应。由于所有消费者都是相同的，最优污染税最大化了总效用：$\max_{\{\tau\}}\{N[u(I)-\delta Z]\}$。它的解为：

$$\tau^*=N\delta\phi[p,\ I] \tag{3.23}$$

其中，$\phi=\rho(p)/u'$，由于 u 是凹的，$\phi_I>0$。$N\delta\phi[p,\ I]$ 可以被解释为每人的边际伤害，因此式（3.23）就是标准的萨缪尔森规则。污染税是所有个人边际损害的总和，并且随实际收入增加而增加，因为环境质量是一种正常商品。

实际污染税 τ 被认为是最优税 τ^* 的增函数：

$$\tau=T(\tau^*) \tag{3.24}$$

其中，$T'>0$，$T(\tau^*)\leqslant\tau^*$，假设 $\varepsilon_{T,\tau^*}\leqslant1$，$T$ 表示政府对有效政策的反应能力。如果政策总是最优的，那么 T 相对于最优税的弹性 $\varepsilon_{T,\tau^*}=1$。

现在可以通过将式（3.24）和式（3.17）代入式（3.14），然后使用市场出清条件式（3.18）~式（3.21）确定输出水平，再来确定污染的均衡水平。

3.2.1.2 规模、技术和结构效应

由于经济活动与环境质量之间的关系是复杂的，因此有必要首先将污染变化的总效应分解为规模、结构和技术效应。为了方便下一步研究，将经济活动的规模 S 定义为以世界价格计算的总产值。

$$S=px+y \tag{3.25}$$

为了方便定义结构效应，定义 $\chi=x/y$ 代表产品 X 的相对供给。

求解式（3.20）和式（3.21）中的 x 和 y 将两式相除，得到：

$$\frac{x}{y}=\frac{c_w^Y\kappa-c_r^Y}{c_r^Y-c_w^X\kappa}\equiv\chi(\kappa,\ \tilde{p}) \tag{3.26}$$

其中，$\kappa=K/L$，是经济中的资本劳动比。χ 随着 κ 和 $\tilde{p}$ 增加而增加，因此也与 p 正相关而与 τ 负相关。改变 $\chi(\kappa,\ \tilde{p})$ 即为结构效应变化。根据式（3.25）和式（3.26），重写污染表达式（3.12）为：

$$z=\frac{[1-\lambda a(\theta)]\chi S}{1+p\chi} \tag{3.27}$$

为了获得分解效应，将式（3.27）进行完全差分，得到：

$$\hat{z} = \hat{S} + \varphi_y \hat{\chi} - \varsigma \varepsilon_{a,\theta} \hat{\theta} \tag{3.28}$$

其中，“^”代表变化百分比，$\varphi_y = y/(px + y)$ 是 y 占总产值的比率，$\varepsilon_{a,\theta}$是相对于 θ 的弹性，$\varsigma = \lambda a(\theta) x/z$ 是污染减排占实际总污染的比率。$\hat{S}$ 是规模效应，在污染减排技术和生产商品组合不变的情况下，经济活动规模的扩大将增加污染。$\varphi_y \hat{\chi}$ 是结构效应，在规模和技术不变的情况下，生产更多污染密集型产品将增加污染。$\varsigma \varepsilon_{a,\theta} \theta$ 是技术效应，保持经济活动的规模和构成不变，污染水平将随着污染减排强度的增加而下降。

根据式（3.28），长期以来各国观察到的污染数据变化来源于经济活动规模、结构和技术的变化。可以采用产出数量指数作为规模的代理变量，为了把结构和技术效应表示为可观测到的变化，将式（3.26）和式（3.17）进行差分来获得 $\hat{\chi}$ 和 $\hat{\theta}$ 的表达式，然后代入式（3.28）：

$$\hat{z} = \hat{S} + \varphi_y \varepsilon_{\chi,k} \hat{\kappa} - (\varphi_y \alpha_\tau \varepsilon_{\chi,\tilde{p}} + \varsigma \varepsilon_{a,\theta} \varepsilon_{\theta,\tau}) \hat{\tau} \tag{3.29}$$

其中，ε_{ij}表示 i 相对于 j 的弹性。$\alpha_\tau = \tau\lambda[1 - a(\theta)]/\tilde{p}$，由于无法在数据中直接观察到政策，必须将式（3.29）中的 $\hat{\tau}$ 用其决定因素来替换，根据式（3.23）和式（3.24）$\hat{\tau}$ 可以重写为：

$$\hat{\tau} = \varepsilon_{T,\tau^*} [\hat{N} + \varepsilon_{\phi,I} + \hat{\delta}] \tag{3.30}$$

污染税取决于污染规模、实际人均收入和消费者的偏好。把式（3.30）代入式（3.29），得到：

$$\hat{z} = \gamma_1 \hat{S} + \gamma_2 \hat{\kappa} - \gamma_3 \hat{I} - \gamma_4 \hat{N} - \gamma_5 \hat{\delta} \tag{3.31}$$

其中，$\gamma_1 = 1$，$\gamma_2 = \varphi_y \varepsilon_{X,k} > 0$，$\gamma_3 \varepsilon_{\varphi,I} \gamma_4 > 0$，$\gamma_4 = \varepsilon_{T,\tau^*}(\varphi_y \theta_\tau \varepsilon_{\chi,\tilde{p}} + \zeta \varepsilon_{a,\theta} \varepsilon_{\theta,\tau}) > 0$，并且 $\gamma_5 = \gamma_4 > 0$。

式（3.31）中的 $\gamma_1 \hat{S}$ 是规模效应，如前所述。$\gamma_2 \hat{\kappa}$ 衡量增加资本劳动比对污染的影响。这是一种结构效应。由于污染行业是资本密集型的，其他条件相同的情况下，资本丰富的国家会产生更多污染。$\gamma_3 \hat{I}$、$\gamma_4 \hat{N}$、$\gamma_5 \hat{\delta}$ 均反映了污染政策变化的影响，可以将它们称为技术效应。

人均收入的增加会提高人们对环境质量的需求，从而导致更加严格的环境政策（$\varepsilon_{\phi,I} > 0$）。承受污染人数的增加会通过萨缪尔森规则导致更严格的环境规制。污染边际负效用的增加（$\hat{\delta} > 0$），这种增加可能是由于人们关于污染知识的增加导致的，也会增加对环境质量的需求和环境税。最后值得注意的是，这三种技术效果的强弱取决于 ε_{T,τ^*}，它是表示政府对代理人偏好响应能力的指数。

根据式（3.31）可以在价格和减排技术不变的情况下，利用可观察变量预测污染如何随着时间的推移而变化。污染随着经济规模和资本充裕度而上升。收入增加、污染的边际负效用增加以及遭受污染影响的人数增加导致政策收紧和污染减少。但是式（3.31）还不能用来进行估计，因为在推导过程中已经将世界和国内价格固定。

3.2.1.3 增加开放度

为了研究增加开放度对污染水平的影响，假设运输成本或其他摩擦为贸易壁垒。对于给定的共同世界价格 p^W，任何国家的国内价格都可以写成：$p=\beta p^W$。其中，β 衡量的是贸易摩擦的重要性。如果一国进口产品 X 则 $\beta>1$，如果出口产品 X 则 $\beta<1$。β 向 1 移动意味着贸易开放度增加，或者说是更加自由的贸易。经济中的任何变化（包括开放度增加）都能引起规模、结构和技术效应，如式（3.28）所示。在推导式（3.31）过程中国内价格被视为固定的。现在允许贸易摩擦存在和世界价格变化，$\hat{P}=\hat{\beta}+\hat{P}\omega$。改写式（3.31）可以得到：

$$\hat{z}=\gamma_1\hat{s}+\gamma_2\hat{\kappa}-\gamma_3\hat{I}-\gamma_4\hat{N}-\gamma_5\hat{\delta}+\gamma_6\hat{P}^w+\gamma_7\hat{\beta} \tag{3.32}$$

其中，$\gamma_6=\gamma_7=\varphi_y\varepsilon_{X,\tilde{P}}+\zeta\varepsilon_{a,\theta}\varepsilon_{\theta,\tau}(1-\varepsilon_{T,\tau}\times\varepsilon_{\varphi,P})>0$。其余 γ_i 的定义如前所述。

和前面的推导结果一样，污染随着经济规模、资本丰裕度、收入水平等变化而变化，同时污染还随世界价格和贸易摩擦的变化而变化。

式（3.32）是一个非常重要的结果，它表明减少贸易摩擦会以不同的方式影响不同的国家。

通过更加自由的贸易，出口污染品的国家 β 值将上升而进口国的 β 值将下降。由于 $\hat{\beta}$ 的系数为正，开放度增加对于在污染品生产方面具有比较优势的国家来说意味着 $\hat{\beta}>0$；对于在清洁产品生产方面有比较优势的国家来说意味着 $\hat{\beta}<0$。

通过以上推导可以得到如下命题：考虑两个相似的经济体，它们具有相同的经济规模、人均收入、人口、产品偏好、技术和相对要素丰度，除了开放程度不同其他完全相同。假设 1，两国都出口污染产品，那么贸易摩擦程度较低的国家污染更高；假设 2 两国都进口污染商品，那么贸易摩擦较低的国家污染更低。

3.2.2 异质性企业理论框架下的贸易环境效应

克雷克迈尔、里希特（Kreickemeier and Richter，2014）在传统的ACT模型中引入了异质性企业理论，分析了贸易自由化对国家总排放量和污染的影响，得出封闭形式的解决方案。

3.2.2.1 效用和需求

假设世界经济由两个国家 i 和国家 j 组成，这两个国家都开放对外贸易，并生产 q 种差异化的最终产品。每个经济体都有一个代表性消费者，他将所有收入用于消费差异化商品。国家 i 代表性消费者的偏好由下式给出：

$$W_i = U_i - \eta E_i \tag{3.33}$$

其中，U_i 表示消费差异化商品的效用，而 E_i 是国家 i 的污染水平。参数 $\eta > 0$ 反映了环境质量的偏好，其中较高的 η 值对应于较低的污染容忍性。国家 i 的污染表示为：

$$E_i = E_i^d + \gamma E_j^d \tag{3.34}$$

其中，E_i^d 和 E_j^d 分别表示来自 i 国和 j 国的排放。参数 $\gamma \in [0, 1]$ 度量的是特定污染物跨越国界的溢出程度，其中 $\gamma = 0$ 表示仅是本地污染物，$\gamma = 1$ 表示全球污染物。国家 i 的效用函数 U_i 由下式给出：

$$U_i = \left[\int_{v \in V_i} q_i(v)^{\frac{\sigma-1}{\sigma}} \mathrm{d}v\right]^{\frac{\sigma}{\sigma-1}} \tag{3.35}$$

其中，$q_i(v)$ 表示国家 i 对品种 v 的需求，V_i 是国家 i 可供消费的品种集合，$\sigma > 1$ 是消费中不同品种 q 之间的替代弹性。

如果 R_i 为代表性消费者的支出，$p_i(v)$ 作为品种 v 的国内价格，效用最大化受制于预算约束 $\int_{v \in V_i} p_i(v) q_i(v) \mathrm{d}v = R_i$，可以推出每个品种的等弹性需求函数：

$$q_i(v) = R_i P_i^{\sigma-1} p_i(v)^{-\sigma} \tag{3.36}$$

其中，P_i 是国家 i 的标准常替代弹性（CES）价格指数。

3.2.2.2 生产

有一批企业，每个企业都生产一种独特的产品。劳动力是同质的，而且是唯一的生产要素。劳动力市场是完全竞争的，国家 i 的均衡工资率用 w_i 表示。国家 i 的国内总产出表示为 M_i^d，国家 j 出口到国家 i 的数量为 M_j^x，两者加起来构成了供应国内市场的所有产量，即 $M_i = M_i^d + M_j^x$。

两个国家的商品市场都以垄断竞争为特征，这意味着企业将总量视为给定的，作为垄断者为自己的产品种类定价。为了产生和分配他们的产品，企业（周期性）固定劳动力需求为 f^d。每家企业的产出与劳动力投入 l_i^v 是线性的关系，并且取决于公司特定的生产力水平 φ：$q_i = \varphi l_i^v$。用 $c_i(v)$ 表示在国家 i 市场销售商品 v 的边际成本，根据成本加成不变的规则，企业的定价解决方案如下：

$$p_i(v) = \frac{c_i(v)}{\rho} \tag{3.37}$$

其中，$\rho \equiv \frac{(\sigma - 1)}{\sigma}$。对于国内各种商品来说，在国家 i 市场上销售的单位成本等于单位生产成本 $\tilde{c}_i(v) = w_i/\varphi(v)$。进口到国家 i 的各种商品将被征收税率为 τ_i 的从价关税，为了简化问题，定义 $t_i = 1 + \tau_i$。进口品种的单位成本为 $c_i(v) = t_i\, \tilde{c}_j(v)$。从式（3.36）和式（3.37）可以看出，国家 i 生产率为 φ 的企业国内收入和利润分别由下式给出：

$$r_i^d(\varphi) = R_i P_i^{\sigma-1}\left(\frac{w_i}{\rho\varphi}\right)^{1-\sigma},\quad \pi_i^d(\varphi) = \frac{r_i^d(\varphi)}{\sigma} - w_i f^d \tag{3.38}$$

比较国家 i 的两个任意企业 1 和企业 2，并利用刚刚得出的企业层面收入、产出和就业之间的关系，直接得出这些企业的相对国内产出、收入和就业水平变量与其相对生产率成正比，这也就是众所周知梅利茨（Melitz, 2003）的结果：

$$\frac{q_i(\varphi_1)}{q_i(\varphi_2)} = \left(\frac{\varphi_1}{\varphi_2}\right)^{\sigma} \quad \frac{r_i^d(\varphi_1)}{r_i^d(\varphi_2)} = \frac{l_i^v(\varphi_1)}{l_i^v(\varphi_2)} = \left(\frac{\varphi_1}{\varphi_2}\right)^{\sigma-1} \tag{3.39}$$

可变贸易成本为零，因此，与式（3.36）类似，国家 j 对国家 i 出口的需求为：

$$q_j(v) = R_i P_j^{\sigma-1} p_i(v)^{-\sigma} \tag{3.40}$$

出口收入和利润如下：

$$r_i^x = \frac{1}{t_j}\left[R_j P_j^{1-\sigma}\left(\frac{t_j w_i}{\rho\varphi}\right)^{1-\sigma}\right],\quad \pi_i^x = \frac{r_i^x}{\sigma} - w_i f^x \tag{3.41}$$

其中f^x是出口的固定劳动力投入。需要注意的是，t_j 在国家 i 企业出口收入的表达式中出现两次：它出现在方括号内的表达式中，因为它影响了国家 j 的消费者价格和隐含的需求数量。方括号内的表达式给出的是总出口收入（包括关税付款），必须除以 t_j 才能得到净出口收入。

3.2.2.3 污染排放的产生过程

每个企业产生的排放量是生产的联合产出。国家 i 中生产率为 φ 的企业产生的污染排放如下：

$$e_i(\varphi)=\frac{1}{\varphi^{\alpha_i}}\times\begin{cases}q_i^d(\varphi)\text{，不出口时}\\ [q_i^d(\varphi)+q_i^x(\varphi)]\text{，出口时}\end{cases} \tag{3.42}$$

式（3.42）中的排污强度参数$1/\varphi^{\alpha_i}$被定义为每单位产出的污染量，它随着企业特定生产率 φ 单调变化，变化程度取决于技术参数 α_i。$\alpha_i<0$，排污强度随着生产率的增加而增加，$\alpha_i>0$，单位产出排放量随着生产率的增加而减少。尽管模型与 α_i 的正负值都是相容的，但主要关注的是 $\alpha_i>0$ 的情况，即企业生产率和排放强度之间负相关的情况。在这种情况下，α_i 越大排污强度的下降越快，企业生产率越高。从式（3.18）得出，对于相同贸易状态的两个公司，相对排放公式如下：

$$\frac{e_i(\varphi_1)}{e_i(\varphi_2)}=\left(\frac{\varphi_1}{\varphi_2}\right)^{\sigma-\alpha_i} \tag{3.43}$$

有三个值得注意的特殊情况：第一，在 $\alpha_i=0$ 的边界情况下，排污强度与公司的生产率无关，因此公司特定的排放与产出成正比。第二，当 $\alpha_i=1$ 时，排放与可变劳动力投入成比例。由于生产效率较高的企业雇用了更多的工人（分别是出口商或非出口商），在这种情况下，生产率高的企业总排放量仍然高于生产率低的企业。第三，当 $\alpha_i=\sigma$，更高生产率企业的排放强度降低足以完全补偿更高的产出。每个企业的总排放量，无论是出口商还是非出口商，都与企业的生产率无关。

3.2.2.4 开放经济下的均衡

梅利茨（Melitz，2003）模型建立了一个企业是否进行国内生产和出口的标准模型：有无限的参与者决定是否支付固定的市场进入成本 $w_i f^e$，该成本允许他们从共同的累积分布函数 $G_i(\varphi)$ 中获得劳动生产率。了解到生产率后，他们决定是否开始生产，以及服务哪些市场（国内市场，或者同时服务于国内和国外市场两种选择）。假设$f^x > f^d$，这确保无论τ_j取值如何，只有一部分国内企业出口是有利可图的。有无限个时期，每个时期都有δ部分企业遭受负面冲击不得不停止生产，δ是外生的。接下来关注稳态均衡，在这种均衡中企业的总数量随时间变化是恒定的。

企业生产率φ服从帕累托分布，为不失一般性，将下限正态化为1：$G_i(\varphi) = 1 - \varphi^{-k}$，相应的密度函数为$g_i(\varphi) = k\varphi^{-(k+1)}$。其中假设$k > \sigma$成立，以确保每个企业的平均产出是有限的。由于事先的生产率服从帕累托分布，生存企业的事后生产率分布$\mu_i^d(\varphi)$和生存出口企业的事后生产率分布$\mu_i^d(\varphi)$也是帕累托分布，其各自的下限分别由各自的边际生产率φ_i^d和φ_i^x决定。

$$\mu_i^d(\varphi) = \frac{k}{\sigma}\left(\frac{\varphi_i^d}{\varphi}\right)^k,\ \mu_i^x(\varphi) = \frac{k}{\sigma}\left(\frac{\varphi_i^x}{\varphi}\right)^k \tag{3.44}$$

利用帕累托（Pareto）分布，自由进入条件由下式给出：

$$(\varphi_i^g)^{-k}\frac{\overline{\pi}_i}{\delta} = w_i f^e \tag{3.45}$$

其中，$\overline{\pi}_i$是所有生存公司的平均利润，而$(\varphi_i^d)^{-k}$是成功获取的事前概率。

（1）零利率条件和经济平均值。

有两个零利润条件，每个条件给出了各自的临界生产率（φ_i^d和φ_i^x），进入各自市场的固定劳动力需求和内生经济变量之间的一般均衡关系：

$$\frac{R_i P_i^{\sigma-1}}{\sigma}\left(\frac{w_i}{\rho\varphi_i^d}\right)^{1-\sigma} = w_i f^d \tag{3.46}$$

$$\frac{R_i P_i^{\sigma-1}}{\sigma t_j}\left(\frac{t_j w_i}{\rho\varphi_i^x}\right)^{1-\sigma} = w_i f^x \tag{3.47}$$

式（3.38）和式（3.41）中使用了利润的定义。因此，零利润条件使生产率最低的企业服务于各自市场的营业利润等于固定成本。

零利润条件现在可用来推导企业关键经济变量平均值的简单表达式。国家i国内市场和出口市场的平均产出如下：

$$\overline{q}_i^d = \int_{\varphi_i^d}^{\infty} q_i^d(\varphi)\mu_i^d(\varphi)\mathrm{d}\varphi = \left[\frac{k(\sigma-1)}{k-\sigma}\right] f^d \varphi_i^d \tag{3.48}$$

$$\overline{q}_i^x = \int_{\varphi_i^x}^{\infty} q_i^x(\varphi)\mu_i^x(\varphi)\mathrm{d}\varphi = \left[\frac{k(\sigma-1)}{k-\sigma}\right] f^x \varphi_i^x \tag{3.49}$$

将式（3.36）、式（3.40）和式（3.44）代入。利用式（3.21）给出的企业层面产出与排放之间的联系，每家企业由于国内生产和出口引致的平均排放为：

$$\bar{e}_i^d = \left[\frac{k(\sigma-1)}{\alpha_i + k - \sigma}\right] f^d (\varphi_i^d)^{\alpha_i - 1}, \quad \bar{e}_i^x = \left[\frac{k(\sigma-1)}{\alpha_i + k - \sigma}\right] f^x (\varphi_i^x)^{\alpha_i - 1} \tag{3.50}$$

假设整个 $\alpha_i > -(k-\sigma)$ 使用与推导式（3.48）、式（3.49）相同的方法计算平均国内收入和出口收入，分别为：

$$\bar{r}_i^d = \Theta\sigma w_i f^d, \quad \bar{r}_i^x = \Theta\sigma w_i f^x \tag{3.51}$$

其中，定义了 $\Theta = k/[k-(\sigma-1)] > 1$。最后，根据式（3.30），所有企业的平均利润可以写成：

$$\bar{\pi}_i = (\Theta - 1) w_i \left[f^d + \left(\frac{\varphi_i^d}{\varphi_i^x}\right)^k f^x\right] \tag{3.52}$$

其中，$\left(\frac{\varphi_i^d}{\varphi_i^x}\right)^k$ 是出口国内企业的份额。

（2）聚合变量。

在一般均衡中，需要充分利用国内劳动力。考虑到国内生产和出口中进入市场的劳动力就业问题，充分就业条件可以写成：

$$M_i^e f^e + M_i^d f^d + M_i^x f^x + M_i^d \int_{\varphi_i^d}^{\infty} \frac{q_i^d(\varphi)}{\varphi} \mu_i^d(\varphi) \mathrm{d}\varphi + M_i^x \int_{\varphi_i^x}^{\infty} \frac{q_i^x(\varphi)}{\varphi} \mu_i^x(\varphi) \mathrm{d}\varphi = L_i \tag{3.53}$$

其中，M_i^e 是用来提取生产率的总企业数量，L_i 是国家 i 的外生劳动力供给。可以直接求解获得：

$$M_i^d = \Omega_i (\varphi_i^d)^{-k}, \quad M_i^x = \Omega_i (\varphi_i^x)^{-k} \tag{3.54}$$

其中，$\Omega_i = \rho L_i/(k\delta f^e)$ 衡量市场规模。

总产出 Q_i 由 $M_i^d q_i^{-d} + M_i^x q_i^{-x}$ 给出，将式（3.48）、式（3.49）和式（3.54）代入，可以得到：

$$Q_i = \Omega_i \left[\frac{k(\sigma-1)}{k-\sigma}\right]\left[\frac{f^d}{(\varphi_i^d)^{k-1}} + \frac{f^x}{(\varphi_i^x)^{k-1}}\right] \tag{3.55}$$

因此，其他条件不变的情况下，国内临界生产率越低，总产量越高，外国临界生产率越低。式（3.55）中定义的总产出 Q_i 在梅利茨（Melitz, 2003）的异质性企业模型中通常是一个不被人关注的变量，因为福利取决各企业产出的 CES 函数加总，而不是它们的简单加和。然而，Q_i 是当前背景下的相关变量，因为在本书的研究框架中，Q_i 的变化可以用来度量规模效应。

与总产出类似，国内排放总量可以表示为：

$$E_i^d = \Omega_i \left[\frac{k(\sigma - 1)}{\alpha_i + k - \sigma}\right]\left[\frac{f^d}{(\varphi_i^d)^{\alpha_i + k - 1}} + \frac{f^x}{(\varphi_i^x)^{\alpha_i + k - 1}}\right] \tag{3.56}$$

因此，国内排放总量由技术参数 α_i 以及进入国内市场和出口的临界生产率水平 φ_i^d 和 φ_i^x 决定。

(3) 临界生产率。

由于汇总变量是各种生产率临界值的函数，现在推导这些临界值之间的联系。首先，将式（3.52）代入自由进入条件下的平均利润式（3.45），可以获得国家 i 的国内和出口临界生产率之间的联系：

$$\varphi_i^x = \left(\frac{f^x}{\delta f^e/(\Theta - 1) - f^d/(\varphi_i^d)^k}\right)^{\frac{1}{k}} \tag{3.57}$$

将国家 j 的出口临界生产率条件式（3.47）除以国家 i 的国内临界生产率条件式（3.46），得到 φ_i^d 和 φ_j^x 之间的关系：

$$\varphi_i^d = \left[\left(\frac{w_i}{w_j t_i}\right)^{\sigma} \frac{f^d}{f^x}\right]^{\frac{1}{\sigma - 1}} \varphi_j^x \tag{3.58}$$

最后，国家 i 和国家 j 的临界生产率之间的关系可以从贸易平衡条件中得出：

$$M_i^x \int_{\varphi_i^x}^{\infty} r_i^x(\varphi)\mu_i^x(\varphi)\,\mathrm{d}\varphi = M_j^x \int_{\varphi_j^x}^{\infty} r_j^x(\varphi)\mu_j^x(\varphi)\,\mathrm{d}\varphi \tag{3.59}$$

这表明以世界价格计算的出口总值（与国家 i 企业的出口收入相等）等于以世界价格计算的进口总值（与国家 j 企业的出口收入相同）。将式（3.51）的平均收入和式（3.54）的企业总数量代入，得到：

$$\varphi_i^x = \left(\frac{L_i w_i}{L_j w_j}\right)^{\frac{1}{k}} \varphi_j^x \tag{3.60}$$

根据式（3.57）和式（3.58）用类似的方法可以获得国家 j 的相关变量。由此，以国家 j 的劳动为参照标准，可以得到 5 个内生变量 φ_i^d，φ_i^x，φ_j^d，φ_j^x 和 w_i。

3.2.2.5 贸易自由化的影响

现在来确定国家 i 单边关税变化对三个关键变量的影响：国家 i 的总产

出、国家 i 的总排放量和国家 i 的污染，后者由国家 i 和国家 j 的排放共同决定的。分析过程有两步：采用费尔伯马等（Felbermayr et al.，2013）的做法，首先得出国家 i 关税变化对国家 i 和国家 j 临界生产率的影响，然后使用这些结果得到三个关键变量的影响。

（1）单边关税减少与临界生产率的变化。

为考察国家 i 单边关税削减对四种临界生产率的影响，将式（3.57）、式（3.58）和式（3.60）差分如下：

$$\begin{cases}\hat{\varphi}_i^x = A\hat{\tau}_i \\ \hat{\varphi}_i^d = \varepsilon_i^{dx} A\hat{\tau}_i \\ \hat{\varphi}_j^x = AB\hat{\tau}_i \\ \hat{\varphi}_j^d = \varepsilon_i^{dx} AB\hat{\tau}_i\end{cases} \tag{3.61}$$

其中，$A \equiv \frac{1}{\rho}\left[\frac{k-\rho\varepsilon_j^{dx}}{k(2-\varepsilon_i^{dx}-\varepsilon_j^{dx})-\rho(2-\varepsilon_i^{dx}\varepsilon_j^{dx})}\right] > 0$，$B \equiv \left(\frac{k-\rho}{k-\rho\varepsilon_j^{dx}}\right)$，$\varepsilon_i^{dx} = \frac{\hat{\varphi}_i^d}{\hat{\varphi}_i^x}$，$\varepsilon_j^{dx} = \frac{\hat{\varphi}_j^d}{\hat{\varphi}_j^x}$。其中 ε_i^{dx}，$\varepsilon_j^{dx} < 0$，$0 < B < 1$，$\hat{x} \equiv dx/x$ 表示变量 x 的百分比变化。

因此，贸易开放程度较高，如果模型中国家 i 单方面减少进口关税，会降低该国边际出口企业的生产力水平，提高该国国内边际生产者的生产率。两种影响背后的经济学直觉很简单：消费者的支出转向进口品种，导致生产效率最低的企业退出。这种退出的直接影响是提高国内临界生产率。然而，由于退出企业释放出劳动力，均衡工资减少，生产率高的非出口企业在出口市场上变得具有竞争力，这意味着出口生产率下降。当 B 在 0～1 之间时，对国家 j 生产率临界值的影响与对国家 i 的影响方向相同，但程度更小。

（2）单边关税减少和排放总量的变化。

贸易自由化对国家 i 的两个生产率产生相反的影响，从式（3.55）可以看出对国家 i 总产出的影响是两个相反方向影响的结果：国内市场的产量下降，而出口产量增加。国内总产量变化根据式（3.61）有：

$$\hat{Q}_i = -(k-1)\left[\frac{1-\varphi_i^d/\varphi_i^x}{1+f^d/f^x(\varphi_i^x/\varphi_i^d)^{k-1}}\right]A\hat{\tau}_i \tag{3.62}$$

由于（$k-1$）和 A 都大于零，因此方括号中表达式符号的最终决定了对总产量的总体影响。如前所述，$f^x > f^d$ 因此 $\varphi_i^x > \varphi_i^d$。方括号中的表达式 $\in (0, 1)$。

这意味着贸易自由化，即$\hat{\tau}_i<0$增加了国内总产出。

国内排放量随着贸易自由化的变化而变化：

$$\hat{E}_i^d = -(\alpha_i + k - 1)\left[\frac{1-(\varphi_i^x/\varphi_i^d)^{\alpha_i-1}}{1+f^d/f^x(\varphi_i^x/\varphi_i^d)^{k-1+\alpha_i}}\right]A\hat{\tau}_i \tag{3.63}$$

根据之前的假设，第一项始终为负，而A为正，如式（3.63）所示。因此，方括号中的表达式符号决定了对国内排放的总体影响，在负号的情况下减少。无论α_i取值如何，分母总是正的并且大于1，而分子是α_i的减函数，α_i取值较小时为正值，当$\alpha_i>1$时转为负值，因此，当且仅当技术参数α_i小于1时，贸易自由化才会增加国内的污染排放。

模型的推导得到了命题1：当且仅当$\alpha_i>1$时，国家i单方面减少进口关税，通过将资源重新分配给更具生产力的企业来减少国家i的总排放量，因此排放强度随着企业生产率的增加而剧烈下降。

贸易自由化对国家i排放影响的经济直觉如下：E_i^d受到两个渠道的影响：首先是众所周知的格罗斯曼、克鲁格（Grossman and Kruger，1991）的规模效应，它会根据总产量的增加来增加国内排放。其次，贸易自由化导致生产重新分配到更具生产率的企业，这些企业的排放强度更低。其他条件不变的情况下，这种重新分配效应减少了国内排放。当$\alpha_i=1$，这两种相反的效应完全相互抵消；而对于α_i大于1的任何值，重新分配效应在规模效应中占主导地位，而在更开放的经济中国内排放更小。

当α_i在$1\sim\sigma$之间时情况变得比较有趣。一方面，重新分配效应超过了规模效应，而国内排放总量明显减少。另一方面，其他条件不变的情况下，生产率更高的企业产生更多的排放，可以从式（3.43）推断出来。这表明，更开放的贸易可以减少自由化国家的总排放量，即使它导致资源的重新分配——企业规模越大排放越多。$1<\alpha_i<\sigma$的情景与最近的经验研究结果相吻合。它的特点是国内排放总体减少（Antweiler et al.，2001；McAusland，2010），控制产出之后大企业的排放强度较低（Cole et al.，2013），出口企业相对于非出口企业排放量减少更多（Holladay，2010；Forslid et al.，2011；Cui et al.，2012）。

在异质性企业的框架中，将贸易自由化对排放的影响与文献中产生的影响联系起来，这是有启示性的。模型中没有分析传统的技术效应和结构效应。但是，上述模型确定的重新分配效应可以替代这两种效应进行解释。虽然当贸易自由化时，个别企业的排放强度保持不变，但随着平均生产率的提高，该行业的平均排放强度会降低。或者换句话说，从部门的总体变化可以确定技术效应。换一种说法，重新分配效应可以解释为部门结构效应。贸易导致该部门内的市场结构发生变化。劳动力被重新分配给最具生产力的企业，在劳动生产率和环境效率之间存在正相关关系的假设下，这些企业是排放强度最低的企业。

为了充分评估国家 i 贸易自由化对该国污染程度的影响，需要考虑国家 j 排放产生的影响。因为根据等式（3.34），国内污染通常不仅仅由本国排放决定，当存在非本地污染物时，即 $\gamma\neq 0$ 的情况下，外国排放在确定单边贸易自由化对关税削减国家消费者的总体影响方面起着至关重要的作用。国家 i 的总污染量为：

$$\widehat{E}_i = \beta_i \widehat{E}_i^d + (1-\beta_i)\gamma\, \widehat{E}_j^d \tag{3.64}$$

其中，$\beta_i = \frac{E_i^d}{E_i}$ 是国内排放在国家 i 总污染中所占的比例。

与式（3.63）类似，国家 i 关税减少导致外国排放下降的百分比由下式确定：

$$\widehat{E}_j^d = -(\alpha_j + k - 1)\left[\frac{1-(\varphi_j^x/\varphi_j^d)^{\alpha_j - 1}}{1 + f^d/f^x(\varphi_j^x/\varphi_j^d)^{k-1+\alpha_j}}\right]AB\hat{\tau}_i \tag{3.65}$$

同样，技术参数（此处为 α_j）决定了部分规模和重新分配效应的相对强度，从而决定了对国家 j 排放的总体影响。鉴于两国之间的初始对称性，$B>1$，再分配效应对更加开放的国家 i 影响更大。一般来说，无论 α_i，$\alpha_j \geqslant 1$，还是 α_i，$\alpha_j \leqslant 1$，贸易自由化对两国排放影响的方向是相同的。因此，无论其符号的方向如何，对国家 i 排放的影响都会对国家 i 污染产生放大的影响。

在 $\alpha_i > 1 > \alpha_j$ 或者 $\alpha_j > 1 > \alpha_i$ 的情况下，该放大结果不再成立。例如，如果 $\alpha_j < 1$，减少国家 i 排放的单边贸易自由化（由于 $\alpha_i > 1$）会增加国家 j 的排放，因此贸易自由化对国内污染的降低程度不如国内排放量的降低程度那么高。对于国家 i 污染中的外国排放比例 $1-\beta_i$ 足够高，增加的国家 j 排放量甚至可以抵消国家 i 的减排量，从而导致国家 i 污染的总体增加。这种情景与碳泄漏现象有明显的相似之处，尽管本节的模型中，对外国排放的不利影响是由贸易政策的变化引起的，而不是由于环境监管的变化。

综上所述，可以得到命题 2：在非本地污染物的情况下，如果 $\alpha_j > 1$，即

国家 j 排放强度随着企业生产率大幅下降，或者国家 j 在国家 i 污染中所占的份额非常小，那么国家 i 单方面减少进口关税会减少国家 i 排放总量，同时也会减少国家 i 的污染。

3.2.2.6 结论

传统文献衍生出贸易自由化影响环境的三个主要渠道：经济活动增加引起排放增加导致的规模效应，排放强度变化引起的减排技术效应，结构效应的影响是由于专业化导致国家产业结构发生变化的结果。

克雷克迈尔、里希特（Kreickemeier and Richter，2014）研究已经表明，利用垄断竞争和异质性企业模型，可以导出第四个主要渠道。通过将企业的生产力与其环境效率正向关联，贸易促进的总生产率增加转化为总排放强度的降低。效率最低的企业退出市场；资源被重新分配给生产率最高和排放最少的企业。这种重新分配效应减少了国内总排放，其他条件不变，但由于规模效应的存在，当且仅当特定的排放强度随着企业生产率的提高而强烈下降时，贸易进一步开放才能降低国内的总排放。虽然在本节的模型中，传统的结构效应和传统的技术效果都不存在，但重新分配效应可以被解释为部门内的结构效应和对所有部门加总的技术效应。

在非本地污染物的情况下，世界其他地区产生的排放也会影响本国的总污染。鉴于两国之间的初始对称性，外国排放也会受到单边关税改革的影响，但影响程度更小。因此，在国家对称的假设下，贸易自由化对国家排放的影响，无论其符号方向如何，都会在这个国家的污染中得到放大。另外本节还探讨了国家的不对称性，并推导出了在何种条件下，即使当地的排放量下降，贸易自由化可能导致改革国家污染更严重。

3.3 广义贸易成本的相关理论模型

在对贸易经济成本和贸易环境成本相关模型进行分析之后，横野（Yokoo，2009）基于异质性企业模型，在存在冰山贸易经济成本的前提下，分析了贸易环境成本（环境税率）对企业生产率、污染以及福利的影响。

3.3.1 基本模型

假设一个国家有 L 个消费者，他们拥有相似的偏好，且效用可以表示为：

$$U = X - Z \tag{3.66}$$

其中，X 是差异化产品的总消费指数，Z 是整个国家产生的污染，这里只考虑本国的污染效应。总消费是不同消费产品种类 $x(h)$ 的常替代函数，h 是内生决定的。任何两种产品之间的替代弹性为 $\sigma = 1/(1-\rho)$。

$$X = \left[\int x(h)^{\rho} \rho \mathrm{d}h\right]^{\frac{1}{\rho}}, \quad 0 < \rho < 1 \tag{3.67}$$

Z 定义为：

$$Z = \int z(h)\mathrm{d}h \tag{3.68}$$

其中，$z(h)$ 代表第 h 个企业产生的污染。假设消费者的数量 L 足够多，没有一个消费者可以通过改变自己的行为而影响 Z。因此每个人都把 Z 当成外生给定的。根据式（3.67）可以得到每个产品种类 h 的反需求函数：

$$p(h) = X^{1-\rho} x(h)^{\rho-1} \tag{3.69}$$

每种产品的最优支出决策为：

$$r(h) = R^{\sigma}[p(h)X]^{1-\sigma} \tag{3.70}$$

其中，R 代表总支出。

差异化的产品是由垄断竞争部门提供的。有一系列连续的企业，每种企业生产一种差异化的产品 h。仅需要投入劳动这一种生产要素。企业最初需要负担进入成本 f_E。所有的企业都面临相同的进入成本，但是具有不同的生产率。一旦支付了进入成本，生产产品种类 h 的企业其生产率服从已知的分布函数 $G(\varphi)$。企业可以观察到这个生产率水平，然后决定退出市场还是开始生产。如果企业决定开始生产，还要增加额外的固定成本 f，这个成本对于所有的企业来说是相同的。

假设每家企业的每单位劳动力可以生产 1 个单位差异化产品，并且产生 1 个单位污染。那么污染强度必须是一个可以选择的变量，才能够使污染减排成为可能。为了能够简单地刻画污染减排，假设一家企业将 θ 部分投入分配到减排中。θ 的增加会减少污染，但是投入减排当中就不能再用于最终产品的生产。联合生产技术函数如下：

$$x(\varphi) = \varphi(1-\theta) \times l(\varphi) \tag{3.71}$$

$$z(\varphi) = (1-\theta)^{\frac{1}{\alpha}} \times l(\varphi) \tag{3.72}$$

其中，$\theta \in [0, 1)$，$\alpha \in (0, 1)$，$x(\varphi)$ 和 $z(\varphi)$ 分别是差异化产品和污染的产出，$l(\varphi)$ 是生产中劳动力数量的投入，$\varphi > 0$ 是企业具体的劳动生产率系数。α 越大，行业的污染强度越大。如果 $\theta = 0$，则没有减排，每单位投入产生 1 个单位污染。

不管生产率如何，每个企业面临替代弹性为常数 σ 的需求曲线，选择利润最大化的成本加成率为 $1/\rho$。定价原则为：

$$p(\varphi) = \frac{w(1-\theta)^{-1} + \tau(1-\theta)^{\frac{1}{\alpha}-1}}{\rho\varphi} \tag{3.73}$$

其中，w 是工资率，这里正态化为 1；τ 是环境税税率。如果没有环境规制，企业没有动力进行污染减排，将选择 $\theta = 0$ 进行生产。假定政府一直进行环境规制，企业必须从自身寻求解决方案，至少有一小部分投入将用于污染减排。

将式（3.72）中的 l 整理后代入式（3.71）中，可以得到：

$$x(\varphi) = \varphi^{1-\alpha} l^{1-\alpha} z^{\alpha} \tag{3.74}$$

也就是说，尽管污染是一种联合产出，也可以同样把它看作是一种投入，这样就可以利用柯布－道格拉斯（Cobb-Douglas）生产函数。这类生产函数的一阶条件为：

$$\frac{z}{l} = \frac{\alpha}{1-\alpha} \times \frac{1}{\tau} \tag{3.75}$$

根据式（3.72）和式（3.75），可以得到：

$$\theta = 1 - \left(\frac{\alpha}{1-\alpha} \times \frac{1}{\tau}\right)^{\alpha} \tag{3.76}$$

这意味着该国所有企业选择同样的减排投入份额。所以 θ 是环境税税率 τ 的增函数。

将式（3.76）重新代入定价原则：

$$p(\varphi) = \frac{1}{\rho\varphi} \tau^{\alpha} \alpha^{-\alpha} (1-\alpha)^{-1(1-\alpha)} \tag{3.77}$$

则利润为：

$$\pi(\varphi) = r(\varphi) - l(\varphi) - \tau z(\varphi) - f = \frac{r(\varphi)}{\sigma} - f \tag{3.78}$$

其中，$r(\varphi)$ 是企业收入。利用式（3.70）、式（3.77）和式（3.78），把收

入函数 $r(\varphi)$ 和利润函数 $\pi(\varphi)$ 重写为：

$$r(\varphi)=R^{\sigma}\left(\frac{X}{\rho\varphi}\right)^{1-\sigma}\tau^{\alpha(1-\alpha)}\phi^{1-\alpha} \tag{3.79}$$

$$\pi(\varphi)=\frac{R^{\sigma}}{\sigma}\left(\frac{X}{\rho\varphi}\right)^{1-\sigma}\tau^{\alpha(1-\alpha)}\phi^{1-\alpha}-f \tag{3.80}$$

其中，$\phi=[\alpha^{-\alpha}(1-\alpha)^{-(1-\alpha)}]$ 利用式（3.69）、式（3.71）、式（3.73）和式（3.77），我们可以得到企业的污染量为：

$$z(\varphi)=\frac{X}{\rho^{-\sigma}\varphi^{1-\sigma}}\tau^{\alpha(1-\sigma)-1}\alpha^{-\alpha(1-\sigma)+1}(1-\alpha)^{-(1-\alpha)(1-\sigma)} \tag{3.81}$$

从中可以看出，任何两家企业的收入比和污染比只取决于他们的生产率之比：

$$\frac{r(\varphi_1)}{r(\varphi_2)}=\left(\frac{\varphi_1}{\varphi_2}\right)^{\sigma-1},\ \frac{z(\varphi_1)}{z(\varphi_2)}=\left(\frac{\varphi_1}{\varphi_2}\right)^{\sigma-1} \tag{3.82}$$

简言之，生产率更高的企业相对于生产率低的企业收入更多，可以制定更低的价格，获得更多的利润，但是也产生更多的污染。

3.3.2 波特假设和最优环境政策

3.3.2.1 封闭经济下的均衡

封闭经济下的一般均衡中，有 N 家企业生产 N 种差异化的产品，其生产率水平分布于（0，∞）的子集。霍普哈因（Hopenhayn，1992）首先描述了这种均衡。行业中有大量的潜在进入者，进入之前各个企业是相似的。为了能够进入该行业，企业要进行初始的投资，模型中表示为固定加入成本 $f_E>0$，进入后即变成沉没成本。企业的初始生产率系数为 φ 服从一般分布 $g(\varphi)$，位于（0，∞）区间，累积分布函数为 $G(\varphi)$。

企业在进入之后可以选择不生产直接退出。生产率水平处于 $\varphi<\varphi^*$ 的企业将直接退出。门槛生产率水平 φ^* 就是临界水平，定义为：

$$\pi(\varphi^*,\ X)=0 \tag{3.83}$$

这个门槛生产率水平取决于行业的总消费指数 X，即 $\varphi^*(X)$。达到均衡时，潜在进入者的预期经营利润等于进入的固定成本。生产率 $\varphi\geqslant\varphi^*(X)$ 的企业将留在经济活动中，企业自己进入的条件可以表示为：

$$\int_{\varphi^*(X)}^{\infty} \pi(\varphi, X) g(\varphi) \mathrm{d}\varphi = f_E \tag{3.84}$$

0 临界利润条件（3.83）和自由进入条件（3.84）为生存者的门槛生产率 φ^* 提供了隐含解。经济的总收入是由劳动力数量而确定的：$R = L$，其中 $R = \int_0^{\infty} R(\varphi) N\eta(\varphi) \mathrm{d}\varphi$。利用总消费指数 X，我们可以计算利息。

3.3.2.2 一国的生产率水平

本书关注的是平均生产率如果影响环境政策。因此，根据梅利茨（Melitz, 2003），将加权平均生产率水平定义为：

$$\tilde{\varphi} = [\int_0^{\infty} \varphi^{\sigma-1} \eta(\varphi) \mathrm{d}\varphi]^{\frac{1}{\sigma-1}} \tag{3.85}$$

加权平均生产率 $\tilde{\varphi}$ 代表加总生产率，服从生产率分布函数 $\eta(\varphi)$。由于进入后随即退出的企业并没有生产，其退出行为并不影响存续企业的生产率分布 $\eta(\varphi)$，因此这种分布由成功进入企业的最初生产率决定，于是可以得到：

$$\eta(\varphi) = \frac{g(\varphi)}{1 - G(\varphi)} \tag{3.86}$$

平均生产率水平 $\tilde{\varphi}$ 是0临界水平 φ^* 的函数：

$$\tilde{\varphi}(\varphi^*) = \left[\frac{1}{1 - G(\varphi^*)} \int_{\varphi^*(X)}^{\infty} \varphi^{\sigma-1} g(\varphi) \mathrm{d}\varphi\right]^{\frac{1}{\sigma-1}} \tag{3.87}$$

这显示了内生的生产率水平 φ^* 是如何影响平均生产率水平的。从式（3.87）中也可以看出平均生产率水平 $\tilde{\varphi}$ 完全是由临界生产率水平 φ^* 决定的。

3.3.2.3 技术参数

为了简化分析，现在将生产率分布函数 $G(\varphi)$ 具体参数化。沿用赫尔普曼等（Helpman et al., 2004），假定生产率 φ 服从帕累托分布，下限为 b，形状参数为 k，假定形状参数 k 大于 $\sigma - 1$。由此，生产率分布函数可以表示为：

$$G(\varphi) = 1 - \left(\frac{b}{\varphi}\right)^k, \text{其中 } \varphi \geqslant b > 0 \tag{3.88}$$

于是概率分布函数为：

$$g(\varphi) = \frac{kb^k}{\varphi^{k+1}} \tag{3.89}$$

利用式（3.89）以及 $k>\sigma-1$ 的假设，重写式（3.87）的平均生产率：

$$\tilde{\varphi}(\varphi^*)=\left[\frac{k}{k-\sigma+1}\right]^{\frac{1}{\sigma-1}}\varphi^* \tag{3.90}$$

式（3.90）可以更加明确地看出，平均生产率水平 $\tilde{\varphi}$ 是临界生产率水平 φ^* 的增函数。

3.3.2.4 环境税与平均生产率

利用式（3.88）以及 $R=L$，0 临界生产率以及式（3.83）和式（3.84），可以得到：

$$\varphi^*=\left(\frac{k}{k-\sigma+1}-b^k\right)^{\frac{1}{k}}L^{-1}\sigma^{-\frac{1}{\rho^2\sigma^2}}\phi^{\sigma-1}\tau^{\alpha(\sigma-1)}f^{\frac{k-\sigma+1}{\sigma^2\rho^2k}}f_E^{-\frac{1}{k}} \tag{3.91}$$

从这个等式中可以明确地看出临界生产率水平 φ^* 随着环境税率 τ 的增加而上升。式（3.90）和式（3.91）说明更加严格的环境规制会增加该国的平均生产率水平 $\tilde{\varphi}$。

于是式（3.67）中的总消费水平为：

$$X=\left(\frac{k}{k-\sigma+1}-b^k\right)^{\frac{1}{k}}L^{\frac{1}{\rho}}\sigma^{-\frac{1}{\rho\sigma}}\tau^{-\alpha}\phi^{-1}f^{\frac{k-\sigma+1}{\sigma\rho k}}f_E^{-\frac{1}{k}} \tag{3.92}$$

利用式（3.85）中定义的 φ 以及式（3.83）中污染排放和生产率的比率，可以将污染排放量 Z 写成：

$$Z=X^{\rho}x(\tilde{\varphi})^{-\rho}z(\tilde{\varphi}) \tag{3.93}$$

将式（3.71）、式（3.72）、式（3.76）和式（3.81）代入，利用式（3.92）可以得到：

$$Z=\frac{\alpha\rho X}{\tau}=\left(\frac{k}{k-\sigma+1}-b^k\right)^{\frac{1}{k}}L^{\frac{1}{\rho}}\sigma^{-\frac{1}{\rho\sigma}}\rho\tau^{-\alpha-1}\left(\frac{\alpha}{1-\alpha}\right)^{1-\alpha}f^{\frac{k-\sigma+1}{\sigma\rho k}}f_E^{-\frac{1}{k}} \tag{3.94}$$

式（3.94）显示出，污染排放总量随着环境税率 τ 的增加而减少。

因此可以得出结论，更加严格的环境规制会增加该国的平均生产率，提升该国环境质量。但是，每家企业的收入和利润会随着环境税的增加而减少。

接下来考虑封闭经济下的最优税率。如果管理者能够观察到式（3.88）的技术分布，就可以设定污染税率使式（3.66）中的效用函数最大化。利用式（3.92）和式（3.94），我们可以推导出最优环境税率为：

$$\tau=\rho(1+\alpha) \tag{3.95}$$

3.3.3 贸易、污染与平均生产率

3.3.3.1 开放经济模型

将原来的模型设定为两个国家。这里模型中所有的企业都出口，这与梅利茨（Melitz，2003）模型不同。

假设有两个国家分别是国家 1 和国家 2，每个国家有大量偏好相似的消费者，如式（3.66）所示。假设每个国家的工资水平相同，正态化为 1。两个国家的企业生产率分布函数均为 $G(\varphi)$。生产率水平为 φ 的企业联合生产函数如式（3.71）和式（3.72）所示。除了生产成本，企业要负担关税和运输成本等贸易成本。将贸易成本用冰山模型来表示为 $t>1$，只有出口企业需要负担贸易成本。假设企业可以有效分隔两个市场。国内企业的定价规则如式（3.87）所示。企业要为国外市场制定更高的价格以弥补出口成本，因此：$p_f(\varphi)=tp_d(\varphi)$，其中 p_f 表示国外市场的价格，而 p_d 表示国内市场的价格。

企业的收入可以表示为：

$$r(\varphi)=r_d(\varphi)+r_f(\varphi)=(1+t^{1-\sigma})r_d(\varphi) \tag{3.96}$$

企业的利润表示为：

$$\pi(\varphi)=\pi_d(\varphi)+\pi_f(\varphi)=(1+t^{1-\sigma})\frac{r_d(\varphi)}{\sigma}-f \tag{3.97}$$

其中，π_d 表示国内销售获得的利润，π_f 表示国外销售获得的利润。

3.3.3.2 均衡以及贸易的影响

在贸易中，所有影响企业进入、退出以及生产率水平的要素依然保持不变。企业进入之前所面临的事前生产率分布函数 $g(\varphi)$ 是相同的。和封闭经济一样，φ^* 代表成功进入企业的临界生产率水平。此时临界企业面临 0 利润，即

$$\pi(\varphi)=\pi_d(\varphi)+\pi_f(\varphi)=0 \tag{3.98}$$

在封闭经济和开放经济中，自由进入条件是相同的。

3.4 本章小结

贸易的经济成本是基于引力模型基本理论进行推导的，在安德森、温库普（Anderson and Wincoop，2004）模型的基础上，诺维（Novy，2013）通过推导多边阻力变量来解决贸易成本问题。尽管诺维（Novy，2013）与安德森、温库普（Anderson and Wincoop，2004）模型都是需求侧模型，但是它们与供给侧的李嘉图模型以及伊顿、科图姆（Eaton and Kortum，2002）扩展的李嘉图模型中成本经济指标是一致的，与钱尼（Chaney，2008）结果也是相融的，差别仅仅在于企业是否存在出口的固定成本。

根据传统的经典理论，国际贸易对环境污染存在三种效应，规模效应、结构效应和技术效应（Grossman and Krueger，1991）。安特韦勒、科普兰德、泰勒（Antweiler，Copeland and Taylor，2001）建立了理论模型，进一步分解出收入和政策的影响。引入异质性企业模型后，克雷克迈尔、里希特（Kreickemeier and Richter，2014）推导出了贸易影响环境的第四种渠道，即重新分配效应，重新分配效应可以被解释为部门内的结构效应和对所有部门加总的技术效应。

最后，横野（Yokoo，2009）假设存在冰山贸易经济成本的前提下，分析了环境成本（环境税率）对企业生产率、污染以及福利的影响。将贸易经济成本与贸易环境成本同时纳入异质性企业模型中，为广义贸易成本经验研究提供了理论基础。

第4章

中国贸易经济成本测度及其影响因素

基于第3章的相关理论，本章对2001~2016年中国的贸易经济成本进行测度，模拟其变化的经济效应，分析贸易环境成本变化的动因，为第6章测度广义贸易成本奠定基础。

4.1 贸易经济成本的测度方法

从第3章第3.1部分的推理可以看出，诺维（Novy，2013）是一种合理的贸易经济成本计算方法，与李嘉图模型和异质性企业模型是完全相融的，因此这里根据诺维（Novy，2013）利用式（3.5）来计算中国的贸易经济成本。

$$\tau_{ij} = \left(\frac{x_{ii}x_{jj}}{x_{ij}x_{ji}}\right)^{\frac{1}{2(\sigma-1)}} - 1 \qquad (4.1)$$

其中，τ_{ij}为中国向贸易伙伴j出口商品的贸易经济成本；x_{ij}为中国出口到贸易伙伴j的金额；x_{ji}为贸易伙伴j向中国出口的金额；x_{ii}和x_{jj}分别是中国和贸易伙伴j的国内（地区）贸易额，分别以两个贸易伙伴的国内（地区）生产总值减去出口总额计算获得。

本书的贸易数据来自 UN Comtrade 数据库，各个国家和地区的国内（地区）生产总值数据来自世界银行数据库。由于中国是在 2001 年 12 月加入世界贸易组织，因此选取 2002～2016 年的数据为研究样本，这样可以排除中国加入世界贸易组织这一制度性因素的影响，充分考察加入世界贸易组织后中国与贸易伙伴的贸易经济成本变化趋势。通过将世界银行的国内生产总值数据与 UN Comtrade 的贸易数据进行匹配，获得了 197 个贸易伙伴的相关数据。笔者从这些数据中剔除了政权变化的国家、由于近些年遭受制裁等国际政治因素而导致贸易数据缺失的国家和在样本范围内数据缺失 1/3 以上（5 年以上）的非主要贸易伙伴的数据，最终获得与 173 个贸易伙伴的数据样本。

需要说明，中国香港地区和新加坡作为两个从事转口贸易的代表性港口，如果按照魏尚进（Wei，1996）的方法来计算，它们的国内（地区）贸易为负值，这显然是违背经济事实的，因此将其再出口金额从总出口中减除。两地区国内（地区）贸易的计算公式为：

$$\text{国内（地区）贸易} = GDP - (\text{总出口} - \text{再出口})$$

其中，中国香港地区的再出口 re-export 数据来自 UN Comtrade 数据库，新加坡的再出口数据来自 2005 年、2008 年、2010 年和 2013 年的《新加坡统计年鉴》。这与许统生、梁肖（2016）使用的数据来源不同，他们使用的 2010 年以前新加坡转口贸易数据来自《东亚经济蓝皮书》，2010 年后的数据来自新加坡统计局的企业统计数据，并且对缺失数据用插值法进行补充。本书的数据全部来自新加坡统计局发布的各年度统计年鉴，数据来源一致而且连续无缺失，因此更加客观准确，能够避免数据来源和统计方法不一致而造成的统计误差。

4.2 中国贸易经济成本的测度结果

首先利用诺维（Novy，2013）的方法测算中国与 173 个贸易伙伴的经济成本，然后将其进行加总计算中国总体贸易经济成本，最后计算中国与几个主要地区的加总贸易经济成本。

4.2.1 国别（地区）贸易经济成本

4.2.1.1 中国与173个贸易伙伴的贸易经济成本

对中国与173个贸易伙伴2002~2016年平均贸易经济成本的计算结果如表4-1所示（顺序从低到高排列）。其中最低的新加坡，以关税当量测度为0.117；最高的是格林达纳，贸易经济成本为5.357，与所有贸易伙伴的贸易经济成本平均值为1.728，标准差为0.814。

表4-1　　中国与173个贸易伙伴2002~2016年的贸易经济成本

类型	范围	国家（地区）
低成本（3个）	(0, 0.5)	702新加坡、344中国香港、458马来西亚
中低成本（21个）	[0.5, 1)	410韩国、392日本、704越南、764泰国、842美国、56比利时、276德国、784阿联酋、608菲律宾、36澳大利亚、643俄罗斯、528荷兰、360印度尼西亚、398哈萨克斯坦、152智利、24安哥拉、364伊朗、710南非、496蒙古国、699印度、512阿曼
中等成本（57个）	[1, 1.5)	76巴西、124加拿大、682沙特阿拉伯、348匈牙利、826英国、381意大利、251法国、178刚果、804乌克兰、104缅甸、604秘鲁、757瑞士、484墨西哥、414科威特、246芬兰、887也门、470马耳他、203捷克、752瑞典、554新西兰、417吉尔吉斯斯坦、586巴基斯坦、368伊拉克、32阿根廷、372爱尔兰、724西班牙、376以色列、208丹麦、862委内瑞拉、703斯洛文尼亚、204贝宁、616波兰、478毛里塔尼亚、792土耳其、446中国澳门、634卡塔尔、188哥斯达黎加、768多哥、116柬埔寨、566尼日利亚、430利比里亚、598巴布亚新几内亚、12阿尔及利亚、40奥地利、858乌拉圭、579挪威、288加纳、860乌兹别克斯坦、818埃及、894赞比亚、642罗马尼亚、400约旦、418老挝、96文莱、504摩洛哥、226赤道几内亚、50孟加拉国
中高成本（43个）	[1.5, 2)	266加蓬、591巴拿马、716津巴布韦、233爱沙尼亚、442卢森堡、180刚果（金）、120喀麦隆、192古巴、834坦桑尼亚、100保加利亚、218厄瓜多尔、508莫桑比克、48巴林、620葡萄牙、112白俄罗斯、516纳米比亚、90所罗门群岛、705斯洛文尼亚、795土库曼斯坦、144斯里兰卡、762塔吉克斯坦、231埃塞俄比亚、384科特迪瓦、170哥伦比亚、450马达加斯加、300希腊、788突尼斯、324几内亚、440立陶宛、600巴拉圭、270冈比亚、31阿塞拜疆、404肯尼亚、428拉脱维亚、466马里、214多米尼加、68玻利维亚、191克罗地亚、584马绍尔群岛、328圭亚那、780特立尼达和多巴哥、686塞舌尔、320危地马拉

续表

类型	范围	国家（地区）
高成本（37 个）	［2，3）	340 洪都拉斯、388 牙买加、524 尼泊尔、688 塞尔维亚、740 苏里南、422 黎巴嫩、480 毛里求斯、800 乌干达、854 布基纳法索、148 乍得、268 格鲁吉亚、8 阿尔巴尼亚、196 塞浦路斯、352 冰岛、72 博茨瓦纳、646 卢旺达、807 马其顿、558 尼加拉瓜、242 斐济、222 萨尔瓦多、694 塞拉利昂、51 亚美尼亚、262 吉布提、212 多米尼加、140 中非共和国、498 摩尔多瓦、548 瓦努阿图、748 斯威士兰、454 马拉维、70 波黑、44 巴哈马、426 莱索托、332 海地、4 阿富汗、108 布隆迪、52 巴巴多斯、583 密克罗尼西亚
超高成本（12 个）	［3，5.36）	304 格陵兰、882 萨摩亚、462 马尔代夫、690 塞舌尔、28 安提瓜和巴布达、562 尼日尔、275 巴勒斯坦、776 汤加、662 圣卢西亚、626 东帝汶、678 圣多美和普林西比、308 格林纳达

资料来源：笔者根据式（4.1）计算整理，具体数值见附录中附表 1。

从贸易经济成本的分布来看，中国与大部分国家和地区的贸易经济成本集中于 1 ~3 之间，低成本主要存在于与新加坡和中国香港地区的贸易，而这两地以转口贸易占进出口贸易比重大而闻名。中低成本和中等成本已经覆盖了中国大部分贸易伙伴，高成本和超高成本大多出现在经济总量比较小且商品贸易不发达的发展中国家，且有些国家并未与中国建立外交关系，如拉丁美洲的圣卢西亚（626）和非洲的布基纳法索（854）等。除了欧盟成员国塞浦路斯之外，其他高成本的伙伴都不属于中国主要贸易伙伴（集团）范围内，中国与世界主要经济体的贸易经济成本都已经降到中等水平以下。

4.2.1.2 中国与部分伙伴的贸易经济成本

中国与主要贸易伙伴美国、日本、韩国和中国香港地区的贸易经济成本如图 4 -1 所示。从图 4 -1 中可以看出中国与中国香港地区的贸易经济成本最低，2002 ~2016 年平均仅为 0.126。在美国、日本、韩国三个主要贸易伙伴中与韩国的贸易经济成本最低，平均为 0.532；其次是日本，平均为 0.653，与美国的平均贸易经济成本为 0.751。

图 4 -2 显示了中国与巴西、印度、南非和俄罗斯四个金砖国家的贸易经济成本。从图 4 -2 中可以看出，尽管他们与中国的贸易经济成本平均值相似，最低的俄罗斯 0.919 与最高的巴西 1.000 相差不到 10%，但是变化趋势

却存在差异。其中中国与南非的贸易经济成本下降最快，而与印度的贸易经济成本在2008年全球经济危机后相对上升明显。2008年以前俄罗斯与中国的贸易经济成本最低，但是经济危机之后并没有继续下降，2012年就开始走高，这是由于俄罗斯自身的经济结构有关。由于国际原油价格大幅下跌，严重依赖能源的俄罗斯出现货币贬值财政赤字增加，造成对外贸易经济成本上升。另外，2013年以来，中国与金砖国家的贸易经济成本上升速度比较快，除了俄罗斯之外对其他三个国家的贸易经济成本要明显快于与欧盟、东盟等重要贸易伙伴的贸易经济成本增加速度。

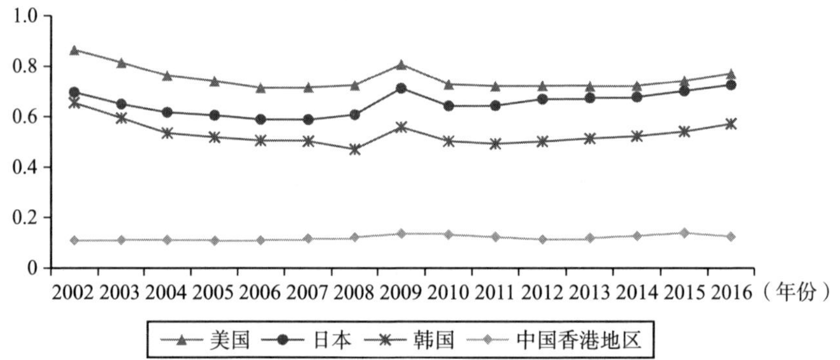

图4-1　2002~2016年中国与美国、日本、韩国和中国香港地区的贸易经济成本

资料来源：世界银行、UN Comtrade数据库。

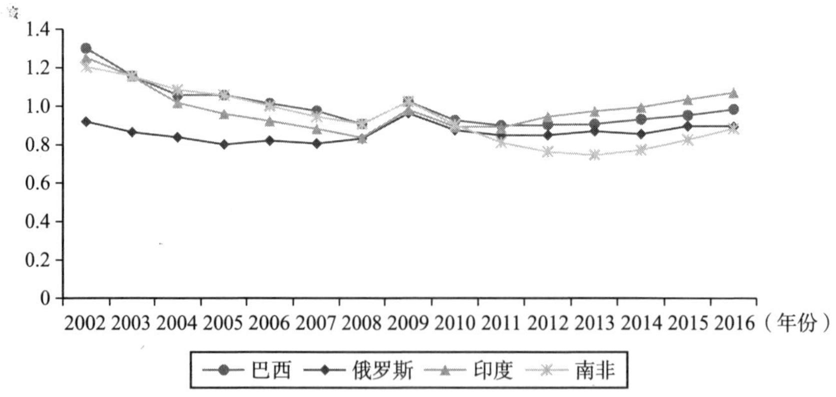

图4-2　2002~2016年中国与其他金砖国家的贸易经济成本

资料来源：世界银行、UN Comtrade数据库。

4.2.2 中国加总贸易经济成本

利用式（4.1）计算可以获得中国与 173 个贸易伙伴 2002 ~ 2016 年的贸易经济成本（见附录中附表 1），本书并没有直接取算术平均值作为中国的贸易成本，这种做法并不合适，因为不同贸易伙伴在中国出口中所占的比重差异非常大，而算术平均值忽略了这种差异。图 4 - 3 反映了我国与部分伙伴的出口比重及其变化。从中可以看出：2002 ~ 2016 年我国对美国、日本、欧盟和东盟四大贸易伙伴的出口金额平均占全部总出口的 47.0%，几乎是“半壁江山”，而且对日本和东盟的出口存在一定程度“此消彼长”的变化。因此，需要综合考虑各贸易伙伴的重要程度之后来计算中国的加总贸易经济成本（aggregated trade costs，ATC）。

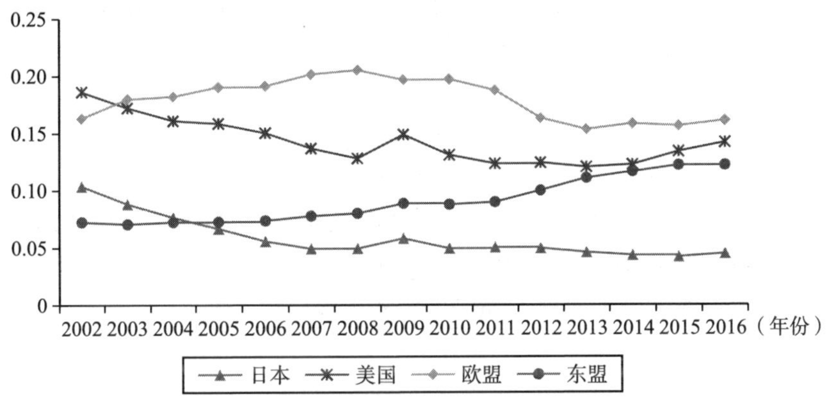

图 4 - 3　2002 ~ 2016 年不同贸易伙伴权重的变化

资料来源：世界银行、UN Comtrade 数据库。

4.2.2.1 计算方法

测算贸易的加总经济成本，首先要测算不同贸易伙伴的权重。对于权重的计算常见的方法有两种[①]：一种是基于实际出口（observed exports）来计

① Milner C，McGowan D. Trade costs and trade composition [J]. Economic Inquiry，2013，51（3）：1886 - 1902.

算；另一种是基于无摩擦假设下的出口（frictionless export）来计算。有一些国内外学者采用的是后者的方法（Milner and McGowan，2013；许统生、梁肖，2016），计算公式如下：

$$T^F_{ijt} = \sigma \tau_{ijt} T_{ijt} \tag{4.2}$$

其中，σ 是贸易的弹性即阿明顿（Armington）替代弹性，取值为 8（Anderson and Wincoop，2004；Novy，2008），τ_{ijt}是根据式（4.1）计算得到的 i（国或地区）和 j（国或地区）在 t 时期的双边贸易成本，T_{ijt}和 T^F_{ijt}分别表示 i 和 j 在 t 时期实际的出口和无摩擦假设下的出口，权重的计算公式为：

$$\omega_{ijt} = \frac{T^F_{ijt}}{\sum_{j=1}^{N} T^F_{ijt}} \tag{4.3}$$

本书采用的是前一种方法，基于实际的出口（observed exports）来计算权重和加总贸易经济成本。这样做的主要原因：第一是便于比较，尤其是在与不加权的贸易经济成本平均值进行比较的时候。第二是由于本书后续需要计算贸易的环境成本以及将两者合成广义贸易成本，而环境成本需要根据实际出口进行分摊，因此这里也采用实际出口值来计算权重。权重的计算方法如下：

$$\omega_{ijt} = \frac{Export_{ijt}}{Export_{jt}} \tag{4.4}$$

其中，ω_{ijt}表示 i 在 t 时期从 j 进口的权重，$Export_{ijt}$表示 i 在 t 时期从 j 的进口金额，$Export_{jt}$表示 j 在 t 时期的出口总金额。

因此 j 在 t 时期出口的加总贸易经济成本可以表示为：

$$\tau_{jt} = \sum_{i=1}^{N} \omega_{ijt} \times \tau_{ijt} \tag{4.5}$$

4.2.2.2 计算结果

利用式（4.5）计算 2002 ~2016 年中国加总贸易经济成本，结果如表 4 -2 所示。

表 4 -2　　2002 ~2016 年中国加总贸易经济成本（关税当量值）

项目	2002 年	2003 年	2004 年	2005 年	2006 年	2007 年	2008 年	2009 年
加总成本	0.786	0.754	0.719	0.716	0.714	0.718	0.743	0.825

续表

项目	2010 年	2011 年	2012 年	2013 年	2014 年	2015 年	2016 年	
加总成本	0.754	0.737	0.724	0.712	0.727	0.754	0.772	

资料来源：笔者根据式（4.5）计算整理。

4.2.2.3 比较分析

将中国加总贸易经济成本的计算结果与图 4－1 中算术平均贸易经济成本进行对比，如图 4－4 所示。

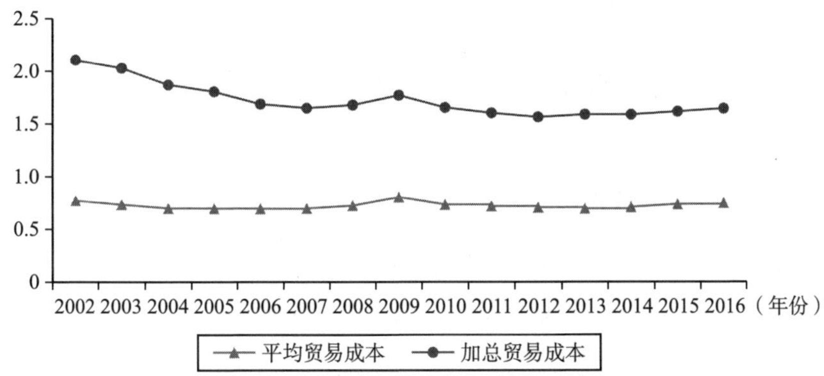

图 4－4　2002～2016 年平均贸易经济成本与加总平均贸易经济成本的对比

资料来源：世界银行、UN Comtrade 数据库。

通过对比可以发现，2002～2016 年间中国的加总贸易经济成本要显著低于平均贸易经济成本，前者的平均值仅为 0.744，而后者的平均值高达 1.723，是前者的 2.315 倍，我国与世界各国和地区总体贸易经济成本实际是比较低的。与世界各国和地区的算术平均贸易经济成本数值偏高，这主要是由于统计数据中包括众多经济体量比较小的非主要贸易伙伴而造成的，对这些贸易伙伴的出口占中国总出口的比例也相对较小。一方面这说明我国与主要贸易伙伴的经贸合作关系密切，双边贸易经济成本已经降到了比较低的水平；另一方面，也暗示着我国与主要贸易伙伴的成本降低空间不大，考虑到与其他众多贸易体量较小的国家（地区）同时降低贸易成本不容易实现，按照目前的情形，通过进一步降低贸易经济成本来扩大外贸出口的操作空间不大。

从变化趋势上可以看出，平均贸易经济成本和加总贸易经济成本的变化趋势存在着明显差别。前者从 2002～2006 年一直呈逐渐下降的趋势，降幅约为 20%。2008 年以后除去经济危机的影响基本保持稳定，2013 年开始有小幅上升。而就加总贸易经济成本而言，除去经济危机的影响变化幅度大约只有 8%，可以说从 2002 年起就比较稳定了。这说明在加入世界贸易组织后，我国相对于主要贸易伙伴的贸易经济成本下降得非常迅速，贸易红利快速得到释放。而后者在 2002～2008 年和 2010～2016 年两个时段，几乎都是呈微笑曲线状态变化，只是弧度比较小。到 2016 年中国的加总贸易成本已经接近 2002 年的水平，比 2013 年的最低水平上升了 8.43%。

4.2.3 中国与部分地区的加总贸易经济成本

4.2.3.1 测算公式

根据式（4.5）可以计算中国与部分地区的贸易加总经济成本。j（中国）在 t 时期对 r 地区的加总贸易经济成本可以表示为：

$$\tau_{rjt} = \frac{\sum_{i=1}^{M} \omega_{ijt} \times \tau_{ijt}}{\sum_{i=1}^{M} \omega_{ijt}} \tag{4.6}$$

其中，τ_{ijt} 表示 j 在 t 时期对 r 地区的加总贸易经济成本，其数值为该地区 M 个国家的加总贸易成本之和除了权重之和，显然 $M < N$。

4.2.3.2 测算结果

利用式（4.6）计算中国与欧盟、东盟、“一带一路”沿线国家和地区的加总贸易成本如表 4－3 所示。为了更好地考察中国与“一带一路”沿线国家的贸易经济成本，本书利用两种方式进行测算，一是测算中国对 61 个①“一带一路”沿线国家（Belt and Road，BR）的加总贸易成本。事实上，“一

① “一带一路”倡议最初包含 65 个国家，除了中国自身以外，叙利亚、埃及和黑山 2002～2016 年的国内生产总值和出口数据缺失较多，没有进行贸易成本的测算。

带一路”沿线国家已经包含了东盟 10 国和位于欧洲中东部的 11 个欧盟国家[①]。因此本书又测算了去除欧盟和东盟成员国后其余 40 个“一带一路”沿线国家（other Belt and Road，OBR）的加总贸易成本。

表 4-3　　2002～2016 年中国对部分地区的加总贸易经济成本

年份	ASEAN	EU	BR	OBR
2002	0.599	1.170	0.943	1.187
2003	0.556	1.106	0.888	1.090
2004	0.446	1.052	0.839	1.097
2005	0.461	1.020	0.873	1.126
2006	0.437	0.995	0.873	1.107
2007	0.475	0.980	0.839	1.001
2008	0.514	0.993	0.852	0.982
2009	0.591	1.097	0.943	1.125
2010	0.563	0.975	0.866	1.019
2011	0.561	0.955	0.848	0.989
2012	0.564	0.971	0.834	0.990
2013	0.562	0.976	0.821	0.987
2014	0.552	0.981	0.817	0.993
2015	0.550	1.000	0.835	1.055
2016	0.565	1.017	0.841	1.039

注：“ASEAN”表示东盟；“EU”表示欧盟；“BR”表示 61 个“一带一路”沿线国家；“OBR”表示去除欧盟和东盟成员国后其余 40 个“一带一路”沿线国家。

资料来源：笔者利用式（4.6）计算获得。

4.2.3.3　比较分析

根据表 4-3 所示，将中国与东盟、欧盟、“一带一路”沿线国家等的加总贸易经济成本进行对比，如图 4-5 所示。

① 这 11 个国家分别是波兰、罗马尼亚、捷克、斯洛伐克、保加利亚、匈牙利、拉脱维亚、立陶宛、斯洛文尼亚、爱沙尼亚和克罗地亚。

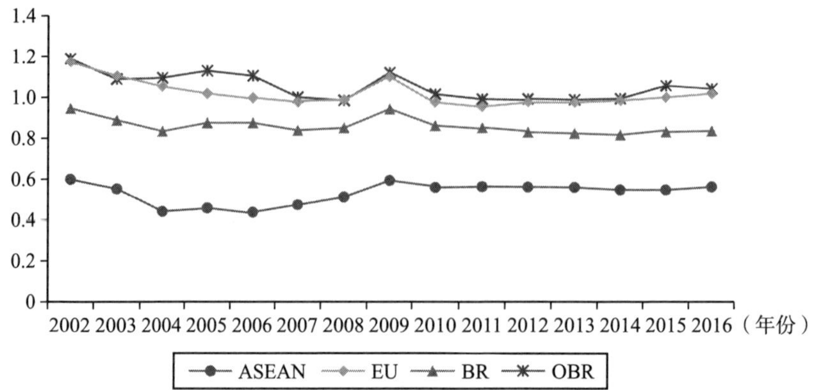

图4-5 中国与欧盟、东盟以及“一带一路”沿线国家的加总贸易成本对比

注：“ASEAN”表示东盟；“EU”表示欧盟；“BR”表示61个“一带一路”沿线国家；“OBR”表示去除欧盟和东盟成员国后其余40个“一带一路”沿线国家。

从图4-5中可以看出，中国与东盟的加总贸易经济成本最低，除了2002年和2009年之外均不超过0.6，低于中国的加总贸易经济成本。从变化趋势来看，与东盟的加总贸易经济成本在2004年就降到了很低的水平，这一水平维持到2006年以后开始上升，在2009年到达最高点。但是经济危机之后再也没有恢复到原来的水平，而是一直保持相对高位运行。这说明全球经济危机对中国与东盟的贸易产生了深远的影响，这种影响可能是由于投资领域发生变化或者全球价值链分工改变而造成的。

中国与欧盟的加总贸易经济成本相对较高，不仅远远高于中国总体的贸易经济成本，也要比对美国出口的贸易经济成本高出将近20%。虽然地理距离和运输成本可以部分解释贸易经济成本偏高的原因，但是这么高的贸易经济成本显然还有降低的空间。从变化趋势来看，除去全球经济危机的影响，走势大致呈倒U形，拐点出现在2011年，2011年以后中国对欧盟的加总贸易经济成本开始上升，这比中国加总贸易经济成本出现上升的时间还要早2年。

从图4-5中我们可以看出，中国与61个“一带一路”沿线国家（BR）的加总贸易成本相对较低，仅仅比中国的加总贸易经济成本略高，明显低于与欧盟的水平。虽然这个结果是比较乐观的，但是对比与其余40个“一带一路”沿线国家（OBR）的加总贸易成本就会发现，这种乐观的结果只是由于统计原因造成的，因为 61 个国家中包含了东盟 10 国，而与东盟的加总贸易经济成本是比较低的。如果排除东盟 10 国和中东欧 11 国的影响，中国与其余 40 个“一带一路”沿线国家（OBR）的加总贸易经济成本比与欧盟的加总贸易经济成本还要略高一点。这样看来，中国与大部分“一带一路”沿线国家的贸易经济成本要明显高于与全世界的平均成本，“一带一路”倡议在降低贸易成本方面还有很大的操作空间。

从图 4 - 1、图 4 - 2、图 4 - 4 和图 4 - 5 中可以看出一些共同的规律：第一，从 2002 ~ 2008 年，即中国加入世界贸易组织之后全球经济危机之前，中国与几乎所有贸易伙伴的贸易经济成本都在逐渐降低。这种降低可能是由于中国加入世界贸易组织的制度“红利”，但是更多的是由于中国国内生产总值和世界其他国家国内生产总值的增长，以及中国基础设施的建设和信息技术的发展进一步降低了运输成本和交易成本。第二，经济危机增加了全球的贸易经济成本，2009 年中国几乎与所有贸易伙伴的贸易经济成本都出现了显著的上升，但是在 2010 年又开始快速回落。这种增加一方面是由于经济危机中各国国内生产总值的下降造成的，另一方面也包含了人们由于对未来的预期不明确而增加的心理负担，两者共同引起了贸易额的下降。第三，很遗憾的是从 2013 年开始，中国的加总贸易经济成本并没有继续下降，反而开始上升，其中与美国和日本的成本上升始于 2013 年，与欧盟的贸易成本上升始于 2011 年，而与东盟始于 2015 年。但是无论如何，中国贸易经济成本上升是显然的事实不可改变。第四，在所有贸易伙伴中，除了中国香港地区，中国与东盟的贸易经济成本最低，其次是韩国和日本，与欧盟的贸易经济成本高于美国，与“一带一路”沿线其他国家（OBR）的贸易经济成本比欧盟略高。除了客观的地理距离因素之外，欧盟和其他“一带一路”沿线国家（OBR）的贸易经济成本还有降低的空间。

4.3 中国贸易经济成本的效应模拟——以关税为例

根据式（4.1），可以模拟贸易经济成本变化对出口的影响。以美国发动“贸易战”增加关税对中美贸易的影响为例，由于贸易经济成本公式计算得出的关税当量值，因此可以直接将变化的关税税率加入贸易经济成本中，推算关税变化后出口金额的变化。在式（4.1）的基础上，加入关税，则有：

$$\tau_{ijt+1}=\tau_{ijt}+\Delta tariff_{t+1}=\left(\frac{x_{iit+1}x_{jjt+1}}{x_{ijt+1}x_{jit+1}}\right)^{\frac{1}{2(\sigma-1)}}-1 \tag{4.7}$$

其中，$\Delta tariff_{t+1}$为变化的关税税率。在两个国家的假设下，j 国关税税率相对于另一国 i 的变化短期内立刻会导致本国的进口（也就是 i 国的出口）x_{ij}和国内贸易 x_{jj}的变化，长期而言还会通过汇率的变化引起本国出口 x_{ji}和 i 国国内贸易 x_{jj}的变化。但是在多个国家的模型中，一国相对于另一国关税税率的变化在短期内并不容易改变国内贸易，由于关税变化价格上升带来的进口国市场空缺可以有其他贸易伙伴填补，出口国也会倾向于把产品销售给其他贸易伙伴，而不是全部在国内市场出售，对于大国而言更是如此。因此不妨假设刚刚加征关税时，进口国和出口国的国内贸易额没有变化。即 $x_{iit+1}=x_{iit}$，$x_{jjt+1}=x_{jjt}$。于是有：

$$\left(\frac{x_{ii}x_{jj}}{x_{ijt+1}x_{jit+1}}\right)^{\frac{1}{2(\sigma-1)}}=\tau_{ijt}+\Delta tariff_{t+1}+1 \tag{4.8}$$

整理得到：

$$\frac{x_{ii}x_{jj}}{x_{ijt+1}x_{jit+1}}=(\tau_{ijt}+\Delta tariff_{t+1}+1)^{2(\sigma-1)} \tag{4.9}$$

如果是 j 国单方面增加进口关税，而没有遭到报复，不妨假设 j 国出口到其他国家的金额不变，即 $x_{jit+1}=x_{jit}$。于是有：

$$x_{ijt+1}=\frac{x_{ii}x_{jj}}{(\tau_{ijt}+\Delta tariff_{t+1}+1)^{2(\sigma-1)}/x_{jit}} \tag{4.10}$$

由此可以计算美国对中国商品加征进口关税对中国出口产生的影响。

4.3.1 不同关税税率下中美出口模拟

首先假设短期内，中美从对方进口的商品与国内产品之间的 Armington 替代弹性不变，按照贸易经济成本计算部分的做法仍取 $\sigma=8$ 来计算，美国对来自中国商品的平均关税税率分别以取不同数值，根据式（4.10）得到的中国对美国出口商品金额及其变化程度如表 4-4 所示。

表 4 - 4　　美国对中国加征关税导致的出口变化（$\sigma=8$）

项目	税率							
	5%	10%	15%	20%	25%	30%	40%	50%
总额	3. 13E + 11	2. 16E + 11	1. 5E + 11	1. 05E + 11	7. 43E + 10	5. 29E + 10	2. 74E + 10	1. 46E + 10
占比（%）	67. 72	46. 35	32. 04	22. 36	15. 75	11. 18	5. 78	3. 08

资料来源：笔者根据式（4. 10）计算获得。

从表 4 - 4 可以看出，以 2016 年数据为基期，美国加征关税显著降低了中国对美国的出口，即使仅仅 5% 的税率增加幅度也会导致出口金额降低到原来的 2/3 左右，而加征 20% 的关税则会使出口降低到不足原来的 1/3。关税对于中国出口的冲击是十分巨大的。

4. 3. 2　不同 Armington 替代弹性下中美贸易模拟

表 4 - 4 的计算中取 $\sigma=8$，这是一个较高的替代弹性。在对于贸易经济成本的测度中，学者们经常使用的 Armington 替代弹性经验值为 3、5、8 甚至是 10，但是众所周知中美贸易的互补性比较强，两国之间产品的替代弹性很可能不高，因此分别取 $\sigma=5$ 和 $\sigma=3$ 推算中国对美国的出口，结果如表 4 - 5 和表 4 - 6 所示。

表 4 - 5　　美国对中国加征关税导致的出口变化（$\sigma=5$）

项目	税率							
	5%	10%	15%	20%	25%	30%	40%	50%
总额	2. 99E + 11	2. 62E + 11	2. 29E + 11	2. 01E + 11	1. 77E + 11	1. 56E + 11	1. 21E + 11	9. 51E + 10
占比（%）	77. 54	67. 77	59. 34	52. 06	45. 75	40. 29	31. 40	24. 65

资料来源：笔者根据式（4. 10）经计算获得。

表 4 - 6　　美国对中国加征关税导致的出口变化（$\sigma=3$）

项目	税率							
	5%	10%	15%	20%	25%	30%	40%	50%
总额	3. 76E + 11	3. 66E + 11	3. 56E + 11	3. 47E + 11	3. 38E + 11	3. 29E + 11	3. 13E + 11	2. 97E + 11
占比（%）	97. 34	94. 77	92. 28	89. 87	87. 55	85. 29	81. 00	76. 97

资料来源：笔者根据式（4. 10）经计算获得。

将三个不同 Armington 替代弹性下模拟的中国对美国出口变化画在一张图之内，如图 4－6 所示，就可以非常直观地发现：Armington 替代弹性越大，加征关税后中国对美国出口的商品金额下降得越快。在 20% 的关税水平下，Armington 替代弹性如果为 8，出口金额将下降到原来的不足 1/4，如果 Armington 替代弹性取值 5 则降到一半多一点的水平，而 Armington 替代弹性 $\sigma=3$ 的话，出口金额大约只下降 10%。即使征收 50% 的进口关税，出口金额也只会下降不到 1/4，略微低于 Armington 替代弹性 $\sigma=5$ 的情况下关税增加 5% 时的出口水平，但是要好于 Armington 替代弹性 $\sigma=8$ 的情况下关税增加时的出口水平，所以说 Armington 替代弹性是至关重要的。

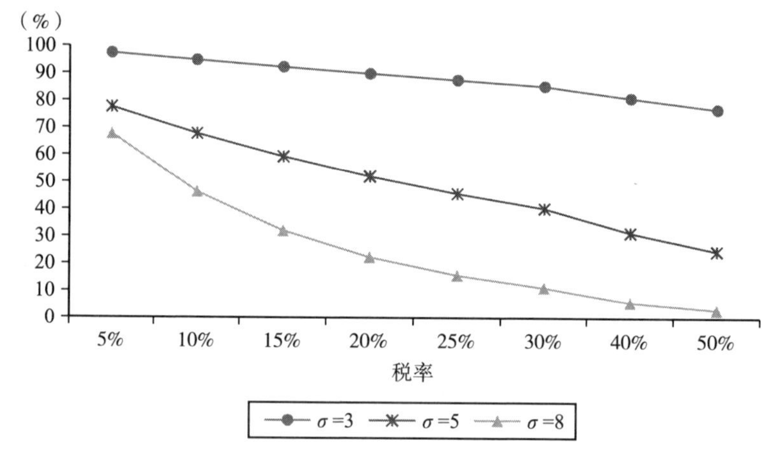

图 4－6　不同 Armington 替代弹性下美国加征关税对中国出口的影响

资料来源：由表 4－2～表 4－4 数据整理获得。

需要说明的是，以上模拟是以 2016 年数据为基期，并且假设中美两国国内贸易不变以及美国对中国出口不变的情况下进行的，与现实的情形可能假设存在一些差距。

4.3.3　不对称的替代弹性和贸易经济成本

诺维（Novy，2013）的模型承认“各国的国内贸易经济成本也有所不同”，对此的解决方法是“取两个方向的几何平均数来计算阻力”。这在一定程上依然意味着对称的贸易经济成本，而事实上中美两个的商品替代弹性是不对称的。中国从美国进口的主要商品中，波音（Boeing）飞机的替代产品在中国国内市场几乎没有，只能依赖欧盟的空中客车（Air Bus），芯片等高科技产品也是国内难以替代的，只有大豆等农产品的替代弹性略高一些。而美国从中国进口的商品中，2017 年排在前十的分别是计算机零部件和电子产品、电子设备、杂项制造、服装、机器设备、家具、金属制品、皮革、塑料橡胶和纺织品，其中仅计算机零部件和电子产品一项就占了全部进口金额的 42.7%①，但是显然如苹果（Apple）手机之类的电子产品都只是在中国加工再出口，中国只是产业链的一个环节，作为世界代工厂的可替代性非常强，对于其他如服装、纺织品等产品的出口也有许多东南亚地区的低成本国家替代中国。

理论上，关于 Armington 替代弹性的估计，现有研究大多假设世界由两国组成：本国和外国，并没有考虑这些进口来源国产品之间的异质性。芬斯特拉等（Feenstra et al., 2014）将这种弹性分解为反映外国商品之间的“微观”替代弹性及反映本国与外国商品之间的“宏观”替代弹性。从这个角度来分析，对于美国来讲，中国产品与其他进口国产品之间的微观替代弹性更高，除了中国进口还有许多其他国家产品可以选择，因此中美之间产品的替代弹性也就更高，增加关税后中国对美国的出口将下降非常快。而对于中国则相反，美国产品与其他国家产品之间的微观替代弹性低，可替代性差，除了美国产品中国的进口选择不多，从其他贸易伙伴进口量的增加将带来进口价格的大幅度增加，中美之间产品在国内市场的替代性更低，因此中国加征关税对美国出口金额的影响可能更小。替代弹性的差异很可能导致相互加征关税以后，中国出口变化如图 4-6 中替代弹性值 $\sigma=8$ 所示，而美国出口变化如同图 4-6 中 $\sigma=3$ 或者 $\sigma=5$ 所示。

4.3.4 短期与长期

大多数经济学模型都假设不变替代弹性，采用 CES 函数（constant elasticity of substitution）形式，贸易经济成本的计算也是如此。但是事实上许多

① 根据联合国贸易数据库 UN Comtrade 计算整理获得。

研究表明时间会产生显著的影响，“长期 Armington 替代弹性大约是短期替代弹性的 2 倍”①，而且“不同行业不同产品之间的差异较大”。其中的原因在于短期内消费偏好和产业结构都难以改变，进口国更加依赖进口产品，而长期可以通过调整投资调整产业和产品结构，进行进口替代，也可以改变消费者习惯。在两个国家的假设下，从长期看国内外商品的替代弹性会增加，而在多国模型也是如此，国内外商品的“宏观”替代弹性增加了，国外产品之间的“微观”替代弹性也增加了，那么如果对特定贸易伙伴加征关税，在一段时间之后，必定导致从该贸易伙伴进口的商品大大减少，对于那些仍然继续能够进口而没有被其他出口国替代的商品，必然是与进口国产品之间替代弹性比较低的。因此可以判断在加征关税一段时间后，中美两国之间本国产品与对方进口产品之间的替代弹性会下降，对于美国来说尤其如此，替代弹性下降也就意味着对关税对出口的影响程度降低。因此，中美“贸易战”对于中国出口的影响，短期冲击是很大的，但是长期影响将逐步减小。

4.4 贸易经济成本影响因素的实证分析——以反倾销为例

国内对贸易经济成本影响因素的研究文献比较丰富，许多学者在测算的同时也对影响因素进行了估计，这些因素包括贸易双方经济指标，如国内生产总值或者人均国内生产总值等，也包括双方的“距离”，如地理距离、语言文化距离以及制度差距、关税税率以及贸易壁垒等，现有的研究为本书提供了坚实的研究基础。

在现有研究的基础上，本书研究的重点是既然两国的距离不随时间变化，语言和文化交流也只会随着双方的经贸往来进一步加深，在世界贸易组织框架下关税也不会增加（2018 年中美贸易摩擦开始，目前还没有完整的贸易统计数据），那么 2013 年以来的中国出口贸易经济成本的增加究竟是什么原因导致的。这其中，经济总量增长放缓是非常容易观察到的，也在引力模型中

① 许统生，廖秋敏，涂远芬．中国工业品宏微观 Armington 弹性：估算、应用与决定因素［J］．世界经济，2018（2）：71－94.

有所体现。但是各国政府对于自由贸易态度的转变，以及由此引发的企业对于出口不确定性的担忧，是比较难以体现出来的。为此，本书选取反倾销作为贸易自由化程度的代理变量，通过在传统的引力模型中加入反倾销来分析贸易自由化程度对贸易经济成本的影响。

4.4.1 反倾销现状

图 4－7 显示的是反倾销指控发起数量与贸易经济成本的对比，其中 *anwldin* 表示世界各国发起的反倾销总数量，*ad-chnex* 表示中国作为出口国遭遇的反倾销数量，*tradecost* 是中国出口商品的年度算术平均贸易经济成本。从总体上看，可以看出，世界各国发起反倾销的时间走势与中国出口贸易经济成本随着时间变化的走势基本上是一致的，我国作为出口国遭遇的反倾销指控数量与出口商品的算术平均贸易经济成本也在很大程度上存在趋同的趋势。

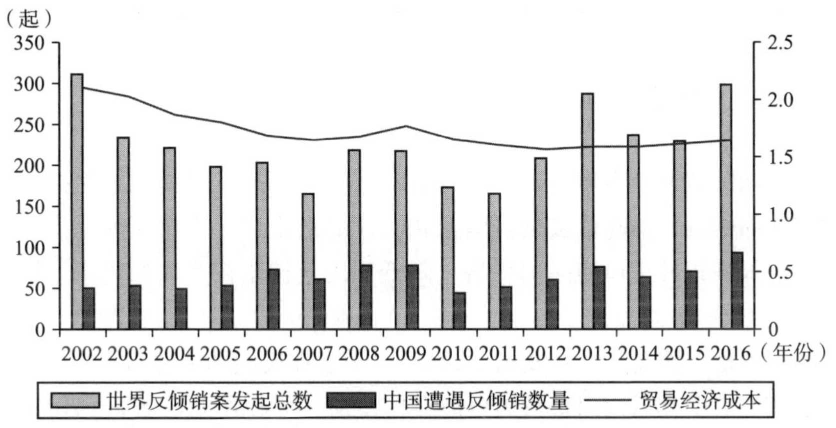

图 4－7　反倾销与我国贸易经济成本对比

资料来源：UN Comtrade。

从行业分布来看，表 4－7 显示了 2002～2016 年反倾销发起的产品分类状况，可以看出针对“15. 贱金属及其制品”大类产品发起的反倾销数量最多，而我国恰恰是钢铁类产品的出口大国，该领域的反倾销对我国产品的出口影响比较大。此外，“6. 化学和相关行业的产品”“11. 纺织品及其制品”

“16. 机电设备”等大类的反倾销也是比较多的，而这些产品占我国出口总金额的比重也比较高。因此反倾销对我国产品的出口会产生较大影响。

表 4-7　　2002～2016 年被指控反倾销的产品分类

HS 分类	数量	HS 分类	数量
1. 活体动物和产品	15	10. 纸，纸板及其制品	86
2. 蔬菜产品	21	11. 纺织品及其制品	182
3. 动植物油脂，油和石蜡	3	12. 鞋类，头饰；羽毛，人造鲜花，扇子	7
4. 准备好的食品；饮料，酒精，醋；烟草	15	13. 石制品，石膏制品；陶瓷产品；玻璃	107
5. 矿物制品	30	15. 贱金属及其制品	643
6. 化学和相关行业的产品	558	16. 机电设备	176
7. 树脂，塑料及其制品；橡胶及其值制品	318	17. 车辆，飞机和船只	28
8. 生皮，皮革及其制品；马具和旅行用品	1	18. 仪器，钟表，录音机和复制机	24
9. 木材，软木及其物品；篮器	40	20. 其他制成品	37

4.4.2　理论基础与基本假设

根据国际贸易基本理论，一国对贸易伙伴的产品发起反倾销会抑制发起国对该产品的进口，降低被指控国家相关产品的出口。主要原因是由于反倾销税将增加被指控进口商品的价格，降低国内对被指控产品的需求。国内外的许多经验研究也都证明了这一点（Vandenbussche et al.，2001；Pierce，2011；王孝松、翟光宇、林发勤，2015）。至于在反倾销中遭遇不同关税的企业，有研究表明其后续出口行为可能存在差别（罗胜强、鲍晓华，2018）。

但是反倾销所产生的影响绝不仅仅局限于发起指控和被指控的两个国家之间，它具有明显的外部性，或者说是“溢出”效果：一方面，发起指控的国家会增加从其他非被指控国家的进口，来替代被指控国产品满足本国需求，而且这种替代作用可能是长期的，在美国自发起反倾销调查开始从非被指控国家的进口额第一年增长约 20%，此后 5 年增长超过 40%（Prusa，1997）。而被指控国在遭遇反倾销税之后需要寻找新的替代市场来销售产品，临时大量增加对其他贸易伙伴的出口通常需要降低价格，鲍恩、克劳利（Bown and

Crowley，2006）的研究发现，1992 ~ 2001 年日本由于遭遇美国的反倾销税，本来应该出口美国的产品 1/4 到 1/3 都出口到了欧盟，为此日本对欧盟的贸易条件显著地下降了。另一方面，正如同寡占反应是一国在东道国的投资行动引起其他国家快速跟随抢占市场，相类似地，一国发起的反倾销也非常容易产生连带效应（Bown and Crowley，2007），考虑到反倾销可以对国内进口竞争性企业起到贸易救济效果，很容易引起其他国家的效仿，严重时甚至可能产生大范围的冻结效应（chilling effect）（Vandenbusssche and Zanardi，2006）。因此在对反倾销的效果进行经验分析时，仅仅考虑被指控产品对于发起国的出口变化是不够的。

从贸易增长的角度来分析反倾销的影响，王孝松、施炳展、谢申祥等（2014）的研究表明，1996 ~ 2010 年我国出口增长的内涵边际（intensive margin）稳步增长，而外延边际存在波动。指控国对我国发起的反倾销措施显著地抑制了我国内涵边际和外延边际的增长，并且对后者的抑制作用大于前者。黄新飞、李锐、黄文锋（2017）分析了贸易伙伴国指控第三方反倾销对中国出口边际的影响，发现第三方被控反倾销促进了中国出口贸易扩展边际（extensive margin）的增长，抑制了数量边际（intensive margin）和价格边际（price margin）的增长；其中对中国向非经合组织国家出口扩展边际的促进作用更显著。龙小宁、方菲菲、钱德拉·皮尤什（2018）则有相反的观点，研究发现美国对华反倾销措施显著增加了被指控企业销往美国的非被指控倾销产品的金额和数量，存在产品种类的溢出，产品种类的增加仅仅出现在非倾销产品至企业原有出口渠道的出口。这种溢出相当于增加了企业的扩展边际。

国内的上述研究都是基于企业层面微观数据进行的分析。基于企业层面丰富的微观数据好处在于更为细致，可以从不同角度充分考察被解释变量和解释变量之间的关系，同时降低数据指标之间的内生性问题。本书以下所采用的反倾销数据是基于国家层面的总体数据，而没有匹配相关企业数据，原因主要有两点：一是本书研究的是反倾销对贸易经济成本的影响，而现有基于引力模型对贸易经济成本的计算是基于国家层面的，目前无法利用贸易流量法计算企业出口的贸易经济成本；二是由于反倾销行为本身的外部性，或者说反倾销效果的“溢出”。如上所述，反倾销不仅影响被控企业和被控产品，也会影响其他企业或者行业的其他产品，还会对被指控国向其他国家出口的贸易条件造成影响。因此，此时利用更加宏观的反倾销数据来解释贸易经济成本的变化是合适的。

因此本书提出如下假设：

假设1：全世界发起的反倾销指控总数量和采取的反倾销措施总数量也会增加中国的贸易经济成本。

假设2：各国对中国发起的反倾销指控数量和采取的反倾销措施数量会增加中国的贸易经济成本。

4.4.3 计量模型、变量与数据说明

4.4.3.1 计量模型

基于上述理论分析，建立计量经济学模型如下：

$$\ln tc = \mu_0 + \mu_1 \ln ad_c + \mu_2 \ln ad_f + \mu_3 Z + \varepsilon \tag{4.11}$$

其中，tc 表示贸易的经济成本，ad_c 表示中国的反倾销相关状况，ad_f 表示贸易伙伴的反倾销相关状况。Z 表示一系列控制变量，ε 是随机误差项。

4.4.3.2 变量说明

核心解释变量为反倾销 *ad*（antidumping），本书从两个方面来度量反倾销。第一，总体状况，关于各国的总体反倾销数据，世界贸易组织官方网站提供了两种度量方法：一种由成员方报告的发起反倾销数量（antidumping initiation by memers），这里采用 *ad_memc* 和 *ad_memf* 分别表示中国和贸易伙伴作为成员方发起的反倾销指控数量；另一种由出口方报告的遭遇的反倾销数量（antidumping initiation by exporter），这里采用 *ad_exc* 和 *ad_exf* 分别表示中国和贸易伙伴作为出口国遭遇的反倾销指控数量。其中欧盟是关税同盟，各成员国发起的反倾销数量是即为当年欧盟对外发起反倾销的数量，2002 年以后加入欧盟的成员国自加入当年起与欧盟发起反倾销数量一致。关于遭遇的反倾销的情况，由于欧盟各国出口产品存在明显差异，因而成员国遭遇的反倾销有时并不是针对整个欧盟集团所有成员国的，因此以欧盟各成员国当年遭遇的反倾销加上整个欧盟集团当年遭遇的反倾销数量加和，记为各成员国当年遭遇的反倾销数量。第二，本书采用了国别数据，即贸易伙伴对中国发

起的反倾销指控（initiation）数量 *ad_in* 和对中国采取反倾销措施（in force）的数量 *ad_fo*。

关于控制变量的选取，首先根据引力模型，选取中国和贸易伙伴各年度的经济规模总量（即 GDP）作为控制变量，分别以 gdp_c 和 gdp_f 表示，数据来源于世界银行。其次选取控制变量 *dis* 表示贸易伙伴到中国的地理距离，数据来源于 CEPII 数据库。

选取自由贸易协定 *fta* 作为虚拟控制变量，已经与中国开始实施贸易促进协议或者有相关安排的为 1，没有的为 0（中国与其他贸易伙伴签订的贸易促进协议见表 4 – 8）。一般来说时间从贸易促进协议或者有相关安排正是生效的年份开始，但是如果正式生效时间在该年份中比较晚，本年度剩余不足 90 天，则从下一个年度开始（如澳大利亚和韩国是从 2016 年开始 *fta* 虚拟变量取值为 1）。其中新加坡既是东盟成员国，适用于 2004 年开始实行的《中华人民共和国政府与东南亚国家联盟成员国政府全面经济合作框架协议货物贸易协议》，同时又单独适用于 2009 年 1 月 1 日生效的《中华人民共和国政府和新加坡共和国政府自由贸易协定》。考虑到中国与新加坡转口贸易比重比较大，更适用于后者，因此新加坡的 *fta* 虚拟变量 2009 年开始取值为 1。

表 4 – 8　中国与贸易伙伴签订和实施贸易自由贸易协议状况

贸易伙伴	文件名称	签订时间	实施时间	生效标志
东盟	《中华人民共和国政府与东南亚国家联盟成员国政府全面经济合作框架协议货物贸易协议》	2002 – 11 – 04	2004 – 01 – 01	中华人民共和国海关总署令第 108 号
智利	《中华人民共和国与智利共和国政府自由贸易协定》	2005 – 11 – 18	2006 – 10 – 01	海关总署公告 2006 年第 55 号
巴基斯坦	《中华人民共和国政府和巴基斯坦伊斯兰共和国政府自由贸易协定》	2006 – 11 – 24	2007 – 07 – 01	中华人民共和国海关总署令第 162 号
新加坡	《中华人民共和国政府和新加坡共和国政府自由贸易协定》	2008 – 10 – 23	2009 – 01 – 01	中华人民共和国海关总署令第 178 号
新西兰	《中华人民共和国政府和新西兰政府自由贸易协定》	2008 – 04 – 07	2009 – 01 – 01	海关总署公告 2008 年第 91 号

续表

贸易伙伴	文件名称	签订时间	实施时间	生效标志
秘鲁	《中华人民共和国政府和秘鲁共和国政府自由贸易协定》	2008-11-19	2010-03-01	海关总署公告2010年第14号
哥斯达黎加	《中华人民共和国政府和哥斯达黎加共和国政府自由贸易协定》	2012-12-10	2011-08-01	海关总署公告2011年第48号
冰岛	《中华人民共和国政府和冰岛政府自由贸易协定》	2013-04-15	2014-07-01	海关总署公告2014年第50号
瑞士	《中华人民共和国和瑞士联邦自由贸易协定》	2013-07-06	2014-07-01	海关总署公告2014年第53号
韩国	《中华人民共和国政府和大韩民国政府自由贸易协定》	2015-02-25	2015-12-20	海关总署公告2015年第63号
澳大利亚	《中华人民共和国政府和澳大利亚政府自由贸易协定》	2015-06-17	2015-12-20	海关总署公告2015年第61号
格鲁吉亚	《中华人民共和国政府和格鲁吉亚政府自由贸易协定》	2017-05-14	2018-01-01	海关总署公告2017年第64号
马尔代夫	《中华人民共和国政府与马尔代夫共和国政府自由贸易协定》	2017-12-07		

注：截至2017年。

资料来源：中国自由贸易区服务网，http://fta.mofcom.gov.cn/index.shtml；中华人民共和国海关总署网站。

4.4.3.3 描述性统计

对式（4.7）相关变量的描述性统计如表4-9所示。

表4-9　　相关变量的统计说明

变量	含义	样本量	均值	标准差
ln*tc*	贸易经济成本的对数	2555	1.721	0.906
ln*ad_exc*	中国被指控反倾销总数的对数	2595	63.467	13.537
ln*ad_exf*	贸易伙伴被指控反倾销总数的对数	2595	1.960	5.799
ln*ad_memc*	中国发起倾销指控总数的对数	2595	13.596	8.175

续表

变量	含义	样本量	均值	标准差
ln*ad_memf*	贸易伙伴被发起倾销指控总数的对数	2595	3.629	7.867
ln*ad_in*	中国被贸易伙伴指控反倾销数量的对数	2595	1.261	2.723
ln*ad_fo*	贸易伙伴对中国实施反倾销措施数量的对数	2595	0.956	2.103
ln*gdpc*	中国国内生产总值的对数	2595	29.180	0.702
ln*gdpf*	贸易伙伴国内生产总值的对数	2582	24.107	2.270
ln*dis*	中国与贸易伙伴之间地理距离的对数	2565	8.993	0.521
fta	中国与贸易伙伴是否签订自由贸易协定	2595	0.077	0.267

从表4－9 中的描述性统计可以看出，总体上看中国被指控反倾销的次数非常多，平均每年到达63.5 次，而其他所有贸易伙伴平均仅为不到2 次。中国作为世界贸易组织成员方对贸易伙伴发起的反倾销指控平均每年 13.6 次，而其他国家（地区）平均为3.6 次。可见反倾销对中国的影响程度要比其他国家（地区）大。

从具体贸易伙伴的国别（地区）来看，对中国发起反倾销指控数量最多的是印度，样本期间为 150 次，其次是美国 106 次、欧盟 95 次，接下来对中国发起反倾销指控较多的国家（地区）依次是巴西 85 次、阿根廷 71 次、土耳其 68 次、墨西哥 44 次、哥伦比亚 42 次、澳大利亚 34 次等。对中国采取反倾销措施数量最多的也是印度，样本期间为 116 次，其次是美国 84 次、欧盟 73 次，接下来对中国采取反倾销措施较多的国家（地区）依次是土耳其 59 次、巴西 57 次、阿根廷 56 次、墨西哥 35 次、哥伦比亚 25 次、澳大利亚 26 次、加拿大 23 次等。通过数据发现对我国进行反倾销指控和采取措施最多的是发展中国家印度，除了美国和欧盟之外，阿根廷、巴西、土耳其、墨西哥和哥伦比亚等也都是发展中国家，2008～2009 年来自这些发展中国家的反倾销指控数量增长较快。

4.4.4 回归结果分析

4.4.4.1 基于反倾销总量的基本回归结果

对面板数据进行豪斯曼（Hausman）检验，发现对核心变量反倾销的四个指标 ln*ad_memf*，ln*ad_memc*，ln*ad_exc* 和 ln*ad_exf* 进行检验时 p 值分别为 0.4984、0.3035、0.6469 和 0.5490，均远远大于 0.05，因此不能拒绝“解释变量与残差不相关”的原假设，应采用随机效应模型进行回归，结果如表 4－10 所示。

表 4－10　基于反倾销总体数量的回归结果

变量	ln*tc*			
	(1)	(2)	(3)	(4)
ln*ad_memf*	-0.005 (0.006)			
ln*ad_memc*		0.039*** (0.007)		
ln*ad_exc*			0.035** (0.016)	
ln*ad_exf*				0.016* (0.009)
ln*gdpf*	-0.126*** (0.009)	-0.122*** (0.009)	-0.127*** (0.009)	-0.127*** (0.009)
ln*gdpc*	-0.032*** (0.006)	-0.013* (0.007)	-0.037*** (0.007)	-0.033*** (0.006)
ln*dis*	0.289*** (0.052)	0.293*** (0.051)	0.288*** (0.052)	0.289*** (0.052)
fta	-0.062*** (0.023)	-0.060*** (0.0224)	-0.062*** (0.0225)	-0.061*** (0.0225)
常数项	1.796*** (0.500)	0.994* (0.521)	1.811*** (0.500)	1.827*** (0.499)
观测值	2532	2532	2532	2532
Number of i	171	171	171	171

注：括号内为标准误；***、**、*分别代表 p 值小于 0.01、0.05、0.1。

表 4 – 10 中列（1）显示的是贸易伙伴发起的反倾销指控总数量对我国出口贸易经济成本的影响，出乎意料的是，贸易伙伴“对自由贸易的倾向”对我国出口成本的影响并不显著。表 4 – 10 中列（2）显示的是中国发起的反倾销指控总数量对我国出口贸易经济成本的影响，两者呈正相关关系，即中国发起的反倾销指控越多，中国出口成本越高。这可能是由于我国对原材料的反倾销将降低数量使价格上涨，从而提高出口企业的生产成本，降低出口数量。对于制成品的反倾销同样会降低进口产品数量，而出口企业就很可能将一部分生产能力转向满足国内市场从而降低出口数量。同时根据梅利茨（Melitz，2003）异质性企业理论，生产率更高的企业进行出口，反倾销使高生产率的外国企业难以进入，低生产率的国内企业会拉平均生产率，增加产品甚至整个行业的成本。表 4 – 10 中列（3）显示的是中国作为出口国遭遇的反倾销指控数量，它与贸易的经济成本正相关。反倾销增加企业的成本直接降低贸易流量，即使在发起指控的国家还没有采取贸易救济措施的时候，由于市场的不确定性，被我国指控的企业甚至相关行业都会采取措施回避风险，这其中就包括降低出口，这无疑增加了贸易的经济成本。表 4 – 10 中列（4）显示的是贸易伙伴遭遇反倾销指控数量对我国贸易经济成本的影响，两者是正相关的。发达国家遭遇反倾销指控后可能会降低从我国的中间产品进口，或者是减少与我国企业的加工贸易，同时降低了中国的进出口。而发展中国家遭遇反倾销待遇后，对于同样是发展中国家的中国可能会产生竞争，或者“不公平”心理。

就其他控制变量而言，与传统的引力模型的结果一致，由于双方贸易国内生产总值与贸易流量正相关，而贸易经济成本与贸易流量负相关，因此中国对贸易伙伴出口的贸易经济成本与双方的国内生产总值负相关。但是这里可以明显看出，贸易伙伴的国内生产总值对我国出口贸易经济成本的影响更大，其系数大约是中国国内生产总值的四倍甚至更多。贸易经济成本与双方的地理距离正相关，同时双方签订的自由贸易协定显著降低了中国的出口贸易经济成本，这些都和引力模型基本理论相符，也与现有主流的经验研究结果一致。

简言之，无论是中国发起或者遭遇反倾销指控的数量，还是贸易伙伴遭遇反倾销指控的数量，都和中国出口贸易经济成本正相关。反倾销可以说是显著增加了我国的贸易经济成本，假设 1 得到证实。

4.4.4.2 针对中国反倾销指控的回归结果

上述反倾销的数量都是指一国对所有贸易伙伴发起的反倾销指控总数量或者遭遇所有贸易伙伴反倾销指控的总数量，这可以在一定程度上反映一国“对于自由贸易的倾向”，或者“被自由贸易体系接受的程度”，但是由于本书考察的是中国出口贸易经济成本的影响因素，因此通常认为针对中国发起的反倾销指控数据与中国贸易经济成本更加相关，更有说服力。因此本书再次采用国别数据，即贸易伙伴对中国发起的反倾销指控（initiation）数量和对中国采取反倾销措施（in force）的数量，来验证反倾销对于出口成本的影响。

从表4-11的回归结果来看，列（1）、列（3）和列（5）显示贸易伙伴对我国发起的反倾销 ln*ad_in*（antidumping initiation）数量对我国贸易经济成本的影响并不显著，列（2）、列（4）和列（6）显示贸易伙伴国对我国采取的反倾销措施 ln*ad_fo*（measures in force）数量对我国贸易经济成本的影响也并不显著，这与最初的预期并不一致。列（1）、列（2）采用的是固定效应模型（FE），列（3）、列（4）是随机效应模型（RE），列（5）、列（6）采用的是极大似然法（MLE）进行回归，基于不同模型的回归结果显示各变量的系数符号一致，数值大小也比较接近，因此回归结果具有稳健性。

表4-11 贸易伙伴对中国发起反倾销指控数量的回归结果（1）

变量	ln*tc*					
	FE		RE		MLE	
	(1)	(2)	(3)	(4)	(5)	(6)
ln*ad_in*	0.002 (0.004)		0.002 (0.004)		0.002 (0.004)	
ln*ad_fo*		0.003 (0.004)		0.003 (0.004)		0.003 (0.004)
ln*gdpf*	-0.110*** (0.027)	-0.110*** (0.027)	-0.127*** (0.014)	-0.127*** (0.014)	-0.127*** (0.009)	-0.127*** (0.009)
ln*gdpc*	-0.041** (0.018)	-0.041** (0.018)	-0.032** (0.013)	-0.032** (0.013)	-0.032*** (0.006)	-0.032*** (0.006)

续表

变量	lntc					
	FE		RE		MLE	
	(1)	(2)	(3)	(4)	(5)	(6)
ln*dis*			0.289*** (0.071)	0.289*** (0.071)	0.288*** (0.051)	0.288*** (0.051)
fta	-0.063 (0.054)	-0.063 (0.054)	-0.062 (0.052)	-0.062 (0.052)	-0.062*** (0.023)	-0.062*** (0.023)
常数项	4.260*** (0.378)	4.260*** (0.378)	1.811** (0.738)	10.58*** (0.333)	1.813*** (0.494)	1.813*** (0.494)
观测值	2532	2532	2532	2532	2532	2532
R-squared	0.213	0.213	0.213	0.213		
Log likelihood					845.22	845.41
Number of i	171	171	171	171	171	171

注：括号内为稳健标准误；***、**、* 分别代表 p 值小于 0.01、0.05、0.1。

考虑到加入世界贸易组织初期我国加工贸易所占比重比较大，实际出口货物从合同签订到出口报关的时间间隔比较长，反倾销指控和反倾销措施的影响可能存在滞后性，因此本书又将核心解释变量 ln*ad_in* 和 ln*ad_fo* 滞后一期分别进行了回归，结果如表 4-12 所示，但是无论是固定效应、随机效应还是采用极大似然法的估计结果仍然全都不显著，各变量系数的符号与表 4-11 和表 4-12 一致，说明回归结果是稳健的。

表 4-12　贸易伙伴对中国发起反倾销指控数量的回归结果（2）

变量	lntc					
	FE		RE		MLE	
	(1)	(2)	(3)	(4)	(5)	(6)
L. ln*ad_in*	0.003 (0.004)		0.002 (0.004)		0.002 (0.004)	

续表

变量	lntc					
	FE		RE		MLE	
	(1)	(2)	(3)	(4)	(5)	(6)
L. lnad_fo		0.006 (0.005)		0.006 (0.005)		0.006 (0.004)
lngdpf	-0.091*** (0.028)	-0.091*** (0.028)	-0.120*** (0.013)	-0.120*** (0.013)	-0.120*** (0.009)	-0.120*** (0.009)
lngdpc	-0.033* (0.018)	-0.033* (0.018)	-0.019 (0.013)	-0.019 (0.013)	-0.019*** (0.007)	-0.019*** (0.007)
lndis			0.289*** (0.071)	0.289*** (0.071)	0.289*** (0.051)	0.289*** (0.051)
fta	-0.051 (0.054)	-0.051 (0.054)	-0.050 (0.051)	-0.050 (0.051)	-0.050** (0.025)	-0.050** (0.025)
常数项	3.579*** (0.427)	3.580*** (0.426)	1.259* (0.754)	1.259* (0.754)	1.263** (0.502)	1.262** (0.502)
观测值	2532	2532	2532	2532	2532	2532
R-squared	0.136	0.136	0.135	0.135		
Log likelihood					829.96	829.33
Number of i	171	171	171	171	171	171

注：括号内为稳健标准误；***、**、*分别代表p值小于0.01、0.05、0.1。

针对中国发起的反倾销指控数量或者采取的反倾销措施数量对中国贸易经济成本的影响不显著，假设2没有得到证实。

从其他控制变量来看，地理距离依然对贸易经济成本的影响显著，双方国内生产总值尤其是贸易伙伴的国内生产总值对我国出口贸易经济成本的影响更大，与表4-11的回归结果是一致的。

针对中国发起的反倾销指控数量或者采取的反倾销措施数量对中国贸易经济成本的影响不显著，这似乎与引力模型的假设不一致。分析原因可以发现，这是贸易伙伴发起反倾销并不同步造成的。图4-8显示了2002~2016

年对中国发起反倾销指控最多的 5 个贸易伙伴，依次是印度、美国、欧盟、巴西和阿根廷。

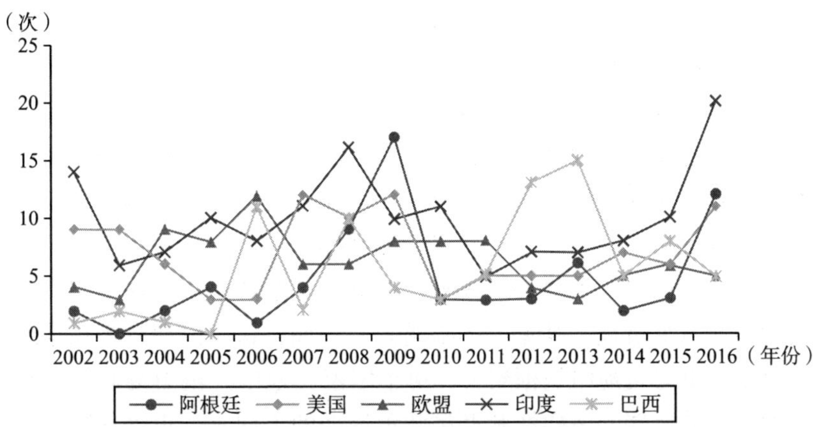

图 4－8 2002～2016 年对中国发起反倾销指控数量前 5 名的贸易伙伴

资料来源：WTO 数据库。

从图 4－8 中可以看出，这 5 个贸易伙伴对中国发起反倾销指控的峰值时间并不一致。例如，2006 年欧盟对中国发起的反倾销指控达到最高峰 12 次，巴西 11 次也处于较高水平，但是美国和阿根廷分别仅为 3 次和 1 次。2008 年印度对中国发起的反倾销数量较多为 16 次，而美国和欧盟分别为 10 次和 6 次，虽然总体较高但是与前后年份相比还处于低谷；2013 年巴西对中国发起的反倾销指控高达 15 次，而美国和欧盟仅为 5 次和 3 次。由于各贸易伙伴对我国发起反倾销指控数量峰值出现的时间不同，所以中国出口企业在遭遇反倾销的时候，可以充分利用市场的多样化。不需要迫不得已压低出口到该国的价格，而是可以更多地选择将商品转买到其他国家市场，然后更多地向该国出口那些种类相似但却没有遭遇反倾销指控的产品，这样根据式（3.5），我国出口到 i 国的商品金额 x_{ij} 并不一定会降低，因此遭遇反倾销对贸易经济成本的影响未必会显著。

另外，贸易经济成本的计算式（4.1）中包含了对方出口到我国的商品金额 x_{ji}，如果对方发起反倾销指控的同时中国也进行报复，x_{ij} 和 x_{ji} 将同时降低从而增加贸易经济成本，但事实上在样本期间内中国并不倾向于对发起反倾销指控的贸易伙伴采取报复措施，x_{ji}也不一定会降低，这也是反倾销数量对贸易经济成本影响不显著的原因之一。

综合表4－11和表4－12的回归结果，可以发现中国对于所有贸易伙伴发起的反倾销指控数量、中国和遭遇的所有反倾销指控数量以及和贸易伙伴遭遇的所有反倾销指控数量都会增加中国的出口贸易经济成本，而贸易伙伴针对中国无论是发起的反倾销指控还是采取的反倾销措施影响都不显著。简单地说，总体反倾销指控数量的影响是显著的，而单独针对中国个体的反倾销指控数量和采取的措施反而对我国出口贸易经济成本的影响不显著。在一定程度上可以认为中国“对于自由贸易的态度”，或者“被自由贸易体系接受的程度”显著影响了贸易经济成本，而具体某个贸易伙伴在特定时间对待中国的“贸易友好程度”影响并不显著。一方面，这可以理解为在全球经济一体化背景和世界贸易组织框架下，单个国家（地区）的贸易政策效果是有限的，如果贸易伙伴的多样性和经济政策周期的不同步，很容易分散甚至抵消该国家（地区）政策产生的冲击效果。另一方面，在世界贸易组织框架下，一国（地区）政府不太可能采取歧视性的贸易措施，即整体上支持自由贸易，发起的反倾销指控数量比较少，而针对某个特定国家存在贸易歧视，专门向该贸易伙伴发起反倾销指控。这样做是不明智的，也是没有效果的。

事实上最近正引起广泛关注的中美贸易摩擦显然也能够证实这一点。从美国对进口的钢铝产品征收反倾销关税开始，贸易限制措施的对象就几乎包括了美国的所有贸易伙伴。显然是美国很清楚即使作为全球最大的经济体，单独对某个特定贸易伙伴进行的打击效果是非常有限的，同时只与某个特定贸易伙伴交恶也不能改变整个国家的贸易逆差，因此美国选择针对几乎所有贸易伙伴大规模大幅度地进行贸易限制措施，改变其“对于自由贸易的支持态度”，由开放转向保守，只有这样才能够有效提高进口贸易伙伴国的贸易经济成本，降低进口金额从而降低贸易逆差。对于中国而言，对所有贸易伙伴发起和遭遇的反倾销指控总数量都会增加出口贸易经济成本。自由贸易对中国是有利的，显然我国应该维护国际自由贸易的环境和世界贸易组织秩序，保持“对于自由贸易的支持态度”，进一步进行对外开放，推动世界自由贸易的发展，从而不断提升本国“被自由贸易体系接受的程度”。目前中国“一带一路”倡议和自由贸易协定的深入推进，是非常正确的方向，对于降低中国出口商品的贸易经济成本是有利的。

4.4.5 反事实模拟

美国诺贝尔经济学奖获得者、著名心理学家卡尼曼（Kahneman）和他的同事特沃斯基（Tversky）于 1982 年提出的反事实思维[①]在经济学中已经得到了推广和应用。在微观实证经济研究中，国内外学者经常采用反事实模拟，来描述研究对象在实际经济现象中的影响。本书采用王孝松、翟光宇、林发勤（2015）的做法，在表 4 - 10 回归结果的基础上，进行反事实模拟，度量反倾销对贸易经济成本的影响。

首先根据表 4 - 10 的列（2）、列（3）和列（4）分别将系数代入回归方程，计算平均贸易经济成本，然后在分别去掉反倾销变量 ln*ad_memf*，ln*ad_memc*，ln*ad_exc* 和 ln*ad_exf*，重新计算拟合贸易经济成本，并将两者的差值进行比较，得到结果如表 4 - 13 所示。

表 4 - 13　　反倾销带来的贸易经济成本变化

变量	平均贸易经济成本	反事实贸易经济成本	差值（%）
ln*ad_memc*	0. 3960	0. 3014	-23. 89
ln*ad_exc*	0. 3969	0. 2524	-36. 40
ln*ad_exf*	0. 4025	0. 3942	-2. 07

资料来源：笔者计算整理获得。

从表 4 - 13 可以看出，中国作为 WTO 成员方遭遇的反倾销指控数量和发起的反倾销指控数量显著增加了中国的出口成本，贸易伙伴遭遇的反倾销指控对中国出口贸易成的影响幅度比较小。如果中国不对任何贸易伙伴发起反倾销指控，出口贸易经济成本会降低 23. 89%。如果任何贸易伙伴都不对中国发起反倾销指控，中国的出口贸易经济成本将降低 36. 40%，而如果任何贸易伙伴都没有遭遇反倾销指控，中国的出口贸易经济成本会降低 2. 07%。由此可以看出，全球的自由贸易对于中国来说是有利的，如今中美贸易摩擦

① Kahneman D，Tversky A. The Simulation Heuristic ［R］. Department of Psychology，Stanford University.

及其引发的全球对于自由贸易和全球经济一体化的担忧会增加中国的出口成本，对中国是不利的。中美贸易摩擦的情况下，中国应该成为全球贸易自由化最坚定的拥护者和推动者。

4.5 本章小结

本章利用诺维（Novy，2013）的方法来计算2002～2016年中国与173个贸易伙伴的贸易经济成本，并且对贸易经济成本的相关影响因素进行了分析和反事实模拟，主要得到如下结论：

第一，用诺维（Novy，2013）的方法来计算2002～2016年中国与173个贸易伙伴的贸易经济成本，结果显示除掉2008年全球经济危机的影响，无论是算术平均还是加权平均方法，中国的出口贸易经济成本自2013年开始出现上升，中国与主要贸易伙伴的出口贸易经济成本也无一例外地在增加。

第二，根据诺维（Novy，2013）的方法，美国对中国商品征收高额进口关税的效果，取决于中美商品之间的替代弹性即Armington替代弹性，中美商品之间的Armington替代弹性越高，美国贸易战对中国出口的影响就越大。如果两国商品之间的替代弹性是不对称的，替代弹性越高的一方贸易损失越大，贸易战对中国的影响短期比较大，长期将逐渐减小。

第三，以反倾销案件数量作为自由贸易的代理变量，分析反倾销与贸易经济成本变化之间的关系，结果发现中国对所有贸易伙伴发起的反倾销指控总数和遭遇的反倾销指控的总数量都大幅度增加了出口贸易经济成本，贸易伙伴遭遇反倾销指控的数量也会增加中国出口贸易经济成本，但是影响程度比较小。而贸易伙伴专门针对中国发起的反倾销指控数量和采取反倾销措施数量对中国出口贸易经济成本的影响并不显著。简言之，是总体上中国“对于自由贸易的态度”和“被自由贸易体系接纳的程度”影响了出口贸易经济成本。

| 第 5 章 |

中国贸易环境成本测度及其效应

在第4章测度贸易经济成本的基础上，本章从环境资源的投入和环境污染物排放两个角度出发，利用熵权法测度贸易的环境成本，并分析了贸易的环境成本效应，为第6章测度广义贸易成本奠定基础。

5.1 贸易的环境成本测度

尽管对于环境成本的定义并不十分明确，但是对于环境成本进行测度的国内外相关文献还是比较丰富的，测度的方法也有很多，归纳起来主要有两大类：一类是从环境资源的投入视角，即测算投入了多少不可再生的自然资源，一般主要是指能源；另一类是从环境危害物的产出视角，即测算排放了多少污染物。因此以下从这两方面来衡量贸易的环境成本。

对于出口环境成本的计算，本章首先计算经济行为总体环境成本，然后按照出口占国内生产总值的比重来折算贸易的环境成本。这与目前经常被采用的投入产出法有所不同。利用投入产出表计算出的贸易品“隐含碳”更多的是生产过程中的隐含碳，受产品种类影响更加明显，而没有分摊全社会的固定环境成本，不是贸易品出口到消费者手中时所包含的所有隐含碳。就中国而言这个问题尤其明显，固定资产投资占中国经济的比重非常大，而对公路、铁路以及港口等基础设施的建设必然会引起能源消耗和污染物排放，这是全社会经济发展的环境固定成本，考虑到贸易品也理应分摊这些固定成本，同时也为了简化计算，本书将贸易的环境成本根据环境总成本和出口占国内生产总值的比重进行折算。

5.1.1 基于能源消耗视角的贸易环境成本

5.1.1.1 贸易的环境成本计算

出口是国内生产总值（GDP）的重要组成部分，出口产品所消耗的能源也是本国产生 GDP 的生产中全部能源消耗的一部分，因此可以认为：

$$EC_c = \frac{EXPORT}{GDP} \times ECONS = ratio \times ECONS \tag{5.1}$$

其中，EC_c 代表一国从能源消耗角度度量的贸易环境成本，$EXPORT$ 代表该国的出口总金额，GDP 代表国内生产总值，$ECONS$ 代表该国能源消耗总量。

图 5-1 中柱状图表示中国的一次性能源消耗，折线图为出口占 GDP 的

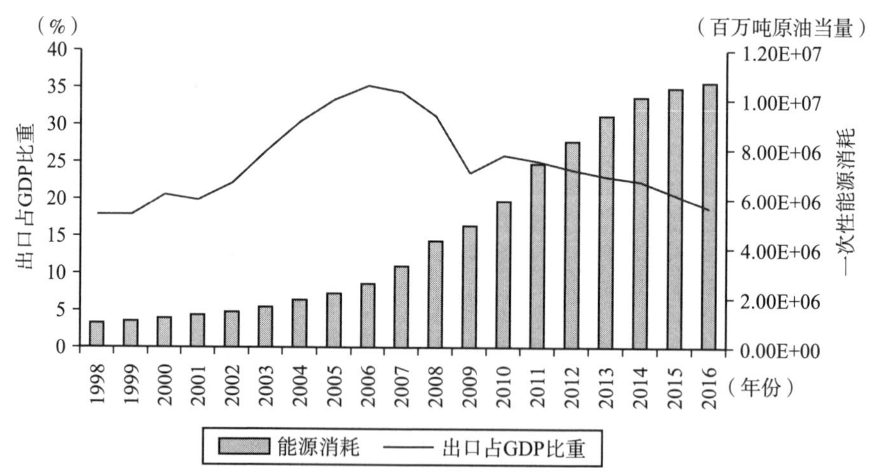

图 5-1 1998~2016 中国一次性能源消耗与出口占 GDP 比重

资料来源：世界银行、UN Comtrade 数据库、《BP 能源统计年鉴》。

比重。其中 GDP 数据来源于世界银行数据库，中国的出口数据来源于联合国 UN Comtrade 数据库，而一次性能源消耗数据来自《BP 能源统计年鉴》。

根据式（5.1）可以计算出中国 1998～2016 年出口贸易的环境成本，计算结果如表 5－1 所示。

表 5－1　1998～2016 年中国出口贸易的环境成本（基于能源消耗）

单位：万吨

年份	1998	1999	2000	2001	2002	2003	2004
原油当量	16386.72	16654.68	19899.64	19878.96	23775.12	32869.31	44508.20
年份	2005	2006	2007	2008	2009	2010	2011
原油当量	53370.87	60647.11	63981.14	62306.11	52416.73	60210.14	67444.01
年份	2012	2013	2014	2015	2016		
原油当量	66949.73	66802.11	66378.25	61762.54	57183.71		

资料来源：笔者根据式（5.1）计算整理获得。

从表 5－1 可以看出，我国的出口环境成本从 1998 年的 16386.72 万吨原油当量上升到最高峰 2012 年的 66949.73 万吨原油当量，增幅高达 308.56%。其中，1998～2006 年出口环境成本增加最快，幅度高达 270.1%，2007 年开始增长幅度降低并且出现波动，2011 年以后保持平稳并且缓慢下降。但是这并不能证明中国成为了“污染天堂”，因为同期中国的出口金额增长高达 1074%。换言之，出口环境总成本的增加速度要远远低于出口金额的增加速度，通过分工和国际贸易，中国出口的产品越来越“清洁”。从图 5－2 中也可以看出这一点：1998 年以来中国的单位国内生产总值能耗一直在不断下降，尽管仍然高于美国和日本，但是差距缩小的很快，2012 年开始已经低于第二大发展中国家印度。出口贸易环境成本的增长，应该说是由规模效应造成的，而从技术效应来看，出口降低了中国的单位国内生产总值能耗。

上述方法非常直观地从总体上反映了中国出口贸易的环境成本，计算也比较简便，缺陷在于这种算法假定为出口而进行的生产与满足国内需求的生产在能源消耗方面是同质的，不考虑产业结构和产品结构差异的问题，也不考虑技术差异。

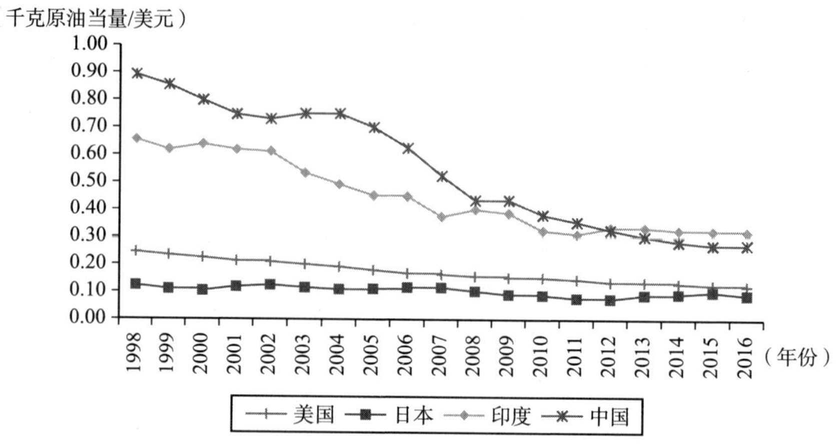

图 5-2　美、日、中、印四国单位国内生产总值能耗对比

资料来源：世界银行数据库。

5.1.1.2　贸易环境成本的比较优势

根据大卫·李嘉图的比较优势理论，一国的优势来自以相对更低的劳动投入获得相对更多的产出。在环境领域，则是以相对较少的环境资源投入获得相对较多的产出，而含污贸易条件这个指标能够很好地解释环境比较优势。

含污贸易条件（PTT）的计算公式为：

$$PTT = \frac{P_{EX}}{P_{IM}} \times 100 \tag{5.2}$$

其中，PTT 为含污贸易条件，P_{EX}是出口商品的含污价格指数，是用出口国一次性能源消耗除以该国国内生产总值计算获得的；P_{IM}是进口商品的含污价格指数，用同样的方法计算获得，即用进口国一次性能源消耗除以该国国内生产总值。

这里选取的主要进口国（地区）为 1998～2016 年中任一年度处于中国商品进口国排名前 20 位的国家和地区，共 31 个国别（地区）代码。其中作为中国重要石油进口国的安哥拉和阿曼，由于统计数据的限制，缺乏各年度的一次能源消耗量（百万吨原油当量），无法计算单位 GDP 能耗，因此没有被列入数据样本进行统计和计量。越南的能源消耗数据是从 2000 年开始的，1998～1999 年的数据缺失。本研究完结时伊朗的 GDP 数据在世界银行数据库中仅更新到 2015 年。此外，比利时的统计口径曾经发生变化，出口数据从

1998 年包含卢森堡出口数据到 1999 年不包含卢森堡，国别代码也从 58 变化到 56，能源消耗数据 2011 年以前统计口径为“比利时和卢森堡”，2011 年以后不包含卢森堡，数据无法对接，因此样本中剔除比利时数据。最终样本数据的 27 个主要贸易伙伴为：澳大利亚、巴西、加拿大、瑞士、智利、芬兰、法国、德国、中国香港、印度尼西亚、伊朗、意大利、日本、韩国、马来西亚、荷兰、菲律宾、俄罗斯、沙特阿拉伯、印度、新加坡、越南、南非、瑞典、泰国、英国以及美国（按照国别代码排序）。由式（5.2）得到中国对 27 个主要贸易进口贸易伙伴的含污贸易条件（PTT），如图 5－3 所示。

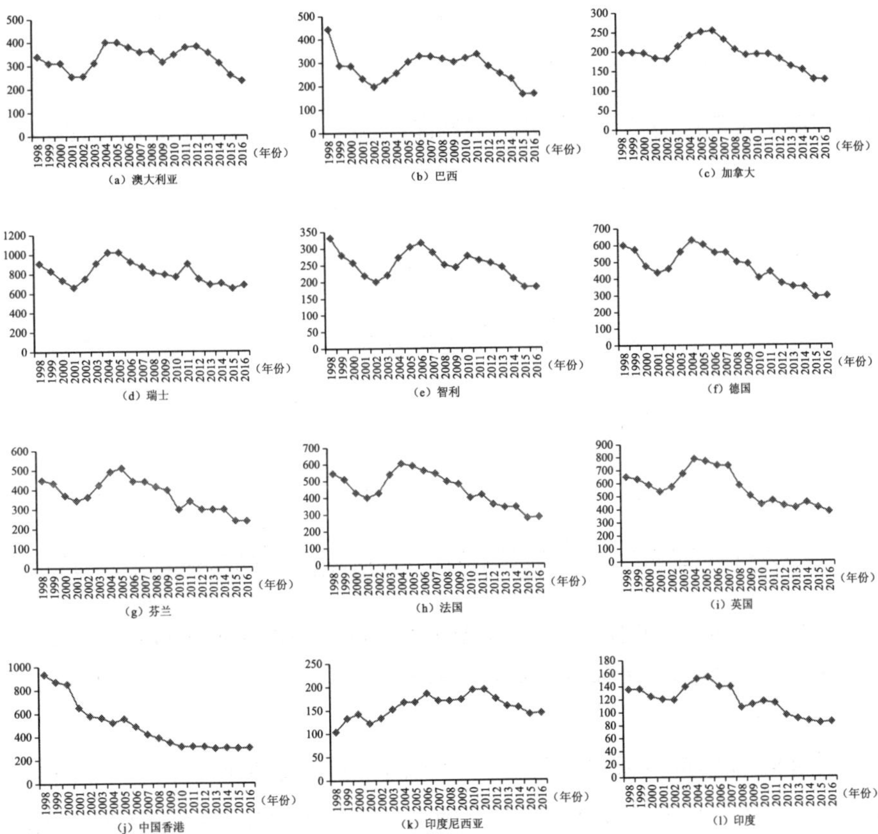

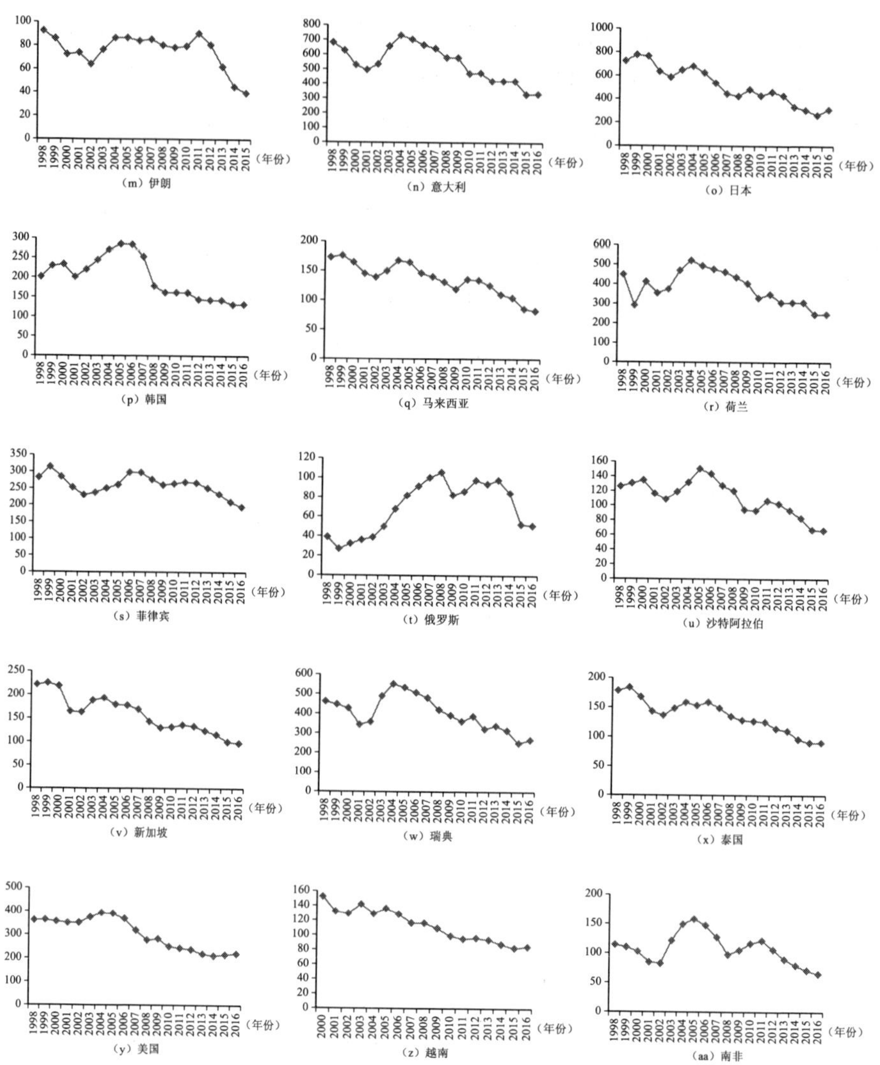

图 5-3　中国与 27 个主要贸易伙伴的含污贸易条件（PTT）

资料来源：笔者利用 UN Comtrade 数据库计算整理获得。

从图 5-3 中可以看出：第一，中国的含污贸易条件（PTT）总体在下降。尽管含污贸易条件指数显示对于绝大多数贸易伙伴而言，中国在污染密集型产品上有比较优势，含污贸易条件大于 100，但是除了对俄罗斯的贸易之外，中国出口产品的含污贸易条件总体在持续下降，中国出口产品的“清洁度”在不断增加，中国与发达国家（地区）产品贸易的含污程度差异在不断缩小。

第二，中国目前的贸易污染情况的改善任重道远。一方面，中国对发达国家的贸易含污条件指数仍然较高。以 2016 年为例，中国对美国的含污贸易条件为 222.74，对日本为 302.39，对制造强国德国为 293.05，对瑞士的含污贸易条件在所有贸易伙伴中最高，达到 681.35。在与发展中国家的贸易中，我国与越南、泰国、马来西亚、印度、南非、俄罗斯的含污贸易条件小于 100，但是与智利、印度尼西亚和巴西的含污贸易条件仍然高于 100。建设环境友好型贸易强国，我国还有很长一段路要走。

第三，对于特殊时段和年份的分析。从图 5-3 可以看出，2002~2005 年中国对绝大多数贸易伙伴的含污贸易条件在上升，这显然是 2001 年中国加入世界贸易组织带来的结果。从这一段时间似乎可以看到随着中国加入国际市场，污染在相对向中国转移，但是在 2005 年达到峰值以后开始下降，可以看出贸易的技术效应。此外，中国对于很多国家的含污贸易条件在 2008 年或者 2009 年更低，明显低于相邻的年份，这并不是由于中国能耗降低或者技术改善造成的，而是由于 2008 年的全球经济危机的影响。2008 年中国 GDP 仍然保持了不错的增长，而其他许多国家增速显著降低甚至出现负增长，因此他们的单位 GDP 能耗值增加较大，改变了双方的含污贸易条件。

第四，未来充满不确定性。图 5-3 可以看出 2015 年以来中国对许多贸易伙伴的含污贸易条件下降幅度开始放缓，甚至在 2016 年对不少贸易伙伴的含污贸易条件还出现了小幅度上升的情况。这可能是由于其他贸易伙伴 GDP 增长率提高造成的。考虑到全球经济增长的不确定性和贸易摩擦愈加频繁，今后中国的含污贸易条件走势还充满变数。

5.1.2 基于污染物排放视角的贸易环境成本

从污染物排放的视角，污染物主要是废水、废气和废渣三类。根据 2002~2016 年《中国环境统计年鉴》提供的数据，共选取了 7 个污染排放指标来衡量环境成本，分别是：工业废水排放总量、工业废水中化学需氧量、工业废水中氨氮去除量、工业废气排放总量、工业二氧化硫排放量、工业烟尘粉尘排放量和工业固体废弃物排放总量。其中，2008 年工业废水中化学需氧量、工业废水中氨氮去除量的数据缺失，采用插值法对数据进行了填补。2001 ~ 2015 年中国主要工业污染物排放情况如表 5 - 2 所示。

表 5 - 2　2001 ~ 2015 年中国主要工业污染物排放情况

年份	工业废水排放总量（亿吨）	工业废水化学需氧量（万吨）	工业废水氨氮去除量（万吨）	工业废气排放总量（亿立方米）	工业二氧化硫排放量（万吨）	工业烟尘粉尘排量（万吨）	工业固体废弃物排放总量（万吨）
2001	202.70	607.50	34.07	160863	1566.0	1842.70	2893.80
2002	207.20	584.00	38.78	175257	1562.0	1745.20	2635.20
2003	212.30	511.80	36.04	198906	1791.6	1867.40	1940.90
2004	221.10	509.70	46.64	237696	1891.4	1791.30	1762.00
2005	243.10	554.70	48.30	268988	2168.4	1860.10	1654.70
2006	240.20	541.50	55.30	330990	2234.8	1672.90	1302.10
2007	246.60	511.10	51.80	388169	2140.0	1469.80	1196.70
2008	241.65	444.78	28.59	403866	1991.4	1255.60	781.80
2009	234.39	439.68	27.35	436064	1865.9	1128.00	710.50
2010	237.47	434.77	27.28	519168	1864.4	1051.90	498.20
2011	230.87	354.80	28.12	674509	2017.2	1100.88	433.30
2012	221.59	338.45	26.41	635519	1911.7	1029.31	144.20
2013	209.84	319.47	24.58	669361	1835.2	1094.60	129.30
2014	205.34	311.35	23.16	694190	1740.4	1456.10	59.40
2015	199.50	293.45	21.74	695190	1556.7	1232.60	55.80

资料来源：2003 ~ 2016 年《中国环境统计年鉴》。

对指标进行无量纲化处理的方法有很多，包括多指标的综合评价、聚类分析法、主成分分析法、关联分析等。这里采用熵权法进行多指标综合评价，这也是国内学者们测算环境规制强度经常采用的一种方法。熵权法的基本思路是根据指标变异性的大小来确定客观权重。一般来说，若某个指标的信息熵 E_j 越小，表明指标值的变异程度越大，提供的信息量越多，在综合评价中所能起到的作用也越大，其权重也就越大。相反，某个指标的信息熵 E_j 越大，表明指标值的变异程度越小，提供的信息量也越少，在综合评价中所起到的作用也越小，其权重也就越小。

5.1.2.1 数据标准化处理

将各个指标的数据进行标准化处理。

这里给定了 k 个指标 X_1，X_2，…，X_k，其中 $X_i=\{x_1, x_2, \cdots, x_n\}$，假设对各指标数据标准化后为 Y_1，Y_2，…，Y_k，那么 $Y_{ij}=\frac{X_{ij}-\min(X_i)}{\max(X_i)-\min(X_i)}$，这里令 $i=t$ 表示时间。标准化后的环境成本矩阵见表 5-3。

表 5-3　2001~2015 年中国主要工业污染物排放标准化

年份	工业废水排放总量（亿吨）	工业废水化学需氧量（万吨）	工业废水氨氮去除量（万吨）	工业废气排放总量（亿立方米）	工业二氧化硫排放量（万吨）	工业烟尘粉尘排量（万吨）	工业固体废弃物排放总量（万吨）
2001	0.07	1.00	0.37	0.00	0.01	0.97	1.00
2002	0.16	0.93	0.51	0.03	0.01	0.85	0.91
2003	0.27	0.70	0.43	0.07	0.35	1.00	0.66
2004	0.46	0.69	0.74	0.14	0.49	0.91	0.60
2005	0.93	0.83	0.79	0.20	0.90	0.99	0.56
2006	0.86	0.79	1.00	0.32	1.00	0.77	0.44
2007	1.00	0.69	0.90	0.43	0.86	0.53	0.40
2008	0.89	0.48	0.20	0.45	0.64	0.27	0.26
2009	0.74	0.47	0.17	0.52	0.46	0.12	0.23
2010	0.81	0.45	0.16	0.67	0.45	0.03	0.16
2011	0.67	0.20	0.19	0.96	0.68	0.09	0.13
2012	0.47	0.14	0.14	0.89	0.52	0.00	0.03
2013	0.22	0.08	0.08	0.95	0.41	0.08	0.03
2014	0.12	0.06	0.04	1.00	0.27	0.51	0.00
2015	0.00	0.00	0.00	1.00	0.00	0.24	0.00

资料来源：笔者经过计算整理获得。

5.1.2.2 求各指标的信息熵

根据信息论中信息熵的定义，一组数据的信息熵为：

$$E_j = -\ln(n)^{-1}\sum_{i=1}^{n} p_{ij} \times \ln p_{ij} \tag{5.3}$$

其中，$p_{ij} = Y_{ij} \Big/ \sum_{i=1}^{n} Y_{ij}$，如果 $p_{ij}=0$，则定义 $\lim_{p_{ij} \to 0} p_{ij}\ln p_{ij} = 0$。经计算信息熵为 $E_j = \{0.902, 0.902, 0.866, 0.885, 0.897, 0.867\}$。

5.1.2.3 确定各指标权重

根据信息熵的计算公式，计算出各个指标的信息熵为 E_1，E_2，…，E_k，通过信息熵计算各指标的权重：

$$W_i = \frac{1 - E_i}{k - \sum E_i} \quad (i=1, 2, \cdots, k) \tag{5.4}$$

经计算各指标权重 $W_i = \{0.117, 0.116, 0.159, 0.137, 0.122, 0.158, 0.190\}$。

将获得的指标权重与表 5－2 相乘，就获得了 2001～2015 年中国经济增长的环境成本，如表 5－4 所示。从表 5－4 中可以看出，2001～2011 年我国的环境总成本在快速上升，其中 2005 年以后上升的速度尤其快，2012 年出现短暂下降后再次增长，但是增长速度明显放缓。从各指标的情况可以看出，到 2015 年末，工业废水和工业二氧化硫的排放量回落到与 2001 年基本持平，工业废水化学需氧量和工业烟尘粉尘排放量降幅明显，前者超过一半，后者也降低了几乎 1/3。工业固体废弃物更是降低到不足 2001 年的 2%。显然环境成本的上升全部是源于工业废气排放总量的增加，2015 年工业废气排放总量比 2001 年增加了 332.16%。因此，可以看出环境成本的增加主要是由于工业废气排放总量的增加造成的。

表 5-4　　2001~2015 年中国环境总成本

年份	工业废水排放总量（亿吨）	工业废水化学需氧量（万吨）	工业废水氨氮去除量（万吨）	工业废气排放总量（亿立方米）	工业二氧化硫排放量（万吨）	工业烟尘粉尘排量（万吨）	工业固体废弃物排放总量（万吨）	环境总成本
2001	23.67	70.77	5.43	22061.79	191.26	291.27	550.71	23194.90
2002	24.19	68.03	6.18	24035.88	190.77	275.86	501.50	25102.41
2003	24.79	59.62	5.75	27279.25	218.81	295.17	369.37	28252.76
2004	25.82	59.38	7.44	32599.16	231.00	283.14	335.32	33541.26
2005	28.39	64.62	7.70	36890.75	264.83	294.02	314.90	37865.21
2006	28.05	63.08	8.82	45394.11	272.94	264.43	247.80	46279.22
2007	28.79	59.54	8.26	53236.00	261.36	232.32	227.74	54054.03
2008	28.22	51.81	4.56	55388.79	243.21	198.47	148.78	56063.84
2009	27.37	51.22	4.36	59804.63	227.88	178.30	135.21	60428.98
2010	27.73	50.65	4.35	71202.05	227.70	166.27	94.81	71773.56
2011	26.96	41.33	4.48	92506.52	246.36	174.01	82.46	93082.13
2012	25.87	39.43	4.21	87159.18	233.48	162.70	27.44	87652.31
2013	24.50	37.22	3.92	91800.49	224.13	173.02	24.61	92287.89
2014	23.98	36.27	3.69	95205.70	212.56	230.16	11.30	95723.66
2015	23.29	34.19	3.47	95342.85	190.12	194.83	10.62	95799.37

资料来源：笔者利用式（5.4）计算整理获得。

关于污染物排放指标的选取，本书与现有的文献存在不同，现有文献通常根据“主要污染物排放”统计来选取指标“工业二氧化硫排放总量”“工业烟尘排放总量”“工业粉尘排放总量”“工业化学需氧量排放总量”“工业氨氮排放总量”“工业固体废物排放总量”，在此基础上本书增加了工业废水排放总量和工业废气排放总量，并且认为总量指标和各分项指标在环境成本计算时并不存在重合。对于废水而言，即使在去除氨氮并且测出了化学需氧量将水中的有机污染物还原，已经排放了的废水并不能直接使用，所有的废水都还要经过过滤、净化等步骤才能真正实现循环利用，因此废水排放总量的指标不能被忽略。关于工业废气排放总量指标，我国最初的统计关注二氧化硫排放和烟尘粉尘的排放，不包含二氧化碳等温室气体的排放，二氧化碳从前不被认为是"主要污染物"。但是随着人民对全球气候变暖的日益重视和"碳关税"的提出，二氧化碳等温室气体的排放成了一个世界性问题，在全球经济发展和国际贸易中受到广泛关注。《中国环境统计年鉴》仅提供了2006年以后部分年份的二氧化碳排放量，而且数据年份不连续，只能提供个别年份的温室气体排放量①（百万吨二氧化碳排放当量），因此本研究选取了工业废气排放总量指标，这个指标能够在一定程度上衡量温室气体排放的情况。

5.1.2.4 贸易的环境成本

从污染物排放的角度重新计算贸易的环境成本，与式（5.1）类似。

$$EC_d = \frac{EXPORT}{GDP} \times EDIS = ratio \times EDIS \tag{5.5}$$

其中，EC_d 代表一国从污染物排放角度度量的贸易环境成本，$EXPORT$ 代表该国的出口总金额，GDP 代表国内生产总值，$EDIS$ 代表该国污染物排放标准化值。

根据式（5.1）从污染物排放的角度重新计算贸易的环境成本，计算结果如表5-5所示。

表5-5　2001~2015年中国出口贸易的环境成本（基于污染物排放）

年份	2001	2002	2003	2004	2005	2006	2007	2008
环境成本	4608.14	5557.95	7457.23	10177.67	12621.15	16293.40	18565.81	17443.79
年份	2009	2010	2011	2012	2013	2014	2015	
环境成本	14210.36	18562.33	23335.06	20977.69	21219.93	21389.51	19684.00	

资料来源：笔者根据式（5.5）计算整理获得。

将表5-1和表5-5的数据进行对比，分析其变化趋势，结果如图5-4所

① 《中国环境统计年鉴》中提供的各国温室气体排放量（百万吨二氧化碳当量）时间不同，其中中国的数据为1994年数据，与印度、越南等发展中国家年份一致，但是英国、法国、德国、意大利等欧盟国家和美国、日本为2008年数据，墨西哥为2002年数据，还有其他国家分别都是不同年份数据，因此没有进行国际比较。

示。通过对比可以发现：2001 ~ 2015 年能源消耗环境成本 EC_c 和污染物排放环境成本 EC_d 的变化趋势完全一致，都是在 2001 ~ 2007 年快速上升，2008 ~ 2009 年下降，2011 年回升到最高的水平之后开始保持基本平稳，2015 年开始出现明显下降。差别在于在 2009 ~ 2011 年前者的变化幅度更小而后者更大。造成这种现象的原因之一是文中选取能源消耗指标为全国一次性能源消耗百万吨原油当量，而污染物排放指标为工业排放，不包含居民生活排放。工业污染物排放量对经济增长和出口更加敏感，全球经济危机出口受阻时下降更快，2011 年经济高速增长时增加的幅度也更大。

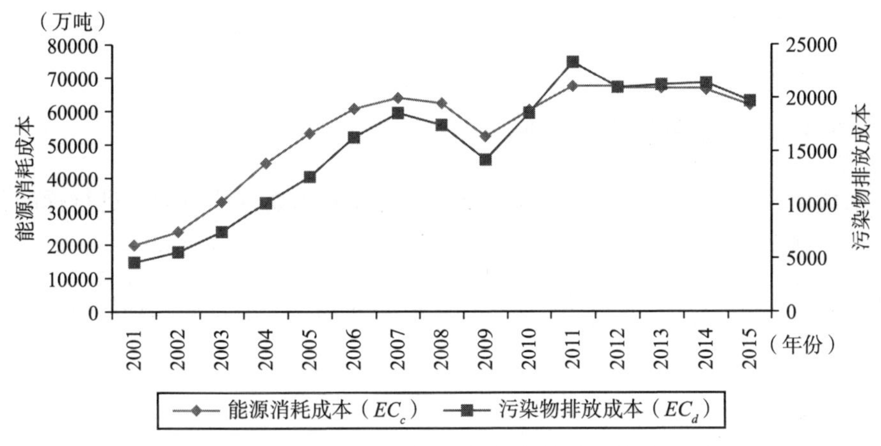

图 5 – 4　能源消耗环境成本和污染物排放环境成本对比

资料来源：世界银行数据库。

但是在 2009 年以前，基于污染物排放的环境成本 EC_d 相对更低；而 2012 年开始，EC_d 已经上升到不低于 EC_c 的水平，甚至还相对略高一些，污染物排放相对于能源消耗的水平在上升。这说明 2011 年以来如果排污技术没有降级的话，一定是工业品的产出和出口产品结构恶化，清洁行业的产出和出口比例相对降低，污染行业相对增加，在中国经济总量和发展水平已经达到了一定规模的情况下，这种结构上的降级是不应该出现的，这说明我国在“去产能调结构”方面的工作任重道远。

能源消耗环境成本 EC_c 曲线和污染物排放环境成本 EC_d 曲线的一致性也进一步说明污染物排放指标选取合适，尤其是工业废气排放总量指标的选用是合理的①。

5.1.3 贸易的总环境成本

基于能源消耗视角的环境成本体现了对外贸易中“不可再生能源的累积消耗”，受贸易规模的影响最明显，出口规模越大，贸易环境成本越大。基于污染物排放视角的贸易成本体现了“使用生态环境要素的机会成本”，它虽然与贸易的规模正相关，但受技术和贸易结构的影响更明显，对于同样的出口规模，节能减排更好的技术国家、出口更多“清洁”产品的国家，贸易环境成本越低。两者结合起来再次利用熵权法计算中国出口的总体环境成本。

5.1.3.1 数据标准化处理

根据表 5 - 1 和表 5 - 5 的计算结果，首先利用熵权法将数据进行标准化处理，这里仅给定了 2 个指标 X_1 和 X_2，假设对各指标数据标准化后为 Y_1 和 Y_2，那么 $Y_{ij}=\frac{X_{ij}-\min(X_i)}{\max(X_i)-\min(X_i)}$，令 $i=t$ 表示时间，标准化的环境成本矩阵如表 5 - 6 所示。

表 5 - 6　2001 ~ 2015 年两种计算方法的贸易环境成本数据标准化

年份	EC_c	EC_d
2001	0.000	0.000
2002	0.082	0.051
2003	0.273	0.152
2004	0.518	0.297
2005	0.704	0.428
2006	0.857	0.624

① 国内在现有的关于贸易环境效应的研究中大多不采用废气总量指标，涉及温室气体排放时单独采用二氧化碳排放指标，而本书的污染物排放数据时间范围在 2002 ~ 2015 年，前期二氧化碳排放数据缺失严重，因此采用了废气总量指标来反应温室气体的排放。

续表

年份	EC_c	EC_d
2007	0.927	0.745
2008	0.892	0.685
2009	0.684	0.513
2010	0.848	0.745
2011	1.000	1.000
2012	0.990	0.874
2013	0.987	0.887
2014	0.978	0.896
2015	0.881	0.805

资料来源：笔者计算整理获得。

5.1.3.2 求各指标的信息熵

利用式（5.3）计算信息熵，其中 $p_{ij} = Y_{ij} \Big/ \sum_{i=1}^{n} Y_{ij}$，计算结果见表 5－7。

表 5－7　　2001～2015 年计算信息熵的 p_{ij} 矩阵

年份	EC_c	EC_d
2001	0.000	0.000
2002	0.008	0.006
2003	0.026	0.017
2004	0.049	0.034
2005	0.066	0.049
2006	0.081	0.072
2007	0.087	0.086
2008	0.084	0.079
2009	0.064	0.059
2010	0.080	0.086

续表

年份	EC_c	EC_d
2011	0.094	0.115
2012	0.093	0.100
2013	0.093	0.102
2014	0.092	0.103
2015	0.083	0.093

资料来源：笔者计算整理获得。

利用表5-7的 p_{ij} 值根据式（5.3）$E_j = -\ln(n)^{-1}\sum_{i=1}^{n} p_{ij} \times \ln p_{ij}$ 进行计算，获得各指标的信息熵为：

$$E_j = \{0.942, 0.926\}$$

5.1.3.3 确定各指标权重

利用计算出的信息熵，根据式（5.4）$W_j = \dfrac{1 - E_j}{k - \sum E_j}$，$(j = 1, 2, \cdots, k)$ 计算各指标的权重，得到：$W_j = \{0.44, 0.56\}$。

5.1.3.4 贸易的总体环境成本计算结果

利用计算出的指标权重计算，把表5-1和表5-5的计算结果进行加权，得出2001~2015年中国出口贸易总环境成本如表5-8所示。

表5-8　2001~2015年中国出口贸易的总环境成本

年份	2001	2002	2003	2004	2005	2006	2007	2008
总环境成本	11327.30	13573.51	18638.54	25283.10	30551.03	35809.03	38548.56	37183.21
年份	2009	2010	2011	2012	2013	2014	2015	
总环境成本	31021.16	36887.36	42743.00	41205.39	41276.09	41184.56	38198.56	

资料来源：笔者计算整理获得。

把表 5 -1、表 5 -5 和表 5 -8 的数据显示在一张图上，我们可以看出贸易的总环境成本如图 5 -5 所示。2002 ~2015 年，中国出口的环境总成本大约可以分为四个阶段：第一个阶段是 2002 ~2007 年，环境成本上升速度比较快；第二个阶段是 2008 ~2011 年，由于受国际经济危机的影响，中国和全世界的出口都出现了下滑，贸易的环境成本呈 V 字形变化，在 2009 年触底后反弹，至 2011 年达到了最高；第三个阶段是 2012 ~2014 年，出口的环境成本基本保持平稳；第四个阶段是 2015 年，中国出口贸易的环境成本出现了明显的下降，2016 年基于能源消耗的环境成本也证明了这一点[①]。

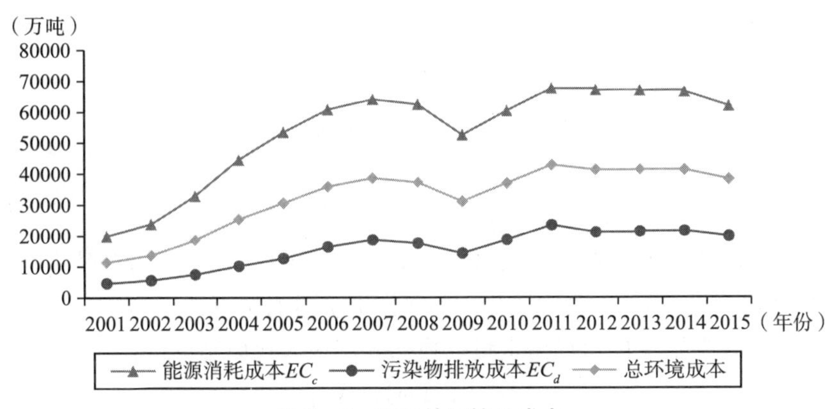

图 5 -5　贸易的环境总成本

资料来源：根据表 5 -1、表 5 -5、表 5 -8 数据整理获得。

5.2　中国环境成本对贸易的影响：基于企业微观层次的分析

根据本书第 2 章的文献综述表明：关于环境规制与出口关系的无定论、研究层次视角的缺乏微观性、排污费与出口关系的鲜见性等，为本书研究提供了空间。本节从出口企业的排污费视角研究贸易环境成本对贸易的影响。

① 由于缺乏 2016 年污染物排放数据，现有的数据统计指标与 2015 年之前的统计不一致，因此本书没有计算 2016 年基于污染物排放的环境成本。

首先将建立基本一般均衡模型，然后建立计量模型进行实证分析，最后验证排污费影响出口的机制，并进行小结。

5.2.1 理论模型与基本假设

将企业排污费引入开放型经济的一般均衡模型，分析它对企业出口行为产生的影响，为后续分析排污费影响出口的机理奠定基础。

5.2.1.1 消费者行为

假设中国设为 c，另一国为 j，国家 j 消费者效用函数 U_j 采用 CES 效用函数形式：

$$U_j = \{\int_{\omega \in \Omega_j} [q(\omega)]^{\rho} d\omega\}^{\frac{1}{\rho}} \tag{5.6}$$

$$\text{s. t.} \int_{\omega \in \Omega_j} p(\omega) q(\omega) d\omega = X_j \tag{5.7}$$

其中，X_j 为国家 j 消费者的总支出，$0<\rho<1$，$\sigma=1/(1-\rho)$ 为产品之间的不变替代弹性。设 $p_{cj}(\omega)$ 为中国出口到 j 国时 j 国消费者的支付价格，$q_{cj}(\omega)$ 为 j 国对中国产品 ω 的市场需求量。根据效用最大化原则可得：

$$q_{cj}(\omega) = p_{cj}(\omega)^{-\sigma} X_j p_j^{\sigma-1} \tag{5.8}$$

价格指数为：

$$P_j = \{\int_{\omega \in \Omega_j} [p(\omega)]^{1-\sigma} d\omega\}^{\frac{1}{(1-\sigma)}} \tag{5.9}$$

5.2.1.2 征收排污费情况下的生产者行为

参照梅利茨（Melitz，2003），假设中国所有企业在投入 f_e 单位劳动后才知道自己的生产效率 φ，每个企业都仅使用劳动生产一种异质产品 ω。生产企业的成本包括固定成本和可变成本，在征收企业排污费的条件下，可变成本不仅包括梅利茨（Melitz，2003）中的劳动投入，即生产每 1 个单位产量需要 $1/\varphi$ 个单位劳动投入，而且还包括政府征收企业的排污费。排污费所产生的成本用 ξ_c/φ 个单位的劳动投入表示。其中企业生产率 φ 是一个随机变量，服从分布函数 $G_c(\varphi)$，密度函数为 $g_i(\varphi)$。$\xi_c>0$，表示中国政府对中国企业征收排污费，ξ_c 值越大，表示中国环境规制越严格，生态成本越大，企业成本越大。如果中国企业选择出口到 j 国，那么还存在着 f_{cj} 单位劳动的出口固定成本和出口可变贸易成本。设假定出口可变贸易成本为“冰山型”的贸易成本 τ_{cj}，x_{cj} 为中国生产率为 φ 的企业出口到 j 国时的产量，则有 $x_{cj}=\tau_{cj}q_{cj}$。因此，得到中国出口企业生产 x_{cj} 产量的总成本为：

$$TC_{cj}[x_{cj}(\varphi)]=w_{c}f_{cj}+w_{c}[(1+\xi_{c})/\varphi]\tau_{cj}q_{cj} \tag{5.10}$$

当 $k_{c}=1+\xi_{c}$ 增加时，表示中国对本国企业征收排污费增加，环境规制增强。根据企业利润最大化原则可得，企业定价为：

$$p_{cj}(\varphi)=\tau_{cj}w_{c}k_{c}/\rho\varphi \tag{5.11}$$

由式（5.5）和式（5.6）可得，企业收益为：

$$r_{cj}(\varphi)=p_{cj}(\varphi)q_{cj}(\varphi)=(\tau_{cj}w_{c}k_{c}/\rho)^{1-\sigma}\varphi^{\sigma-1}X_{j}P_{j}^{\sigma-1} \tag{5.12}$$

利润为：

$$\pi_{cj}=r_{cj}(\varphi)-TC=r_{cj}(\varphi)/\sigma-w_{c}f_{cj} \tag{5.13}$$

其中，w_{c} 为中国工资率。由于存在固定成本 $w_{c}f_{cj}$，所以只有当生产率 φ 高于临界值 φ_{cj}^{*} 时，中国企业才会选择将产品销售到 j 国。根据式（5.13）可得临界值 φ_{cj}^{*} 满足：$r_{cj}(\varphi_{cj}^{*})/\sigma=w_{c}f_{cj}$，结合式（5.12）得到：

$$(\varphi_{cj}^{*})^{\sigma-1}=\sigma w_{c}f_{cj}/[(\tau_{cj}w_{c}k_{c}/\rho)^{1-\sigma}X_{j}P_{j}^{\sigma-1}] \tag{5.14}$$

如果仅在国内生产而不出口，$\tau_{cc}=1$，可得：

$$(\varphi_{cc}^{*})^{\sigma-1}=\sigma w_{c}f_{cc}/[(w_{c}k_{c}/\rho)^{1-\sigma}X_{c}P_{c}^{\sigma-1}] \tag{5.15}$$

5.2.1.3 长期均衡

长期均衡包括以下几个方面：

（1）零利润条件。给定中国企业进入市场的概率 $1-G_{c}(\varphi_{cc}^{*})$、生产企业净利润 $\overline{\pi}$ 和进入成本 $w_{c}f_{e}$，有：

$$[1-G_{c}(\varphi_{cc}^{*})]\overline{\pi}_{c}=w_{c}f_{e} \tag{5.16}$$

（2）劳动市场出清。给定中国进入企业数 M_{c}^{e}，在位生产企业数 $M_{c}=M_{c}^{e}[1-G_{c}(\varphi_{cc}^{*})]$，在位生产企业的平均劳动需求 $\bar{l}_{c}$，市场出清即进入企业和在位企业对劳动需求总和等于劳动供给 L_{c}：

$$\overline{L}_{c}=M_{c}^{e}f_{e}+M_{c}\bar{l}_{c} \tag{5.17}$$

（3）两国贸易平衡。两国总出口额相等，即 $R_{cj}=R_{jc}$，其中 $R_{cj}=M_{cj}\bar{r}_{cj}$，$\bar{r}_{cj}$ 为中国出口企业的平均收益，中国出口企业数为：

$$M_{cj}=M_c^e[1-G_c(\varphi_{cj}^*)] \tag{5.18}$$

5.2.1.4 征收排污费影响出口的机理分析

进一步假设中国企业生产率 φ 服从帕累托分布：$G_c(\varphi)=1-\varphi^{-\theta}b_c^\theta$，$\theta>1$，$\theta>\sigma-1$，$b_c>1$。

（1）征收排污费对国内临界生产率及出口生产率临界值的影响。

由式（5.15）可得：

$$\hat{\varphi}_{cc}^*=\hat{k}_c+\left(\frac{\sigma}{\sigma-1}\right)\hat{w}_c-\left(\frac{1}{\sigma-1}\right)\hat{X}_c-\hat{P}_c \tag{5.19}$$

其中，$\hat{k}_c=d\ln k_c$ 为 k_c 变化的百分比，其他变量类同。式（5.19）说明 $\hat{k}_c$ 会直接影响 $\hat{\varphi}_{cc}^*$，不仅如此，它还会通过 $\hat{w}_c$、$\hat{X}_c$、$\hat{P}_c$ 影响 $\hat{\varphi}_{cc}^*$。根据杨曦、彭水军（2017），$\hat{k}_c$ 影响 $\hat{w}_c$ 的机制可通过下式表示：

$$\hat{w}_c=\frac{\theta(1-\sigma)[\alpha_c\sigma+\alpha_j(\alpha_c+\sigma(1-\alpha_c))]}{\zeta\alpha_c\alpha_j}\hat{k}_c \tag{5.20}$$

其中，$\zeta>0$，说明 $\hat{k}_c$ 的系数为负。中国国内产品价格指数 P_{cc} 取决于生产企业数 M_c、生产企业平均价格 $\bar{p}_{cc}=w_ck_c/\rho\,\bar{\varphi}_{cc}$ 以及生产企业平均生产率 $\bar{\varphi}_{cc}=(1+\eta)^{1/(1-\sigma)}\varphi_{cc}^*$，

P_{cc} 的变动表达式 $\hat{P}_{cc}$ 可表示为：

$$\hat{P}_{cc}=\left(\frac{1}{1-\sigma}\right)\left\{\frac{\sigma\theta-\sigma+1}{1-\sigma}\hat{w}_c-\theta\hat{k}_c+\frac{\theta-\sigma+1}{\sigma-1}[\hat{X}_c+(\sigma-1)]\hat{P}_c\right\} \tag{5.21}$$

根据中国本国支出比例 $\lambda_c=X_{cc}/X_c$，将 P_c 表示为 P_{cc} 和 λ_c 的函数，$P_c=P_{cc}\lambda_c^{1/(1-\sigma)}$，有：

$$\hat{P}_c=\hat{P}_{cc}+\hat{\lambda}_{cc}/(1-\sigma) \tag{5.22}$$

其中 P_{cc} 由式（5.21）给出。所以，$\hat{k}_c$ 影响 $\hat{P}_c$ 的机制可通过式（5.21）、式（5.22）表示。

$\hat{k}_c$ 影响中国总支出 $\hat{X}_c$ 的机制由长期均衡时的两国贸易平衡得到：

$$\hat{X}_c=\sum_{n=c、j}\lambda_{nc}(\hat{M}_n+\hat{m}_{nc}+\hat{w}_n) \tag{5.23}$$

设 $\lambda_{jc}=X_{jc}/X_c$ 为中国用于 j 国产品的支出比例，λ_{cc} 为中国用于中国产品的支出比例，m_{jc} 为 j 国销售到中国的企业占 j 国企业的比例。

由式（5.19）、式（5.20）、式（5.21）、式（5.23）进一步得到中国 k_c

变化影响国内临界生产率 $\hat{\varphi}_{cc}^*$ 变化的表达式：

$$\hat{\varphi}_{cc}^* = \frac{(\sigma-1)(1-\alpha_c)(\alpha_j+\sigma(1-\alpha_j))}{\zeta\alpha_c\alpha_j}\hat{k}_c \tag{5.24}$$

其中，α_c 为中国企业本国收益占总收益的比例，$0<\alpha_c\leqslant 1$，α_j 类似。可以看出式（5.24）中 $\hat{k}_c$ 的系数为正，说明增加征收排污费强度 k_c，使得 $\hat{\varphi}_{cc}^*>0$，国内生产临界率 $\hat{\varphi}_{cc}^*$ 上升，进入企业生存概率降低，生产企业数减少；当国内生产临界率 $\hat{\varphi}_{cc}^*$ 上升到一定程度时，进入企业生存概率为零，生产企业数为零，该行业的全部企业退出市场。

由长期均衡的零利润条件式（5.16）可得：

$$\hat{\varphi}_{cj}^* = -\frac{\alpha_c}{1-\alpha_c}\hat{\varphi}_{cc}^* \tag{5.25}$$

式（5.25）的 $\hat{\varphi}_{cc}^*$ 系数为负，说明 $\hat{\varphi}_{cc}^*$ 与 $\hat{\varphi}_{cj}^*$ 变化方向相反。因此，增加征收排污费强度 k_c，使得企业国内生产临界率 φ_{cc}^* 上升，出口生产临界率 φ_{cj}^* 下降，出口竞争力增强。

另一方面，现实情况是：当征收排污费强度 k_c 增加到一定程度时，φ_{cc}^* 充分大使得进入企业生存概率为零，也就是说环境规制太严格，以至于没有企业能够达标而不得不停止经营。此时，没有生产企业面向国内市场和出口市场进行经营。

（2）征收排污费对出口企业数目的影响。

由劳动市场出清的条件可得出清时进入企业数 M_c^e 为：

$$M_c^e = \frac{\sigma-1}{\sigma\theta}\times\frac{L_c}{f_e} \tag{5.26}$$

因此，进入的企业数 M_c^e 只受 θ、σ、L_c、f_e，而不受征收排污费变量 k_c 的影响。

依据式（5.24），k_c 上升会带来 φ_{cc}^* 上升，$M_c=M_c^e[1-G_c(\varphi_{cc}^*)]=M_c^e(\varphi_{cc}^*)^{-\theta}b_c^\theta$，所以中国生产企业数 M_c 下降。依据式（5.25），上升 k_c 会带来 φ_{cj}^* 的下降，并且 $M_{cj}=M_c^e[1-G_c(\varphi_{cj}^*)]=M_c^e(\varphi_{cj}^*)^{-\theta}b_c^\theta$，所以中国出口企业数目 M_{cj} 上升，即中国出口的扩展边际上升。

如前所述，征收排污费过高也可能使得出口的扩展边际下降。

根据经济学基本原理，征收企业排污费使企业生产的外部成本内部化，增加企业的生产经营成本，不利于出口。而波特假说认为，设计合理的环境规制标准（征收企业排污费）能够激发企业创新，从而可以部分甚至全部抵消环境规制成本，即征收企业排污费（Porter and Linde，1995）。“合理”说明变量取值是某个范围。这就是说，无论是异质性企业贸易理论还是传统的经济理论及管理理论，不同强度的征收排污费对出口的影响方向不同，对出口集约与扩展边际影响也是如此，因此提出如下基本假设：

假设3：排污费对企业出口金额的关系呈U形，企业出口金额随着排污费增加先下降后上升。

假设4：排污费对企业出口扩展边际和集约边际的影响呈U形，企业出口扩展边际和集约边际随着排污费增加先下降后上升。

假设5：排污费对企业出口产品质量的影响呈U形，企业出口金额随着排污费增加先下降后上升。

5.2.2 计量模型、指标与数据

上一部分理论说明了排污费强度对企业出口企业竞争力和二元边际的影响，这一部分对此进行经验研究。

5.2.2.1 全要素生产率

计算全要素生产率最常用的方法有三类：一是增长核算法，这也是目前使用最多的方法；二是指数法；三是生产前沿面法，该方法由于容易收到异常值的影响很少被采用。在增长核算法主要包括OP方法和LP方法。OP方法是1996年由奥利（Olley）和帕克斯（Pakes）首先提出的，但是由于在对“索洛剩余”的估计中容易产生同步偏差和企业样本的选择偏差，许多学者提出了改进方法，例如，余淼杰（2010）在OP半参数方法中嵌入了企业生存概率模型，梅利茨（Melitz，2015）模型将存活企业的贡献分解为两个部分，表现为企业生产率分布的改变和企业市场占有份额的再分配，以此来纠正由企业进入和退出产生的偏差。LP法（Levinsohn and Petrin，2003）在OP方法的基础上利用中间品的投入代替投资来计算企业的全要素生产率。无论是OP方法还是LP方法，都要求观测数据在时间上是连续的，通常采用面板数据，通过观测值的动态变化来计算企业全要素生产率。然而由于本书采用的是11159家企业在2004年生产和出口的截面数据，通过OP方法或者LP方法计算每家企业全要素生产率难以实现。因此本书借鉴赫德和莱斯（Head and Ries，2001）的方法计算企业的近似全要素生产率（approximate TFP，ATFP），具体公式如下：

$$ATFP = \ln\frac{Q}{L} + s\ln\frac{K}{L} \tag{5.27}$$

其中：Q 为产出，在《中国工业企业数据库》对应的指标为工业总产值；L 为劳动投入，对应的指标为从业人员总数；K 为资本投入，对应的指标为总资产；s 表示生产函数中资本的贡献度，其取值范围在 0 ~ 1 之间；沿用霍尔、琼斯（Hall and Jones，1999），取 $s = 1/3$。

5.2.2.2　计量模型与数据指标

（1）计量模型。

根据本书的理论分析，同时考虑到以出口企业为样本考察排污费的影响可能存在样本的自我选择问题，而 Heckman 模型是解决样本自我选择问题最常用的方法（张杰、郑文平，2015）。因此基于两步法框架，本书构建了如下回归方程：

$$\ln Export_i = \beta_0 + \beta_1 ex_{2003} + \beta_2 \ln atfp_i + \beta_3 \ln feeper_i + \beta_4 \ln^2 feeper_i + \beta_z Z_i + \varepsilon_i \tag{5.28}$$

其中，$Export_i$ 表示企业 i 的出口；ex_{2003} 是虚拟变量，表示企业在 2003 年出口交货值为 0，该变量取值为 0，否则为 1；$atfp_i$ 是企业 i 的近似全要素生产率；$feeper_i$ 是企业 i 的单位排污强度或征收排污费强度，之所以用单位征收排污费强度而不用绝对排污费，是为了去规模化处理；Z 是企业层面的一系列控制变量。引入征收排污费强度平方项 $\ln^2 feeper_i$ 是为了检验排污费对出口是否存在 U 形或倒 U 形的非线性影响。

（2）数据指标。

本书数据的主要来源于 2003 年和 2004 年《中国工业企业数据库》和 2004 年《中国海关数据》。首先在 2004 年《中国工业企业数据库》中筛选排污费不为 0 的企业，根据公司名称与 2003 年《中国工业企业数据库》进行对接，获得 53273 家企业的相关信息。再将 2004 年《中国工业企业数据库》中排污费不为 0 的企业按照名称与《2004 年中国海关数据》的数据进行对接，然后根据公司名称、贸易方式和目的国对出口的数量和金额进行汇总，获得

11159 家企业的 894123 条贸易信息，按照企业代码进行汇总，涵盖 6 种所有制企业 12 种贸易方式下对 217 个贸易伙伴国家（地区）的出口数据。

本书主要采取的变量有核心变量和控制变量两类。核心变量包括：①企业出口表现指标：分别以出口金额 $Exvalue_i$ 和出口数量 $Exquan_i$ 两种方法来衡量，数据来源于《2004 年中国海关数据库》；②征收企业排污费强度 *feeper*。《2004 年中国工业企业数据库》中提供了企业所缴纳排污费金额的数据。本文采用了三个指标衡量企业缴纳排污费的强度：第一个是企业单位产值排污费 $feeperv_i$，用排污费除以企业当年的工业产值来计算，实质是把排污费作为一种从价税来征收，以从价税的形式征收环境税是近年来学者们提倡的征收方法，在资源行业已经开始被采用并逐步推行；第二个是企业单位产量排污费 $feeperq_i$，用排污费除以企业当年的产品数量来计算，实质是把排污费作为一种从量税来征收，这是排污费理论上的征收方法和最初的征收设计方案；第三个是企业单位规模排污费 $feeperr_i$，用排污费除以企业当年总营业收入来计算，根据企业规模征收排污费是早期排污费征收过程中经常采用的一种简化的征收方法，实质是按照企业生产规模征收排污费。

控制变量包括虚拟变量和连续变量两类。第一类是虚拟变量：①企业所在行业的性质（*industryid*）。不同行业排污费的征收标准和计算方法存在差异，比如同样是排放污水，有色金属行业污水的污染当量值最高为 0.02，远远低于化工行业含苯胺和硝基苯污水的当量值 0.2；纺织行业的污染当量值不固定，与污水的 pH 值和色度有关，因此需要控制企业所在的行业。2003 年和 2004 年《中国工业企业数据库》中提供了企业所在行业的 4 位代码，本研究选取其中前 2 位，生成了 35 个行业虚拟变量。②企业所在省份（*province*）。一方面，不同省份的外贸发展程度不同。由于中国独特的改革开放进程，通常东部沿海省份和各直辖市的对外贸易起步更早，贸易便利化措施相对中西部省份更加完善，这将从整体上降低所有企业出口的贸易经济成本。另一方面，不同省份对于环境规制的执行力度存在差异。北京、上海等直辖市可能会相对规范，而中西部地区在招商引资过程中可能存在环境规制执行力度不足的情况。因此，根据 2003 年和 2004 年《中国工业企业数据库》中提供了企业电话号码，提取区号的第二位和第三位，根据区号归属地对企业所在的省份进行了区分。③企业的所有制性质（*ownerships*）。不同所有制的企业在出口行为上存在差异，通常跨国公司在中国设立的外商独资和中外合资企业的出口倾向更高。因此将企业性质分为国有企业、集体企业、私营企业、外商独资企业、中外合资企业和中外合作企业，数据来源于《2004 年中国海关数据》。④企业前一期出口状况（ex_{2003}）。由于企业的行为出口存在门槛效应、学习效应和连续性等特点，企业上一期是否出口对本期出口将产生重要影响。因此将 2003 年《中国工业企业数据库》与 2004 年数据进行合并，找出 2004 年缴纳排污费企业在 2003 年的出口状态。

第二类控制变量是连续变量。包括：①企业规模。根据《大中小微企业划分标准》（2011 年），除了租赁和商务服务业、农林牧渔业等产业之外，其他所有行业包括工业、批发零售等都是采用从业人员（$employee_i$）和营业收入（$allrevenue_i$）两个指标作为企业规模的判定依据。因此本书采用这两个指标作为企业规模的控制变量，数据来源于《中国工业企业数据库》。②企业当期全要素生产率（*atfp*）。利用 2004 年《中国工业企业数据库》提供的数据根据式（5.27）进行计算。③企业上一期的固定投资（*invest*2003）。企业 2003 年对于排污设施的投资将影响其在 2004 年缴纳排污费的金额，数据来自 2003 年《中国工业企业数据库》。④企业上一期的管理费（*adminfee*2003）。在 2003 年《中国工业企业数据库》中，并没有关于研发费用的专门统计，通常研发费用被计入企业管理费，而研发有助于降低企业的管理费，因此选取 2003 年的管理费指标进行控制。

本书采用的数据是企业层面数据，因此以企业为单位对相关变量进行了统计，如表 5-9 所示。

表 5-9　出口排污企业的所有制性质统计

所有制	国有企业	集体企业	私营企业	外商独资企业	中外合资企业	中外合作企业	合计
企业数量（家）	1152	966	2559	3240	2746	496	11159
百分比（%）	10.32	8.66	22.93	29.03	24.61	4.44	100

资料来源：笔者利用 Stata 软件统计获得。

首先，从企业的所有制性质看，在所有缴纳排污费的出口企业中，外商独资企业、中外合资企业和中外合作企业加起来占到了全部企业的 58.08%

(29.03% +24.61% +4.44%)，涉外企业占出口企业的大部分。

其次，从出口排污企业的行业分布来看，根据我国《国民经济行业分类》(GB/T 4754—2002)，除了“(46) 水的生产和供应业”之外，其他行业都有出口企业缴纳排污费（如表5 -10 所示)，其中“(17) 纺织业”缴纳排污费的企业最多，达到1324 家，占全部企业的11.86%，其次是“ (26) 化学原料及化学制品制造业”904 家出口企业缴纳排污费，占总量的8.10%。而“ (08) 黑色金属矿采选业”和“ (45) 燃气生产和供应业”分别只有1 家出口企业缴纳排污费。

表5 -10　　　　出口排污企业的行业性质统计

行业名称	企业数量（家）	占比（%）	行业名称	企业数量（家）	占比（%）
06 煤炭开采和洗选业	4	0.04	27 医药制造业	285	2.55
07 石油和天然气开采业	5	0.04	28 化学纤维制造业	52	0.47
08 黑色金属矿采选业	1	0.01	29 橡胶制品业	187	1.68
09 有色金属矿采选业	5	0.04	30 塑料制品业	468	4.19
10 非金属矿采选业	42	0.38	31 非金属矿物制品业	548	4.91
13 农副食品加工业	534	4.79	32 黑色金属冶炼及压延加工业	134	1.20
14 食品制造业	280	2.51	33 有色金属冶炼及压延加工业	171	1.53
15 饮料制造业	82	0.73	34 金属制品业	569	5.10
17 纺织业	1324	11.87	35 通常设备制造业	685	6.14
18 纺织服装、鞋、帽制造业	758	6.79	36 专用设备制造业	299	2.68
19 皮革、毛皮、羽毛（绒）及其制品业	5.85	5.35	37 交通运输设备制造业	356	3.19
20 木材加工及木、竹、藤、棕、草制品业	175	1. 57	39 电气机械及器材制造业	647	5.80
21 家具制造业	211	1.89	40 通信设备、计算机及其他电子设备制造业	649	5.82

续表

行业名称	企业数量（家）	占比（%）	行业名称	企业数量（家）	占比（%）
22 造纸及纸制品业	144	1. 29	41 仪器仪表及文化、办公用机械制造业	228	2. 04
23 印刷业和记录媒介的复制	75	0. 67	42 工艺品及其他制造业	383	3. 43
24 文教体育用品制造业	337	3. 02	44 电力、热力的生产和供应业	3	0. 03
25 石油加工、炼焦及核燃料加工业	14	0. 13	45 燃气生产和供应业	1	0. 01
26 化学原料及化学制品制造业	904	8. 10	总计	11157	100

资料来源：笔者利用 Stata 软件统计获得。

最后，将计算企业全要素生产率 *TFP* 以及计量模型回归中所需要用到的各变量指标进行了统计，如表 5 – 11 所示。

表 5 – 11　　变量统计说明

变量	含义	样本量	均值	标准差
ln*exvalue*	出口总金额	11159	14. 062	1. 951
ln*exquan*	出口产品总数量	11159	12. 959	2. 671
ln*extensive*	出口扩展边际	11159	3. 545	1. 384
ln*intensive*	出口集约边际	11159	– 1. 979	0. 813
ln*price*	出口价格	11159	1. 102	1. 907
ex_{2003}	2003 年是否出口	53273	0. 339	0. 473
ln*feeperv*	单位产值排污费	53178	0. 003	0. 086
$\ln^2 feeperv$	单位产值排污费的二次项	53178	0. 007	1. 172
ln*feeperq*	单位产量排污费	44996	0. 079	0. 295
$\ln^2 feeperq$	单位产量排污费的二次项	44996	0. 094	2. 907
ln*feeperr*	单位规模排污费	53260	0. 002	0. 037
$\ln^2 feeperr$	单位规模排污费的二次项	53260	0. 001	0. 116
ln*invest*	企业长期投资	50525	2. 077	3. 599

续表

变量	含义	样本量	均值	标准差
ln*invest*2003	2003 年的固定投资	53273	8. 537	2. 693
ln*adminfee*	包含研发经费的管理费	50514	7. 432	1. 563
ln*adminfee*2003	2003 年的管理费	53270	6. 832	2. 292
ln*atfp*	近似全要素生产率	53273	1. 873	0. 262
ln*allrevenue*	营业收入	53261	10. 439	1. 396
ln*employee*	从业人员数	53273	5. 258	1. 189

资料来源：笔者根据 Stata 软件运行结果整理获得。

需要说明的是，由于企业单位规模排污费的数值均以小于 1，取对数后均为负值。因此，借鉴芬斯特拉（Feenstra，2016）与钱学锋、熊平（2010），企业的单位产值排污费以 $\ln(1+feeperv_i)$ 进入计量模型，对于单位产量排污费 $\ln feeperq_i$ 和单位规模排污费 $\ln feeperr_i$ 也是采取同样的处理方式。

图 5 -6 为企业出口金额、出口数量以及缴纳排污费金额的核密度。从图 5 -6 可以看出，企业的出口金额和出口数量都近似呈正态分布，出口金额的峰值比出口数量的峰值略高；企业缴纳排污费金额的概率密度分布接近左侧截尾的正态分布，峰值与出口金额的峰值相近，但是排污费数学期望值明显低于出口金额和出口数量。

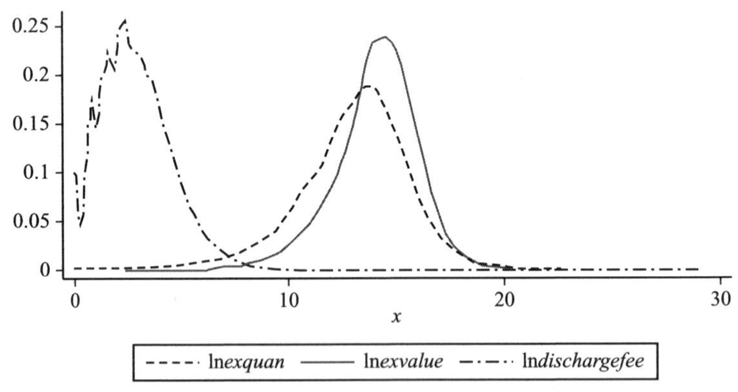

图 5 -6　企业出口额、出口数量以及排污费的核密度

5.2.3 实证结果与分析

5.2.3.1 排污费对出口总金额的影响

对基本计量模型式（5.28）进行回归，这里首先采用企业出口金额这个指标衡量企业的出口额表现，回归结果如表 5－12 所示。

表 5－12　单位排污费强度对企业出口总金额（ln*exvalue*）的影响（Heckman 两步法）

变量	ln*exvalue*					
	(1)	(2)	(3)	(4)	(5)	(6)
ex_{2003}	2.438*** (0.023)	2.438*** (0.023)	2.424*** (0.023)	2.424*** (0.023)	2.438*** (0.023)	2.438*** (0.023)
ln*feeperv*	－0.022* (0.012)	0.204*** (0.072)				
$\ln^2 feeperv$		0.014*** (0.005)				
ln*feeperq*			0.049*** (0.009)	0.012 (0.025)		
$\ln^2 feeperq$				－0.004 (0.003)		
ln*feeperr*					－0.033*** (0.012)	0.174** (0.073)
$\ln^2 feeperr$						0.013*** (0.005)
ln*tfp*	2.597*** (0.103)	2.571*** (0.103)	3.005*** (0.110)	3.017*** (0.110)	2.573*** (0.102)	2.544*** (0.103)
ln*employee*	0.785*** (0.019)	0.779*** (0.019)	0.812*** (0.020)	0.814*** (0.020)	0.782*** (0.019)	0.776*** (0.019)

续表

变量	lnexvalue					
	(1)	(2)	(3)	(4)	(5)	(6)
lninvest2003	-0.102*** (0.016)	-0.099*** (0.016)	-0.100*** (0.017)	-0.101*** (0.017)	-0.100*** (0.016)	-0.098*** (0.016)
lnadminfee2003	-0.056*** (0.019)	-0.056*** (0.019)	-0.086*** (0.020)	-0.086*** (0.020)	-0.056*** (0.019)	-0.056*** (0.019)
行业	控制	控制	控制	控制	控制	控制
省份	控制	控制	控制	控制	控制	控制
常数项	-0.414 (0.851)	0.536 (0.902)	-0.723 (0.863)	-0.825 (0.866)	-0.452 (0.851)	0.432 (0.905)
lambda	-18.84*** (0.030)	-18.85*** (0.030)	-18.10*** (0.032)	-18.09*** (0.032)	-18.82*** (0.030)	-18.82*** (0.030)
Wald chi2	3628.15	3641.29	3203.94	3205.12	3634.34	3645.07
Prob > chi2	0.000	0.000	0.000	0.000	0.000	0.000
截尾样本	33841	33841	33841	33841	33841	33841
未截尾样本	11155	11153	9587	9581	11155	11155
总样本	44996	44996	43428	43422	44996	44996

注：括号内为标准误；***、**、*分别代表 p 值小于 0.01、0.05、0.1。

从表 5-12 可以看出，不同单位排污费强度指标对出口总额的影响不同。其中第（1）列和第（2）列、第（3）列和第（4）列、第（5）列和第（6）列是分别以单位产值排污费强度 $feeperv_i$ 单位产量排污费 $feeperq_i$ 和单位规模排污费度 $feeperr_i$ 作为排污费征收强度的代理变量，第（1）列、第（3）列和第（5）列分别是不同度量方法企业承受的排污费强度与企业出口总额进行的一次线性回归，第（2）列、第（4）列和第（6）列分别是相应的二次非线性回归。第（1）列、第（2）列、第（5）列和第（6）列回归结果显示：企业单位产值排污费 $feeperv_i$ 和单位规模排污费 $feeperr_i$ 与出口金额存在正 U 形关系，且样本数据大多位于正 U 形曲线的左侧，出口金额随着单位排污费强度的增加而下降，但是当排污费强度进一步上升时，出口金额将会增加。

第（3）列和第（4）列回归结果显示：线性回归结果的一次项系数显著为正，说明企业单位产量排污费与出口额是递增关系，二次的非线性回归结果不显著性。假设 3 部分得到证实。

单位产值和单位规模排污费对出口金额的影响呈正 U 形，这与波特假设和本书的假设 3 一致，但是单位产量排污费与出口金额完全正相关，并没有出现拐点。为什么单位产量排污费缴纳的越多企业反而出口额越多？主要有两种可能性：第一，2003 年 1 月公布的《排污费征收使用管理条例》引发的政策效果。由于环境规制的加强，一部分生产高污染产品的企业会退出市场，另外大部分企业也不得不进行技术改造和产品升级。如果机器设备将停止使用，企业会在停用之前尽可能大量生产并且低价销售产品，消耗完所有的原材料库存，并且最大限度地发挥设备的价值。这就导致了单位产量排污费越高出口金额越多。第二，加入世界贸易组织的制度红利效应。由于本书采用的数据是 2004 年中国工业企业数据，众所周知，中国于 2001 年 12 月加入世界贸易组织，由国际市场开放带来的改革红利使得中国商品出口年增长率在 2002 ~2007 年连续 5 年维持在 20% 以上，其中 2004 年更是高达 35.32%。企业面对巨大的市场机遇，通常会尽可能多地出口产品，力争占领国际目标市场，排污费不是企业的首要考量因素。单位产量排污费与出口金额正相关，这并不是两者呈正 U 形关系在曲线右侧上升阶段导致的，做出这样的判断是基于下文对企业出口金额和产品的回归结果。

各控制变量的回归结果：体现企业异质性的近似全要素生产率与企业的出口总额正相关，近似全要素生产率越高企业的出口额越多，这与梅利茨（Melitz，2003）的观点是一致的，也与本书式（5.25）的逻辑一致；以从业人数指标衡量的企业规模越大，出口总额越多。企业上一期的固定资产投资 *invest*2003 和研发费用 *adminfee*2003 均与当前出口金额负相关，表现为“挤出”效应，或者企业处于转型期。

5.2.3.2 排污费对出口总数量的影响

表 5 -13 反映了单位排污费对企业出口产品总数量的影响，其中第（1）列、第（3）列和第（5）列的一次线性回归，第（2）列、第（4）列和第（6）列的还是相应的二次回归。从回归结果可以看出，单位产值排污费 $feeperv_i$、单位产量排污费 $feeperq_i$ 和单位规模排污费 $feeperr_i$ 与企业出口数量正相关，二

次回归结果均不显著，假设 3 关于企业排污费与出口数量的关系没有得到证实。

表 5－13　单位排污费强度对企业出口产品总数量（ln*exquan*）的影响（Heckman 两步法）

变量	ln*exquan*					
	(1)	(2)	(3)	(4)	(5)	(6)
ex_{2003}	2.438*** (0.023)	2.438*** (0.023)	2.424*** (0.023)	2.424*** (0.023)	2.438*** (0.023)	2.438*** (0.023)
ln*feeperv*	0.050*** (0.016)	－0.034 (0.102)				
$\ln^2$*feeperv*		－0.005 (0.006)				
ln*feeperq*			0.114*** (0.012)	－0.033 (0.036)		
$\ln^2$*feeperq*				－0.017*** (0.004)		
ln*feeperr*					0.039** (0.016)	－0.054 (0.104)
$\ln^2$*feeperr*						－0.006 (0.006)
ln*tfp*	1.817*** (0.145)	1.827*** (0.146)	2.030*** (0.153)	2.074*** (0.153)	1.781*** (0.145)	1.794*** (0.145)
ln*employee*	0.728*** (0.026)	0.730*** (0.026)	0.741*** (0.028)	0.750*** (0.028)	0.724*** (0.026)	0.727*** (0.026)
ln*invest*2003	0.076*** (0.023)	0.075*** (0.023)	0.099*** (0.024)	0.093*** (0.024)	0.077*** (0.023)	0.077*** (0.023)
ln*adminfee*2003	－0.205*** (0.026)	－0.205*** (0.026)	－0.244*** (0.029)	－0.242*** (0.029)	－0.204*** (0.026)	－0.204*** (0.026)
行业	控制	控制	控制	控制	控制	控制
省份	控制	控制	控制	控制	控制	控制

续表

变量	ln*exquan*					
	(1)	(2)	(3)	(4)	(5)	(6)
常数项	1.142 (1.210)	0.789 (1.282)	0.810 (1.211)	0.395 (1.213)	1.150 (1.210)	0.750 (1.287)
lambda	-14.31*** (0.043)	-14.32*** (0.043)	-13.83*** (0.045)	-13.81*** (0.045)	-14.31*** (0.043)	-14.31*** (0.043)
Wald chi2	3004.26	3005.14	2711.86	2735.28	2999.80	3000.86
Prob > chi2	0.0000	0.0000	0.0000	0.0000	0.0000	0.0000
截尾样本	33841	33841	33841	33841	33841	33841
未截尾样本	11155	11155	9587	9587	11154	11154
总样本	44996	44996	43428	43428	44995	44995

注：括号内为标准误；***、**、*分别代表 p 值小于 0.01、0.05、0.1。

各控制变量的回归结果：企业上一年度出口对本年度无论是出口金额还是出口数量都有促进作用。企业近似全要素生产率与企业产品出口额正相关，以从业人数指标衡量的企业规模与产品出口额正相关，规模越大的企业出口额越多。但是与表 5-12 不同的是，企业上一年的固定资产投资 *invest*2003 与出口产品数量正相关。其原因是：2003 年企业固定资产投资的增加包含了排污设施力度投资的增加，使得 2004 年缴纳排污费减少、成本降低、出口数量增加，而成本下降导致的产品价格下降幅度更大，使得出口额减少。企业上一年的研发费用 *adminfee*2003 与出口金额和出口数量均为负相关，造成这种现象的原因可能是一方面研发费用“挤出”了生产投入，另一方面企业处于产品升级换代的转型时期，旧产品的产量下降而新产品的市场还没有打开。

5.2.3.3 排污费对出口二元边际的影响

表 5-12 和表 5-13 显示了环境规制对企业出口总量的影响，接下来为了进一步深入理解环境规制对贸易的影响，进一步考察贸易结构的变化，分析环境规制对贸易二元边际的影响。

(1) 对扩展边际 (extensive margin) 的影响。

依据前文的理论基础分析，排污费对贸易边际影响的计量模型构建如下：

$$\ln extensive = \lambda_0 + \lambda_1 ex_{2003} + \lambda_2 \ln feeper_i + \lambda_3 \ln^2 feeper_i + \lambda_z Z_i + \varepsilon_i \quad (5.29)$$

其中，$extensive_i = \sum_j \sum_p export_{ijp}$，表示企业 i 向所有贸易伙伴 j 出口产品 p 种类（HS-8 代码）的总和。

对于贸易扩展边际和集约边际最早给出明确表达式的是汉梅尔斯、克莱诺（Hummels and Klenow，2005），根据他们的定义，中国出口到某国扩展边际定义为“中国与世界出口到某国重叠商品贸易量占世界总贸易量的比重”，集约边际表示“在重合商品出口量中中国出口占世界总出口的比重”，两者相乘即为中国口占世界总出口的比重。施炳展（2010）也使用了这种定义方法对贸易增长进行了三元边际分解。这是从国家层面计算的。而本书重点考察的是排污费对企业贸易边际的影响，因此采用施炳展（2016）的做法，将扩展边际定义为：“企业对贸易伙伴的出口商品种类。”样本数据包含 11159 家企业对 217 个贸易伙伴的 894123 条 HS-8 产品贸易记录，企业的扩展边际平均为 80.10，最小为 1，最大为 5144。

表 5-14 显示的是企业排污强度与出口扩展边际之间的关系。第（1）列、第（2）列和第（4）列分别显示总排污费、单位产值排污费和单位规模排污费对企业出口扩展边际的影响不显著；第（3）列显示单位产量排污费与企业出口扩展边际的正相关，产量排污费越高，企业的出口扩展边际越大；分别对第（1）列、第（2）列、第（3）列、第（4）列加入了二次项进行回归，但是结果均不显著。

表 5-14　企业缴纳排污费强度对出口扩展边际（ln*extensive*）的影响（Heckman 两步法）

变量	ln*extensive*			
	(1)	(2)	(3)	(4)
ex_{2003}	2.440*** (0.023)	2.440*** (0.023)	2.427*** (0.023)	2.440*** (0.023)
ln*dischargefee*	0.011 (0.008)			

续表

变量	lnextensive			
	(1)	(2)	(3)	(4)
ln*feeperv*		-0.002 (0.008)		
ln*feeperq*			0.032*** (0.006)	
ln*feeperr*				-0.008 (0.008)
ln*tfp*	1.075*** (0.073)	1.089*** (0.076)	1.271*** (0.081)	1.073*** (0.075)
ln*employee*	0.597*** (0.071)	0.599*** (0.071)	0.680*** (0.078)	0.598*** (0.071)
$\ln^2$*employee*	-0.014** (0.006)	-0.013** (0.006)	-0.019*** (0.007)	-0.013** (0.006)
ln*invest*2003	-0.090*** (0.011)	-0.090*** (0.012)	-0.089*** (0.013)	-0.089*** (0.012)
ln*adminfee*2003	0.061*** (0.014)	0.060*** (0.014)	0.045*** (0.015)	0.060*** (0.014)
07. 石油和天然气开采业	2.225*** (0.799)	2.204*** (0.799)	2.211*** (0.806)	2.193*** (0.799)
08. 黑色金属矿采选业	1.947 (1.311)	1.950 (1.311)	1.853 (1.325)	1.946 (1.311)
09. 有色金属矿采选业	3.269*** (0.808)	3.267*** (0.808)	3.494*** (0.858)	3.260*** (0.808)
10. 非金属矿采选业	3.172*** (0.640)	3.174*** (0.640)	3.051*** (0.649)	3.172*** (0.640)
13. 农副食品加工业	3.373*** (0.616)	3.371*** (0.617)	3.259*** (0.625)	3.367*** (0.617)
14. 食品制造业	3.447*** (0.619)	3.448*** (0.619)	3.342*** (0.627)	3.446*** (0.619)

续表

变量	lnextensive			
	(1)	(2)	(3)	(4)
15. 饮料制造业	3.026*** (0.627)	3.032*** (0.627)	2.912*** (0.636)	3.030*** (0.627)
17. 纺织业	—	—	—	—
18. 纺织服装、鞋、帽制造业	3.497*** (0.615)	3.499*** (0.615)	3.390*** (0.624)	3.497*** (0.615)
19. 皮革、毛皮、羽毛（绒）及其制品业	3.857*** (0.617)	3.846*** (0.617)	3.650*** (0.625)	3.838*** (0.617)
20. 木材加工及木、竹、藤、棕、草制品业	3.419*** (0.616)	3.412*** (0.616)	3.268*** (0.625)	3.406*** (0.616)
21. 家具制造业	3.480*** (0.621)	3.470*** (0.622)	3.331*** (0.631)	3.462*** (0.622)
22. 造纸及纸制品业	3.897*** (0.620)	3.887*** (0.621)	3.815*** (0.630)	3.881*** (0.620)
23. 印刷业和记录媒介的复制	3.054*** (0.622)	3.057*** (0.622)	2.916*** (0.631)	3.054*** (0.622)
24. 文教体育用品制造业	3.269*** (0.630)	3.264*** (0.630)	3.183*** (0.643)	3.257*** (0.630)
25. 石油加工、炼焦及核燃料加工业	4.004*** (0.618)	3.995*** (0.618)	3.893*** (0.627)	3.989*** (0.618)
26. 化学原料及化学制品制造业	3.033*** (0.689)	3.039*** (0.689)	3.078*** (0.709)	3.033*** (0.689)
27. 医药制造业	3.413*** (0.615)	3.422*** (0.615)	3.282*** (0.624)	3.422*** (0.615)
28. 化学纤维制造业	3.460*** (0.618)	3.466*** (0.618)	3.343*** (0.627)	3.465*** (0.618)
29. 橡胶制品业	2.961*** (0.635)	2.965*** (0.635)	2.780*** (0.646)	2.962*** (0.635)

续表

变量	lnextensive			
	(1)	(2)	(3)	(4)
30. 塑料制品业	3.538 *** (0.620)	3.533 *** (0.621)	3.465 *** (0.629)	3.527 *** (0.620)
31. 非金属矿物制品业	3.476 *** (0.617)	3.468 *** (0.617)	3.358 *** (0.626)	3.460 *** (0.617)
32. 黑色金属冶炼及压延加工业	3.600 *** (0.616)	3.599 *** (0.616)	3.521 *** (0.625)	3.595 *** (0.616)
33. 有色金属冶炼及压延加工业	2.852 *** (0.621)	2.855 *** (0.621)	2.763 *** (0.630)	2.850 *** (0.621)
34. 金属制品业	3.018 *** (0.620)	3.019 *** (0.621)	2.877 *** (0.629)	3.014 *** (0.620)
35. 通用设备制造业	3.720 *** (0.617)	3.712 *** (0.617)	3.602 *** (0.625)	3.706 *** (0.617)
36. 专用设备制造业	3.309 *** (0.616)	3.301 *** (0.616)	3.218 *** (0.625)	3.294 *** (0.616)
37. 交通运输设备制造业	2.914 *** (0.618)	2.906 *** (0.618)	2.770 *** (0.627)	2.899 *** (0.618)
39. 电气机械及器材制造业	3.054 *** (0.617)	3.050 *** (0.617)	3.019 *** (0.625)	3.043 *** (0.617)
40. 通信设备、计算机及其他电子设备制造业	3.574 *** (0.616)	3.564 *** (0.616)	3.512 *** (0.625)	3.556 *** (0.616)
41. 仪器仪表及文化、办公用机械制造业	3.479 *** (0.616)	3.471 *** (0.616)	3.382 *** (0.624)	3.464 *** (0.616)
42. 工艺品及其他制造业	3.794 *** (0.620)	3.786 *** (0.620)	3.750 *** (0.629)	3.779 *** (0.620)
44. 电力、热力的生产和供应业	3.796 *** (0.618)	3.788 *** (0.618)	3.664 *** (0.627)	3.783 *** (0.618)
45. 燃气生产和供应业	0.481 (1.316)	0.498 (1.316)	0.316 (1.329)	0.497 (1.316)

续表

变量	ln*extensive*			
	(1)	(2)	(3)	(4)
省份	控制	控制	控制	控制
国有企业	-0.878*** (0.067)	-0.874*** (0.067)	-0.834*** (0.073)	-0.873*** (0.067)
集体企业	-0.389*** (0.067)	-0.388*** (0.067)	-0.370*** (0.073)	-0.388*** (0.067)
私营企业	-0.484*** (0.059)	-0.484*** (0.059)	-0.464*** (0.066)	-0.484*** (0.059)
外商独资企业	0.138** (0.058)	0.139** (0.058)	0.137** (0.065)	0.138** (0.058)
中外合资企业	-0.086 (0.059)	-0.086 (0.059)	-0.067 (0.066)	-0.086 (0.059)
中外合作企业	—	—	—	—
常数项	-4.113*** (0.618)	-4.137*** (0.618)	-4.385*** (0.629)	-4.153*** (0.618)
lambda	-19.07*** (0.022)	-19.14*** (0.022)	-18.42*** (0.023)	-19.31*** (0.022)
Wald chi2	2869.15	2866.42	2455.07	2867.62
Prob > chi2	0.000	0.000	0.000	0.000
截尾样本	33841	33841	33841	33841
未截尾样本	11155	11155	9587	11154
总样本	44996	44996	43428	44995

注：括号内为标准误；***、**、*分别代表 p 值小于 0.01、0.05、0.1。

从各控制变量的影响来看，企业上一年度是否出口与企业扩展边际正相关，企业的全要素生产率与出口扩展边际正相关，而以从业人员数来衡量的企业规模与出口扩展边际呈倒 U 形关系，出口扩展边际随着企业员工数的增加先上升后下降。企业上一年的固定资产投资与出口扩展边际负相关，而管理费与扩展边际正相关。

从行业分布来看，“24. 文教体育用品制造业”“21. 家具制造业”和“18. 纺织服装、鞋、帽制造业”的出口扩展边际最高；从企业的所有制情况来看，国有企业的扩展边际最低而外商独资企业的出口扩展边际最高。

（2）对集约边际（intensive margin）的影响。

$$\ln intensive = \gamma_0 + \gamma_1 ex_{2003} + \gamma_2 \ln feeper_i + \lambda_3 \ln^2 feeper_i + \gamma_z Z_i + \varepsilon_i \quad (5.30)$$

式（5.30）分析了企业缴纳的排污费与出口集约边际（intensive margin）之间的关系。企业集约边际的定义依然采用施炳展（2016）的定义“企业对该贸易伙伴每一种产品的平均出口价值量”，用企业的出口总额除以其扩展边际，以保证“集约边际与扩展边际乘积为企业对该贸易对象出口总体价值量”。回归结果见表 5 - 15。

表 5 - 15　企业缴纳排污费强度对出口集约边际（ln*intensive*）的影响（Heckman 两步法）

变量	ln*intensive*			
	（1）	（2）	（3）	（4）
ex_{2003}	2.440 *** (0.023)	2.440 *** (0.023)	2.427 *** (0.023)	2.440 *** (0.023)
ln*dischargefee*	0.040 *** (0.007)			
ln*feeperv*		-0.007 (0.007)		
ln*feeperq*			0.012 ** (0.006)	
ln*feeperr*				-0.012 (0.007)
ln*tfp*	1.573 *** (0.065)	1.620 *** (0.067)	1.738 *** (0.070)	1.609 *** (0.067)
ln*employee*	-0.205 *** (0.063)	-0.196 *** (0.063)	-0.176 *** (0.068)	-0.196 *** (0.063)

续表

变量	ln*intensive*			
	(1)	(2)	(3)	(4)
$\ln^2 employee$	0.054 *** (0.005)	0.056 *** (0.005)	0.054 *** (0.006)	0.056 *** (0.005)
ln*invest*2003	-0.011 (0.010)	-0.011 (0.010)	-0.009 (0.011)	-0.010 (0.010)
ln*adminfee*2003	-0.123 *** (0.012)	-0.127 *** (0.012)	-0.135 *** (0.013)	-0.127 *** (0.012)
07. 石油和天然气开采业	2.685 *** (0.714)	2.608 *** (0.715)	2.611 *** (0.705)	2.598 *** (0.715)
08. 黑色金属矿采选业	6.470 *** (1.197)	6.480 *** (1.199)	6.432 *** (1.182)	6.480 *** (1.199)
09. 有色金属矿采选业	5.218 *** (0.728)	5.207 *** (0.729)	5.253 *** (0.757)	5.204 *** (0.729)
10. 非金属矿采选业	3.748 *** (0.574)	3.754 *** (0.575)	3.695 *** (0.569)	3.753 *** (0.575)
13. 农副食品加工业	4.516 *** (0.553)	4.510 *** (0.554)	4.413 *** (0.548)	4.508 *** (0.554)
14. 食品制造业	3.767 *** (0.555)	3.771 *** (0.556)	3.689 *** (0.550)	3.770 *** (0.556)
15. 饮料制造业	3.681 *** (0.563)	3.702 *** (0.564)	3.592 *** (0.558)	3.702 *** (0.564)
17. 纺织业	3.935 *** (0.552)	3.943 *** (0.553)	3.827 *** (0.547)	3.943 *** (0.553)
18. 纺织服装、鞋、帽制造业	3.863 *** (0.553)	3.821 *** (0.554)	3.762 *** (0.549)	3.817 *** (0.554)
19. 皮革、毛皮、羽毛（绒）及其制品业	4.274 *** (0.553)	4.245 *** (0.554)	4.180 *** (0.548)	4.242 *** (0.554)

续表

变量	ln*intensive*			
	（1）	（2）	（3）	（4）
20. 木材加工及木、竹、藤、棕、草制品业	4.142 *** （0.558）	4.104 *** （0.559）	4.023 *** （0.553）	4.100 *** （0.558）
21. 家具制造业	3.765 *** （0.557）	3.731 *** （0.558）	3.615 *** （0.553）	3.727 *** （0.557）
22. 造纸及纸制品业	2.948 *** （0.558）	2.958 *** （0.559）	2.914 *** （0.554）	2.957 *** （0.559）
23. 印刷业和记录媒介的复制	2.722 *** （0.566）	2.702 *** （0.566）	2.708 *** （0.563）	2.698 *** （0.566）
24. 文教体育用品制造业	3.631 *** （0.555）	3.597 *** （0.555）	3.479 *** （0.550）	3.594 *** （0.555）
25. 石油加工、炼焦及核燃料加工业	5.046 *** （0.618）	5.067 *** （0.619）	4.911 *** （0.622）	5.063 *** （0.619）
26. 化学原料及化学制品制造业	3.784 *** （0.552）	3.816 *** （0.553）	3.694 *** （0.547）	3.817 *** （0.553）
27. 医药制造业	3.678 *** （0.555）	3.699 *** （0.556）	3.581 *** （0.550）	3.700 *** （0.556）
28. 化学纤维制造业	3.731 *** （0.570）	3.744 *** （0.571）	3.706 *** （0.566）	3.743 *** （0.571）
29. 橡胶制品业	3.545 *** （0.557）	3.524 *** （0.558）	3.448 *** （0.552）	3.521 *** （0.557）
30. 塑料制品业	3.468 *** （0.554）	3.436 *** （0.555）	3.350 *** （0.549）	3.431 *** （0.555）
31. 非金属矿物制品业	3.808 *** （0.553）	3.802 *** （0.554）	3.696 *** （0.548）	3.801 *** （0.554）
32. 黑色金属冶炼及压延加工业	4.981 *** （0.558）	4.992 *** （0.558）	4.856 *** （0.552）	4.990 *** （0.558）
33. 有色金属冶炼及压延加工业	4.509 *** （0.557）	4.512 *** （0.558）	4.424 *** （0.552）	4.510 *** （0.557）

续表

变量	lnintensive			
	(1)	(2)	(3)	(4)
34. 金属制品业	3.758*** (0.554)	3.730*** (0.554)	3.616*** (0.549)	3.726*** (0.554)
35. 通用设备制造业	3.619*** (0.553)	3.590*** (0.554)	3.492*** (0.548)	3.586*** (0.554)
36. 专用设备制造业	3.823*** (0.555)	3.793*** (0.555)	3.628*** (0.550)	3.788*** (0.555)
37. 交通运输设备制造业	3.814*** (0.553)	3.796*** (0.554)	3.549*** (0.549)	3.792*** (0.554)
39. 电气机械及器材制造业	3.825*** (0.553)	3.787*** (0.554)	3.671*** (0.548)	3.782*** (0.554)
40. 通信设备、计算机及其他电子设备制造业	3.941*** (0.553)	3.912*** (0.554)	3.826*** (0.548)	3.907*** (0.554)
41. 仪器仪表及文化、办公用机械制造业	3.551*** (0.556)	3.521*** (0.557)	3.366*** (0.552)	3.517*** (0.557)
42. 工艺品及其他制造业	3.707*** (0.555)	3.679*** (0.555)	3.517*** (0.550)	3.676*** (0.555)
44. 电力、热力的生产和供应业	3.787*** (0.823)	3.892*** (0.824)	3.604*** (0.918)	3.900*** (0.824)
45. 燃气生产和供应业	8.081*** (1.196)	8.143*** (1.198)	8.030*** (1.180)	8.142*** (1.197)
省份	控制	控制	控制	控制
国有企业	-0.460*** (0.060)	-0.445*** (0.060)	-0.380*** (0.064)	-0.444*** (0.060)
集体企业	-0.367*** (0.059)	-0.363*** (0.059)	-0.324*** (0.063)	-0.363*** (0.059)
私营企业	-0.284*** (0.053)	-0.284*** (0.053)	-0.260*** (0.057)	-0.284*** (0.053)

续表

变量	ln*intensive*			
	（1）	（2）	（3）	（4）
外商独资企业	-0.082 (0.051)	-0.082 (0.052)	-0.047 (0.057)	-0.082 (0.052)
中外合资企业	-0.065 (0.052)	-0.063 (0.052)	-0.033 (0.057)	-0.063 (0.052)
中外合作企业	—	—	—	—
常数项	4.152 *** (0.554)	4.064 *** (0.555)	4.023 *** (0.551)	4.048 *** (0.555)
lambda	-3.11 *** (0.020)	-3.34 *** (0.020)	-3.80 *** (0.020)	-3.33 *** (0.020)
Wald chi2	3521.17	3481.69	3155.75	3483.86
Prob > chi2	0.0000	0.0000	0.0000	0.0000
截尾样本	33841	33841	33841	33841
未截尾样本	11155	11155	9587	11155
总样本	44996	44996	43428	44996

注：括号内为标准误；***、**、* 分别代表 p 值小于 0.01、0.05、0.1。

表 5-15 的第（1）列至第（4）列分别显示的是企业总体排污费、单位产值排污费、单位产量排污费和单位规模排污费对出口集约边际的影响，可以看出，企业缴纳的排污费总量越多，出口集约边际越大；企业的单位产量排污费总量越多，出口集约边际越大。这四个指标分别加入二次项进行回归，都不显著。

从各控制变量的影响来看，企业上一年度的出口与企业扩展边际正相关，企业的全要素生产率与出口集约边际正相关，而以从业人员数来衡量的企业规模与出口扩展边际呈正 U 形关系，出口集约边际随着企业员工数的增加先下降后上升。从行业分布来看，集约边际排在前 5 位的行业依次是“45. 燃气生产和供应业”“08. 黑色金属矿采选业”“09. 有色金属矿采选业”“32. 黑色金属冶炼及压延加工业”“25. 石油加工、炼焦及核燃料加工业”。从企业的所有制情况来看，国有企业的集约边际最低而私营企业的集约边际最高。

5.2.3.4 对出口产品质量的影响

排污费可能迫使企业进行技术革新或使用先进技术，提升对新技术的吸收能力，增加出口产品的技术含量和质量档次（Blalock and Gertler，2004），从而增加出口产品价格；另外，排污费过高使得企业不能吸收这种外在成本，挫伤企业创新及生产积极性，生产的产品“以次充好”“以假当真”，降低产品质量。因此，排污费与企业质量的关系应该是非线性的，存在着拐点。

借鉴斯科特（Scott，2004）以及汉梅尔斯、克莱诺（Hummels and Klenow，2005）的做法，以出口产品平均价格作为质量的代理变量，建立计量模型为：

$$\ln price_i = \eta_0 + \eta_1 ex_{2003} + \eta_2 \ln feeper_i + \eta_3 \ln^2 feeper_i + \eta_z Z_i + \varepsilon_i \qquad (5.31)$$

其中，$price_i$ 是企业 i 出口产品的平均价格，由企业产品出口总额 $exvalue_i$ 与产品出口总数量 $exquan_i$ 相除获得。

表5-16给出了企业缴纳排污费强度与出口质量关系的回归结果，由于逆比尔斯（inverse mills）无法通过显著性检验，因此不再采用 Heckman 两部法，而是直接对截面数据进行回归。第（1）列和第（2）列显示的是企业总排污费与出口产品质量之间的关系，可以看出，企业缴纳的排污费总量与出口产品质量呈负相关关系，企业缴纳的排污费总量越多，出口产品质量越低；第（3）列和第（4）列、第（5）列和第（6）列、第（7）列和第（8）列都说明，单位排污费的强度与企业出口产品的质量存在正 U 形关系，随着单位排污费强度的增加，企业产品出口的质量下降，这其中可能存在一部分企业将低质量产品低价抛售后退出市场的情况，但是随着单位排污费强度的进一步增加，企业改进产品质量，出口产品质量还是出现上升。假设5完全得到了证实。

从各控制变量的影响来看，企业全要素生产率与出口产品质量显著正相关，全要素生产率高的企业出口产品质量高。而以从业人员数来衡量的企业规模与出口扩展边际呈正 U 形关系，出口质量边际随着企业员工数的增加先下降后上升，这一点与扩展边际的回归结果相反，一个可能的解释是2004年中国出口中加工贸易所占的比例比较大，而加工贸易的从业人员数量也是最多的，出口加工企业产品的价格相对较低，而规模更大的国有企业和上市公司

表 5-16 企业缴纳排污费强度对出口质量边际（ln*price*）的影响（OLS 法）

变量	ln*price*							
	(1)	(2)	(3)	(4)	(5)	(6)	(7)	(8)
ln*dischargefee*	-0.033*** (0.012)	0.039 (0.030)						
$\ln^2$*dischargefee*		-0.011*** (0.004)						
ln*feeperv*			-0.074*** (0.012)	0.231*** (0.074)				
$\ln^2$*feeperv*				0.019*** (0.005)				
ln*feeperq*					-0.063*** (0.009)	0.046* (0.025)		
$\ln^2$*feeperq*						0.013*** (0.003)		
ln*feeperr*							-0.073*** (0.012)	0.223*** (0.076)
$\ln^2$*feeperr*								0.019*** (0.005)
ln*tfp*	0.983*** (0.104)	0.996*** (0.104)	0.729*** (0.107)	0.696*** (0.108)	0.939*** (0.110)	0.908*** (0.110)	0.742*** (0.107)	0.702*** (0.107)
ln*employee*	-0.138 (0.101)	-0.189* (0.103)	-0.163 (0.101)	-0.160 (0.101)	-0.214** (0.106)	-0.210** (0.106)	-0.159 (0.101)	-0.160 (0.101)
$\ln^2$*employee*	0.019** (0.009)	0.024*** (0.009)	0.016* (0.009)	0.015* (0.009)	0.022** (0.009)	0.021** (0.009)	0.016* (0.009)	0.016* (0.009)
ln*invest*2003	-0.179*** (0.016)	-0.180*** (0.016)	-0.167*** (0.016)	-0.164*** (0.016)	-0.189*** (0.017)	-0.185*** (0.017)	-0.167*** (0.016)	-0.164*** (0.016)
ln*adminfee*2003	0.137*** (0.019)	0.136*** (0.019)	0.143*** (0.019)	0.143*** (0.019)	0.151*** (0.020)	0.149*** (0.020)	0.142*** (0.019)	0.142*** (0.019)

续表

变量	lnprice							
	(1)	(2)	(3)	(4)	(5)	(6)	(7)	(8)
行业	控制	控制	控制	控制	控制	控制	控制	控制
企业性质	控制	控制	控制	控制	控制	控制	控制	控制
观测值	11155	11155	11155	11155	9587	9581	11155	11155
R-squared	0.400	0.400	0.401	0.402	0.407	0.409	0.401	0.402

注：括号内为稳健标准误；*** 、** 、* 分别代表 p 值小于 0.01、0.05、0.1。

从业人员更多。上一年研发支出（管理费用）提升了产品的出口质量，与何红渠、黄灵峰（2017）研究结论相同。固定资产投资与企业产品质量负相关，这与传统一般预期的结论相冲突，但与刘家悦、谢靖（2018）的研究结果类似，其原因是企业投资存在低质量盲目扩张的问题。

5.2.4 影响机制检验

以上回归结果表明了排污费强度对企业出口的影响，那么排污费对出口的影响机制是怎样的？本书对此进行了进一步讨论。

关于排污费的研究，主要围绕排污费对企业生产率的影响，结论也不一致。第一，排污费会降低企业的生产率。史密斯、西姆斯（Smith and Sims，1985）对 1971 ~1980 年间加拿大四家啤酒酿造企业的成本函数进行了估计，其中有两家企业缴纳了污水附加费而另外两家没有。对于生产力的测度结果发现，1971 ~1980 年间缴纳污水附加费的啤酒企业平均生产率增长 -0.08%，而未缴纳的企业平均增长率为 1.6%。格雷、沙德比吉安（Gray and Shadbegian，1995）利用 1979 ~1990 年造纸、炼油和钢铁三个行业的企业数据，分析了生产率与污染减排成本以及其他环境规制措施之间的关系，发现减排成本高的企业生产率水平显著更低，其影响程度也远比人们预期的大：1 美元的减排成本对于造纸企业来说带来生产率降低的损失为 1.74 美元，对于原油冶炼行业的损失是 1.35 美元，而对于钢铁企业来说是 3.28 美元。查齐斯塔穆卢等（Chatzistamoulou et al.，2017）利用

1993～2006 年希腊制造业行业层面的平衡面板数据，考察了减排成本的影响。实证结果表明，减少污染成本对希腊制造业的生产率没有显著影响，不支持更加严格的环境规制可以促进行业生产率提高的假说。第二，环境规制与企业全要素生产率的关系是不固定的。王杰、刘斌（2014）利用 1998～2011 年中国工业企业数据实证研究了环境规制对企业全要素生产率的影响，发现环境规制与全要素生产率呈倒 N 形关系，随着环境规制的加强，企业全要素生产率开始降低，进一步提高环境规制会促进企业技术创新提高全要素生产率。但是当环境规制强度超过了企业所能承受的合理范围是就变成了负担，导致全要素生产率下降。徐保昌、谢建国（2016）认为排污征费与企业生产率呈 U 形关系，较低强度的排污费征收阻碍企业生产率的提升，超过一定强度之后则会"倒逼"企业生产率提升。排污征费强度存在合理的平衡点。第三，环境规制有助于提高生产率。哈马本（Hamamoto，2006）研究了日本环境法规的严格程度（以污染控制支出衡量）对创新活动（以研发支出衡量）以及生产率的影响，结果表明，污染控制支出与研发支出正相关，由于监管严格而激发的研发投资增加对全要素生产率增长率具有显著的积极影响。

5.2.4.1 征收排污费对出口影响的实证分析

根据波特的理论，排污费的增加将首先降低企业的全要素生产率，如果企业能够在遭受环境规制之后进行创新，则很有可能弥补全要素生产率的下降，甚至显著增加企业的全要素生产率，从而获得竞争优势。因此，排污费对企业出口影响的机制应该是通过全要素生产率，即通过"排污费—全要素生产率—出口"这样的机制产生影响。以下对此进行验证。

（1）关于企业数量和生产率的描述性统计。

通过对数据进行筛选，可以发现结果如表 5－17 所示。在所有 2004 年缴纳排污费的企业中，有 2906 家企业 2003 年并没有出口交货值，是新进入国际市场参与竞争的。同时有 1534 家企业 2003 年出口交货值不为 0 而 2004 年为 0，即退出了国际市场仅仅在国内市场进行生产经营活动。新进入的企业数量明显多于退出的企业数量，出口的扩展边际增加，这与上文中表 5－14 的回归结果一致。

表 5－17　新进入企业和退出企业的全要素生产率对比

变量	含义	样本量	均值	标准差	最大值	最小值
ln*tfpenter*	新进入国际市场企业的全要素生产率	2906	1.936	0.202	2.857	0
ln*tfpexit*	退出国际市场企业的全要素生产率	1534	1.905	0.240	2.510	0

资料来源：笔者根据 Stata 软件运行结果整理获得。

从表 5－17 和图 5－7 中可以看出，尽管这两类企业的全要素生产率核密度图都呈近似正态分布，而且图形比较相似，但是经过仔细对比可以发现：新进入企业的全要素生产率均值略高于退出企业，标准差更小而最大值更大。因此可以得出初步印象，新进入企业的全要素生产率要略高于退出企业，这与梅利茨（Melitz，2003）异质性企业模型的结论是一致的，不存在“出口悖论”。同时，出口企业的数量增加，这与式（5.26）的推导结果一致。

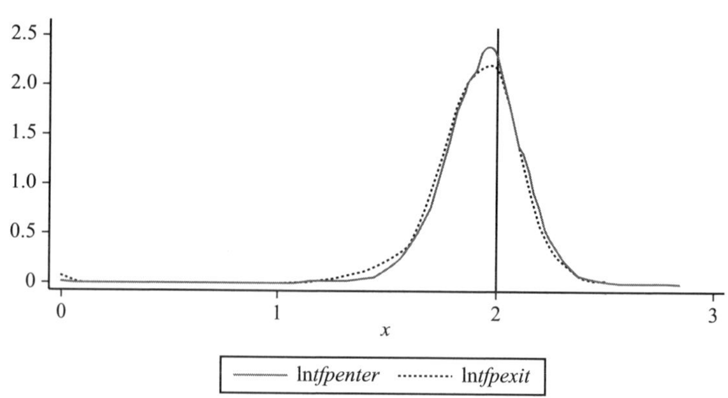

图 5－7　进入与退出企业全要素生产率核密度图比较

（2）排污费对企业全要素生产率的经验分析。

表 5－18 控制了企业规模、企业和行业性质以及上一年的固定资产投资和研发等支出后，分别对比了排污费对进入企业和退出企业的影响。首先，排污费与企业的全要素生产率正相关，无论是进入企业还是退出企业，显然全要素生产率高的企业需要缴纳的排污费更少。其次，从不同指标来看，排污费总量和单位产值排污费对前者的影响更大，这意味着对于新进入国际市场的企业来说，降低这两个排污强度指标，能带来更大幅度的全要素生产率

提升。对于进入企业来说，单位产量排污费下降会提升企业的全要素生产率，进一步提高企业的产出，因此企业在排污费总量不变的情况下扩大产量是有利可图的，而退出企业则不会，这也是企业进入和退出国际市场的原因之一。退出企业降低单位产值排污费能够更大地提升全要素生产率，但这只是企业退出国际市场后的边际效应，事实上企业退出的结果之一就是产值下降，那么单位产值排污费只升不降。

表 5－18　　排污费对全要素生产率的影响

变量	进入企业				退出企业			
	(1)	(2)	(3)	(4)	(5)	(6)	(7)	(8)
	ln*atfp*	ln*atfp*	ln*atfp*	ln*atfp*	ln*atfp*	ln*atfp*	ln*atfp*	ln*atfp*
ln*dischargefee*	－0.014*** (0.002)				－0.008** (0.004)			
ln*feeperv*		－0.017*** (0.002)				－0.034*** (0.008)		
ln*feeperq*			－0.007*** (0.002)				－0.001 (0.003)	
ln*feeperr*				－0.014*** (0.002)				－0.008** (0.004)
ln*allrevenue*	0.093*** (0.004)	0.078*** (0.003)	0.085*** (0.004)	0.079*** (0.004)	0.121*** (0.008)	0.096*** (0.007)	0.114*** (0.009)	0.113*** (0.008)
ln*invest*2003	－0.004* (0.002)	－0.004* (0.002)	－0.008*** (0.002)	－0.004* (0.002)	－0.015*** (0.005)	－0.008* (0.005)	－0.016*** (0.006)	－0.015*** (0.005)
ln*adminfee*2003	－0.012*** (0.003)	－0.012*** (0.003)	－0.011*** (0.003)	－0.012*** (0.003)	－0.033*** (0.006)	－0.030*** (0.006)	－0.033*** (0.006)	－0.033*** (0.006)
行业	控制	控制	控制	控制	控制	控制	控制	控制
企业性质	控制	控制	控制	控制	控制	控制	控制	控制
常数项	0.865*** (0.000)	0.926*** (0.000)	0.895*** (0.000)	0.926*** (0.000)	0.812*** (0.000)	0.856*** (0.000)	0.934*** (0.000)	0.852*** (0.000)
观测值	2894	2894	2575	2894	1532	1532	1312	1532
R-squared	0.440	0.438	0.440	0.438	0.346	0.390	0.356	0.346

注：括号内为稳健标准误；***、**、* 分别代表 p 值小于 0.01、0.05、0.1。

从控制变量来看，无论新进入的企业还是退出的企业，都存在规模经济。而上一年固定资产投资和研发费都与全要素生产率负相关，对于退出企业来说“挤出”效应更明显，降低了企业的全要素生产率，而退出企业的“挤出”要比新进入企业更加严重。

排污费降低了企业的全要素生产率，这与许多国外学者的研究一致。除了史密斯、西姆斯（Smith and Sims，1985）和格雷、沙德比吉安（Gray and Shadbegian，1995）的研究之外，戈洛普、罗伯特（Gollop and Robert，1983）对于1973～1979年美国56家发电厂的研究，格雷（Gray，1987）利用1959～1969年以及1973～1978年数据对美国450家制造企业的研究，以及期间年平均全要素生产率增长的变化在污染控制运营成本方面出现倒退。巴贝拉、麦克康奈尔（Barbera and McConnel，1990）利用美国5个高污染行业1960～1980年的数据使用成本函数法进行的研究也都得到了类似的结论，即由于环境规制加强对企业支出产生的影响导致了企业全要素生产率的下降。而在本书中排污费的征收降低了企业全要素生产率，全要素生产率与企业的出口是正相关的，因此排污费的征收拖累企业出口增长。但是由于征收的强度不高，还没有到达拐点，以至于企业的出口和排污费仍然正相关。

5.2.4.2 关于波特假设的进一步讨论

排污费的征收促进了企业创新吗？波特假设是否存在？本书通过分析2004年企业缴纳排污费对企业当年投资和研发的影响，来考察环境政策的效果。

（1）排污费对企业长期投资的影响。

表5－19考察了征收排污费对企业长期投资行为的影响[①]。第（1）列、第（2）列和第（4）列的回归结果显示，排污费总量、单位产值排污费和单位规模排污费与企业固定资产投资的正相关，即遭受环境规制越强缴纳排污费越多，企业越倾向于进行固定资产投资，通过增加减排设施降低排污费的缴纳。而单位产量排污费与固定资产投资负相关，单位产量排污费更低的企业进行固定资产投资更多，倾向于扩大生产规模，很可能是投资生产设备进一步扩大生产规模，增加企业的利润。

---

① 由于行数过多，对行业和省份虚拟变量的回归结果没有被列入表5－19，表5－20也是如此。

表 5－19　　排污费对企业长期投资（ln*invest*）的影响

变量	(1)	(2)	(3)	(4)
ln*dischargefee*	0.033*** (0.010)			
ln*feeperv*		0.068*** (0.010)		
ln*feeperq*			−0.076*** (0.008)	
ln*feeperr*				0.033*** (0.010)
ln*invest*2003	0.555*** (0.011)	0.548*** (0.011)	0.580*** (0.013)	0.555*** (0.011)
ln*allrevenue*	0.472*** (0.016)	0.523*** (0.016)	0.498*** (0.017)	0.505*** (0.016)
国有企业	2.161*** (0.114)	2.149*** (0.114)	2.062*** (0.116)	2.161*** (0.114)
集体企业	0.784*** (0.115)	0.783*** (0.115)	0.709*** (0.118)	0.784*** (0.115)
私营企业	0.248*** (0.069)	0.252*** (0.069)	0.257*** (0.073)	0.248*** (0.069)
外商独资企业	−1.111*** (0.047)	−1.107*** (0.047)	−1.260*** (0.055)	−1.111*** (0.047)
中外合资企业	−0.909*** (0.063)	−0.905*** (0.063)	−1.007*** (0.069)	−0.909*** (0.063)
中外合作企业	−0.960*** (0.000)	−0.959*** (0.000)	−1.087*** (0.000)	−0.960*** (0.000)
省份	控制	控制	控制	控制
行业	控制	控制	控制	控制
常数项	−4.016*** (0.188)	−3.963*** (0.188)	−4.191*** (0.217)	−4.017*** (0.188)
观测值	53243	53160	44970	53242
R-squared	0.273	0.273	0.284	0.273

注：括号内为稳健标准误；***、**、*分别代表 p 值小于 0.01、0.05、0.1。

从各控制变量看来，规模大的企业有能力进行更多投资，企业上一年度的投资对当年的投资有促进作用，这一方面是由于企业计划和投资行为的连续性，另一方面则可能是由于上一年度企业投资了污染减排设备，导致本年度生产成本更低、更具有竞争优势，因此扩大生产规模。从企业的性质看来，内资企业比外资企业更加倾向于进行投资，其中国有企业投资最高，而中外合资企业投资最低。从行业的性质看，在所有行业中“32. 黑色金属冶炼及压延加工业”“22. 造纸及纸制品业”“19. 皮革、毛皮、羽毛（绒）及其制品业”的投资最高，“46. 水的生产和供应业”投资最低，但是该行业的企业并不从事进出口业务，其次是“41. 仪器仪表及文化、办公用机械制造业”投资。投资排在前两位的行业都是典型的高污染行业，遭受到的环境规制约束也更强。由此可见。排污费促进了高污染企业进行固定资产投资，降低了污染排放，起到了最初设计的目的。从企业所在的省份来看，进行固定资产投资最多的省份是北京，其次是天津；出乎意料的是，广东的固定资产投资最低，其次是吉林。分析广东企业固定资产投资低的原因可能在于：广东大型国有企业少而外资企业多，外资企业的固定资产投资倾向更低；同时广东规模小于500万元的小企业偏多，尽管他们也会进行固定资产投资，但是他们并不在中国工业企业库的样本之内。

（2）排污费对企业研发的影响。

表5－20考察了征收排污费对企业研发行为的影响。第（1）列至第（4）列的回归结果一致表明，征收排污费促进了企业的研发行为，无论是以单位产值排污费、单位产量排污费和单位规模排污费，还是用排污费总量来衡量都是如此。似乎有理由支持波特假设在中国成立。

表5－20　　排污费对企业研发（ln*adminfee*）的影响

变量	（1）	（2）	（3）	（4）
ln*dischargefee*	0.072*** （0.003）			
ln*feeperv*		0.072*** （0.003）		
ln*feeperq*			0.005*** （0.002）	

续表

变量	(1)	(2)	(3)	(4)
ln*feeperr*				0.072 *** (0.003)
ln*adminfee*2003	0.525 *** (0.008)	0.524 *** (0.008)	0.585 *** (0.008)	0.525 *** (0.008)
ln*allrevenue*	0.347 *** (0.007)	0.419 *** (0.007)	0.350 *** (0.007)	0.419 *** (0.007)
国有企业	0.151 *** (0.019)	0.149 *** (0.019)	0.145 *** (0.018)	0.150 *** (0.019)
集体企业	-0.042 ** (0.018)	-0.041 ** (0.018)	-0.042 ** (0.018)	-0.042 ** (0.018)
私营企业	0.045 *** (0.012)	0.046 *** (0.012)	0.043 *** (0.012)	0.045 *** (0.012)
外商独资企业	0.154 *** (0.011)	0.155 *** (0.011)	0.125 *** (0.012)	0.154 *** (0.011)
中外合资企业	0.057 *** (0.012)	0.058 *** (0.012)	0.040 *** (0.012)	0.057 *** (0.012)
中外合作企业	0.119 *** (0.026)	0.120 *** (0.026)	0.092 *** (0.029)	0.119 *** (0.026)
省份	控制	控制	控制	控制
行业	控制	控制	控制	控制
常数项	-3.491 *** (0.073)	-3.498 *** (0.073)	-3.258 *** (0.078)	-3.491 *** (0.073)
观测值	53238	53238	44966	53238
R-squared	0.907	0.907	0.915	0.907

注：括号内为稳健标准误；***、**、*分别代表 p 值小于 0.01、0.05、0.1。

从各控制变量看来，规模越大企业越有能力进行从事研发，企业上一年度的研发支出对当年的研发有促进作用，这一方面是由于企业计划和研发行为的连续性，另一方面则可能是由于本年度排污费的缴纳刺激了企业从事研发活动，改进生产工艺或者进行产品升级。从企业的性质看来，外商独资企业以微弱的优势超越国有企业，研发最高，而集体企业的研发最低。从行业的性质看，没有产品出口数据的“16. 烟草制品业”研发支出最高，其次是“08. 黑色金属矿采选”和“37. 交通运输设备制造”。研发支出最低的是“22. 造纸及纸制品”，其次是“33. 有色金属冶炼及压延加工业”和“32. 黑色金属冶炼及压延加工业”。对比表5-19排污费对固定资产投资的影响，可以发现对于“22. 造纸及纸制品”和“32. 黑色金属冶炼及压延加工业”这样的高污染行业，企业选择的是投资污染减排设备，而不是进行研发，提高企业全要素生产率，也不是升级产品使其含污量更低更“干净”。

从企业所在的省份来看，研发投入最多的省份是甘肃，接下来依次是西藏、黑龙江、北京、吉林和天津。甘肃、西藏、黑龙江以及吉林名列前茅，分析原因应该是国有企业占样本比重较大，而国有企业进行研发的倾向比较高，吉林的研发与固定资产投资存在此消彼长的关系，而北京和天津则不存在，这两个直辖市企业的固定资产投资和研发费用均在全国处于领先位置。

5.3 本章小结

在异质性企业贸易理论模型（Melitz，2003）中引入排污费变量，建立本书的理论基础，利用中国2004年企业层面的排污费和国际贸易数据，从企业微观层面经验分析了征收企业排污费对出口的影响，涉及出口总量、出口总额、二元边际及质量的影响，进一步揭示了环境规制与国际贸易之间的影响机制，为今后完善刚刚实施的征收排污税政策提供有益借鉴，得到主要结论如下：

（1）关于出口额。企业出口额与单位产值排污费和单位金额排污费强度正U形关系，并且位于曲线的左侧还没有达到拐点（最高顶点），企业出口总额随着这两种排污费强度的增加而下降，但是企业出口金额与单位产量排污费正相关，假设3部分得到证实。

（2）关于出口二元边际。单位产量排污费强度对企业出口扩展边际具有正向作用，排污费总量和单位产量排污费强度对出口集约边际具有正向作用。假设 4 无法得到证实。由于福利效应的增加主要源自扩展边际（Brown，1987），故要重视单位产量排污费强度的促进出口扩展边际的福利增加效应。

（3）关于质量。排污费总量对出口产品质量具有负向作用，单位产值排污费、单位产量排污费和单位规模排污费均与出口产品质量呈正 U 形关系。假设 5 完全得到了证实。

（4）关于控制变量。全要素生产率与出口总量、出口总额、扩展边际、质量边际都正向关系；以管理费为代理变量的研发投入与产品出口额、出口扩展边际、出口产品质量负相关、与出口总数量正相关。上一年的固定资产投资与出口产品数量正相关，与出口总额、出口扩展边际、出口产品质量负相关。外商独资企业的扩展边际最高，而国有企业扩展边际最低。

（5）关于机制。无论是排污费总量还是 3 种单位排污强度，都是通过减少企业全要素生产率的途径影响企业出口，同时企业还通过增加长期投资和研发投入来降低排污费的影响，促进产品出口。但是在具体行业层面，一些高污染行业更加倾向于选择投资污染减排设备，而不是进行研发投资。

因此，可以说《排污费征收使用管理条例》的实施起到了一定的作用，尽管单位产量排污费强度与企业出口的关系、企业单位排污费强度对出口二元边际的影响与波特假设不同，但是这很大程度上是加入世界贸易组织等外生冲击的效果，波特假设在很大程度上得到了证实。该结果对于征收环境税的政策启示是：第一，当存在外部环境变化冲击导致企业的产量发生巨大变化时，根据企业单位产值和单位规模来征收排污费是有效的；第二，环境税的税率需要谨慎确定，应以 2004 年单位产值和单位规模排污费强度为重要参考依据，以发挥环境税既能约束企业排污、促进生态文明建设，又能增加出口额、提升产品质量和政府税收的“三赢”功能。同时要尽力提高企业全要素生产率的技术进步，以增加出口额、提升产品质量和福利，实现贸易强国；第三，征收排污费后各行业之间企业的投资行为存在明显差异，环境税政策要发挥最大作用很可能还需要相关产业政策的配合。

| 第 6 章 |

中国广义贸易成本测度及其经济效应

在测度贸易经济成本和贸易环境成本的基础上，本章根据第 2 章关于广义贸易成本（generalized trade costs，GTC）的定义，对中国的广义贸易成本进行测度，并采用 GTAP 模型研究其经济效应。

6.1 中国广义贸易成本测度

2002～2016 年中国的加总贸易经济成本 *ATC* 如表 4－2 所示，贸易环境成本 *EC* 如表 5－8 所示，利用熵权法将两者结合起来计算广义贸易成本。

6.1.1 权重的确定

利用熵权法计算广义贸易成本，首先需要计算各指标的权重，也就是确定加总贸易经济成本 *ATC* 和贸易环境成本 *EC* 分别所占的比重。2002～2015 年中国加总贸易经济成本与贸易环境成本，如表 6－1 所示。

表 6-1　　2002~2015 年中国加总贸易经济成本与贸易环境成本

年份	*ATC*	*EC*
2002	0.786	13573.505
2003	0.754	18638.544
2004	0.719	25283.105
2005	0.716	30551.028
2006	0.714	35809.030
2007	0.718	38548.556
2008	0.743	37183.212
2009	0.825	31021.161
2010	0.754	36887.364
2011	0.737	42743.001
2012	0.724	41205.389
2013	0.712	41276.090
2014	0.727	41184.558
2015	0.754	38198.556

资料来源：笔者根据第 4 章和第 5 章计算结果整理。

6.1.1.1　数据标准化处理

根据表 5-2 和表 5-8 的计算结果，利用熵权法首先将数据进行标准化处理，这里仅给定了 2 个指标 X_1 和 X_2，假设对各指标数据标准化后为 Y_1 和 Y_2，那么 $Y_{ij}=\frac{X_{ij}-\min(X_i)}{\max(X_i)-\min(X_i)}$，这里令 $i=t$ 表示时间结果后的广义贸易成本矩阵，如表 6-2 所示。

表 6-2　　2002~2015 年广义贸易环境成本数据标准化

年份	*ATC*	*EC*
2002	0.656	0.000
2003	0.374	0.174
2004	0.058	0.401

续表

年份	*ATC*	*EC*
2005	0.038	0.582
2006	0.018	0.762
2007	0.051	0.856
2008	0.276	0.809
2009	1.000	0.598
2010	0.368	0.799
2011	0.218	1.000
2012	0.108	0.947
2013	0.000	0.950
2014	0.131	0.947
2015	0.374	0.844

资料来源：笔者经过计算获得。

6.1.1.2 求各指标的信息熵

利用式（5.3）计算信息熵，其中 $p_{ij} = Y_{ij} \Big/ \sum_{i=1}^{n} Y_{ij}$，计算结果如表 6-3 所示。

表 6-3　计算 2002～2015 年广义贸易成本信息熵的 p_{ij} 矩阵

年份	*ATC*	*EC*
2002	0.179	0.000
2003	0.102	0.018
2004	0.016	0.042
2005	0.010	0.060
2006	0.005	0.079
2007	0.014	0.089
2008	0.075	0.084

续表

年份	*ATC*	*EC*
2009	0.272	0.062
2010	0.100	0.083
2011	0.059	0.103
2012	0.030	0.098
2013	0.000	0.098
2014	0.036	0.098
2015	0.102	0.087

资料来源：笔者经过计算获得。

利用表 5－7 的 p_{ij}值根据式（5.3）$E_j = -\ln(n)^{-1}\sum_{i=1}^{n} p_{ij} \times \ln p_{ij}$ 进行计算，获得各指标的信息熵为：$E_j = \{0.812, 0.949\}$

6.1.1.3 确定各指标权重

利用计算出的信息熵，根据式（5.4）$W_i = \dfrac{1-E_i}{k-\sum E_i}(i=1, 2, \cdots, k)$ 计算各指标的权重，得到：

$$W_j = \{0.786, 0.214\} \tag{6.1}$$

6.1.2 指数化

从表 6－1 中可以看出，贸易加总经济成本与贸易环境成本的绝对数值相差巨大，虽然这并不影响对于二者权重的计算，因为熵权法是根据“指标变异性的大小”来确定客观权重，指标的绝对数值对其变异程度几乎没有影响。但是，两者差距过于悬殊，在对广义贸易成本进行加权计算时，绝对数值更低的指标会被低估，产生较大偏误。而且，贸易经济成本是一个相对数值，表示关税当量（tariff equivalent）；而环境成本是一个绝对数值，是利用能源消耗数据和污染物排放总量数据经过加权计算得到的，二者在量纲上是不对称的，不具有可比性。因此，在这里将这两个指标进行指数化处理。

如表6-4所示，以2002年作为基期，指数设为100，对2002～2015年的贸易加总经济成本*ATC*和贸易环境成本*EC*数据进行指数化处理，处理结果如表6-4的第（1）列和第（3）列。贸易加总经济成本指数*ATCI*（ATC index）最低值为2013年的90.56，最高值为2009年的104.96，平均值94.36，标准差4.07。贸易环境成本指数*ECI*（EC index）最高为2011年的314.90，最低为2002年的100.00，平均值248.44，标准差为13.05。

表6-4　2002～2015年中国广义贸易成本

年份	(1)	(2)	(3)	(4)	(5)
	ATC	*ATCI*	*EC*	*ECI*	*GTC*
2002	0.786	100.00	13573.51	100.00	100.00
2003	0.754	95.93	18638.54	137.32	104.79
2004	0.719	91.48	25283.11	186.27	111.76
2005	0.716	91.09	30551.03	225.08	119.77
2006	0.714	90.84	35809.03	263.82	127.86
2007	0.718	91.35	38548.56	284.00	132.58
2008	0.743	94.53	37183.21	273.94	132.92
2009	0.825	104.96	31021.16	228.54	131.41
2010	0.754	95.93	36887.36	271.76	133.56
2011	0.737	93.77	42743.00	314.90	141.09
2012	0.724	92.11	41205.39	303.57	137.36
2013	0.712	90.59	41276.09	304.09	136.28
2014	0.727	92.49	41184.56	303.42	137.63
2015	0.754	95.93	38198.56	281.42	135.62

资料来源：笔者经过计算获得。

6.1.3　广义贸易成本测度结果分析

6.1.3.1　总体广义贸易成本

根据式（6.1）和表6-4计算中国对外贸易的广义贸易成本。

$$GTC = W_1 \times ATCI + W_2 \times ECI \tag{6.2}$$

其中，*GTC* 表示广义贸易成本，*ATCI* 表示贸易的加总经济成本指数，*ECI* 表示贸易的环境成本指数，W_1 和 W_2 分别取值为 0.786 和 0.214，如式（6.1）所示，经计算的广义贸易成本结果如表 6－4 第（5）列所示。

图 6－1 清楚地显示了贸易的加总经济成本指数 *ATCI*、贸易的环境成本指数 *ECI* 以及广义贸易成本 *GTC* 的变化。

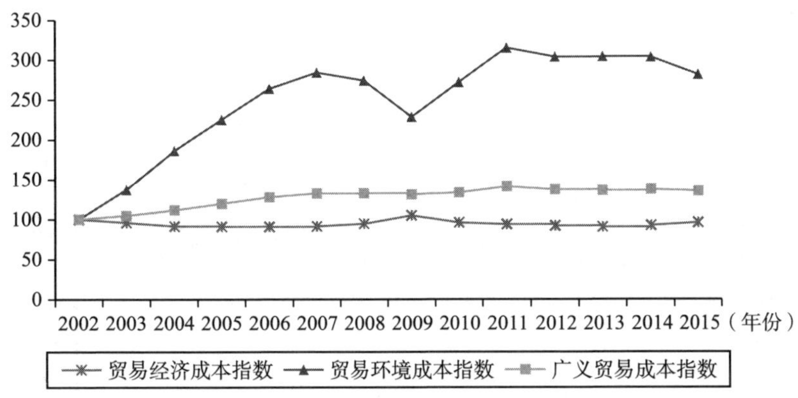

图 6－1　2002～2015 年中国广义贸易成本

资料来源：根据表 6－4 数据整理获得。

通过对比可以发现，中国的广义贸易成本变化大致可以分为三个阶段：第一阶段是 2002～2007 年，广义贸易成本呈上升趋势，这主要是由贸易的环境成本上升造成的，尽管环境成本所占的权重比较小，仅为 21.4%，但是由于它的增加幅度非常明显，完全抵消了贸易经济成本的下降，导致广义贸易成本出现上升。

第二阶段是在 2008～2010 年，贸易环境成本呈现 V 形走势，下降幅度高达 19.5%；但是贸易的经济成本刚好呈现倒 V 形走势，有将近 15% 的增长。因此加权后广义贸易成本在国际经济危机期间基本保持平稳，2009 年有小幅度的下降，呈微笑曲线状。

第三阶段是从 2011～2015 年，广义贸易成本大体保持平稳，略有下降的趋势。尽管这期间贸易经济成本变化趋势已经改变，2013 年出现了经济成本上升的迹象，但是贸易环境成本保持稳中有降。在 2015 年，由于贸易环境成本的下降幅度相对贸易经济成本上升的速度更快，因此广义贸易成本出现了平稳中略微有小幅度下降的趋势。

图6－2显示了中国广义贸易成本与出口占GDP比重的关系，其中*Cex/gdp*显示的是中国出口占GDP的比重，而*Wex/gdp*显示的是世界总出口占全世界GDP的比重，从图6－2中可以看出，中国广义贸易成本的变化趋势与*Wex/gdp*曲线的走势更为接近，而与*Cex/gdp*曲线变化的关联程度不明显。由此可以预测，如果世界总出口占全世界GDP的比重不断下降，中国的广义贸易成本很可能将进一步降低。

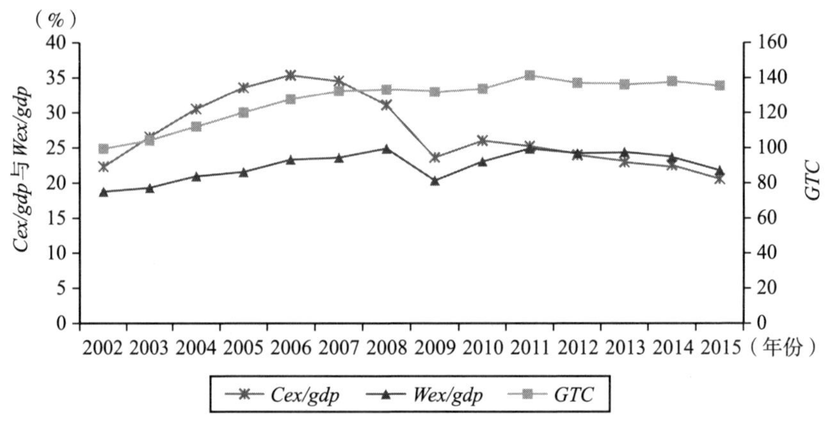

图6－2　2002～2015年中国广义贸易成本与出口占GDP比重对比

资料来源：世界银行、UN Comtrade数据库。

6.1.3.2　中国对主要伙伴的广义贸易成本

为了测度中国对贸易伙伴的广义贸易成本，首先利用式（4.1）测度的贸易经济成本指数化，方法是以2002年的贸易经济成本0.786作为基期，计算各个贸易伙伴的贸易经济成本指数。

$$TCI_{it} = TC_{it} \times 100/ATC_{2002} \tag{6.3}$$

其中，TCI_{it}表示中国在t时期对i国（地区）的贸易经济成本指数，TC_{it}表示中国在t时期对i国（地区）的贸易经济成本，ATC_{2002}表示中国2002年的加总贸易经济成本，根据表6－1的计算结果取值为0.786。

贸易的环境成本指数ECI_{jt}如表6－4中第（4）列所示。因此，对贸易伙伴的广义贸易成本计算公式为：

$$GTC_{it} = W_1 \times TCI_{it} + W_2 \times ECI_{jt} \quad (6.4)$$

其中，$W_j = \{0.786, 0.214\}$，如式（6.1）所示。中国 2002 ~ 2015 年对 173 个贸易伙伴的广义贸易成本计算结果见本书附录中附表 2 所示。

图 6 – 3 显示的是中国对主要贸易伙伴的广义贸易成本，从图 6 – 3 中可以看出，中国对美国的广义贸易成本与中国总体广义贸易成本基本一致，对其余主要贸易伙伴的广义贸易成本均低于总体广义贸易成本。其中，对中国香港地区最低，其次是韩国，对日本的广义贸易成本虽然仍然低于总体广义贸易成本，但是 2010 年以来差距逐渐缩小。对 4 个主要贸易伙伴的广义贸易成本变化趋势一致，即 2002 ~ 2007 年上升，2008 ~ 2011 年下降之后在回升，2012 年开始保持基本稳定，到 2015 年出现下降。细微的差别在于 2008 年国际经济危机的影响下，对中国香港地区的广义贸易成本变化比较剧烈，呈 V 形走势，而其他地区相对更缓和，呈 U 形变化且幅度不大。

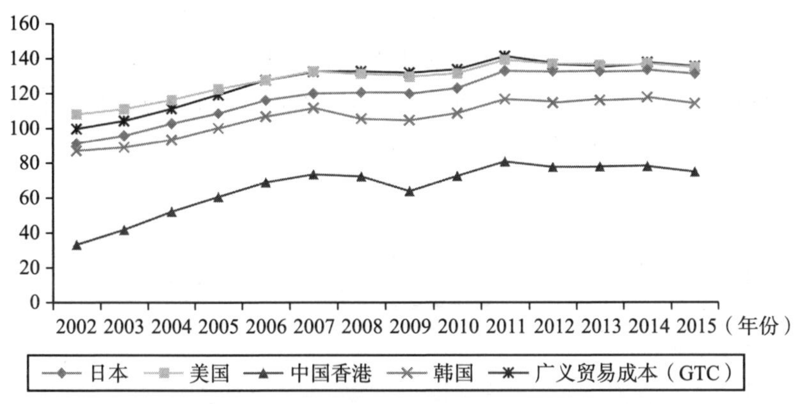

图 6 – 3　2002 ~ 2015 年中国对主要贸易伙伴的广义贸易成本对比

资料来源：世界银行、UN Comtrade 数据库。

图 6 – 4 显示的是中国对其他金砖国家的广义贸易成本。从图 6 – 4 中可以看出，对其他金砖国家的广义贸易成本全部高于中国总体广义贸易成本，但是变化趋势上存在一些差异。对俄罗斯的广义贸易成本与中国总体广义贸易成本几乎是平行的，变化趋势同步，但是对巴西、印度和南非的广义贸易成本则有所差异。2011 年前，对这三个国家的广义贸易成本保持水平并小幅

波动，但是没有上升的趋势，2011 年以后也依然保持在原来的水平上，仍然没有下降的趋势，整体变化幅度非常小。

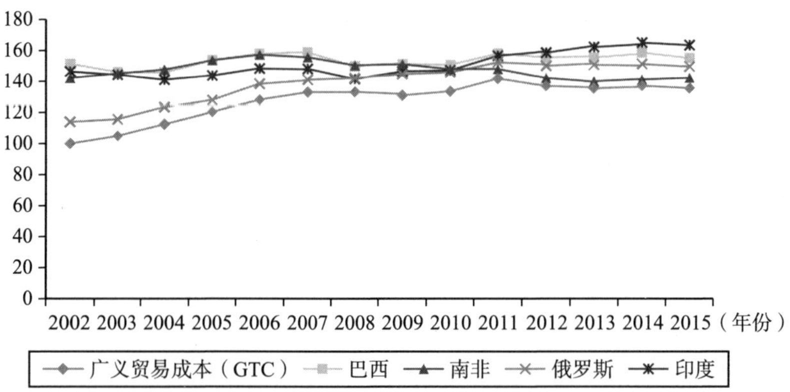

图 6-4　2002～2015 年中国对其他金砖国家的广义贸易成本对比

资料来源：世界银行、UN Comtrade 数据库。

关于中国对主要地区的广义贸易成本，利用中国 2002～2016 年对部分地区的加总贸易经济成本数据，根据式（6.3）和式（6.4）进行计算，将获得的计算结果显示在图 6-5 中。

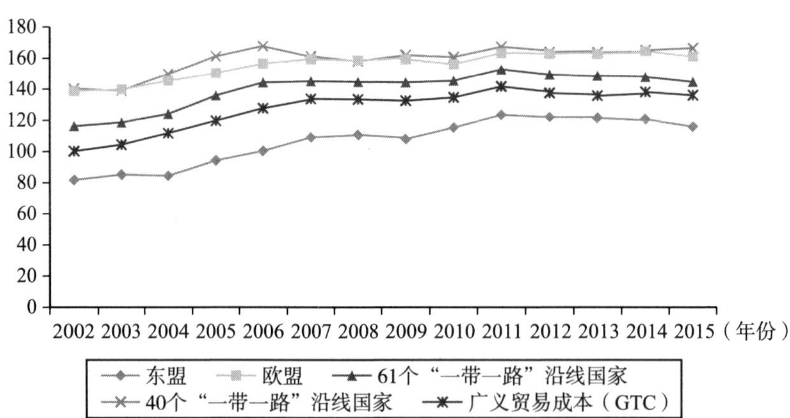

图 6-5　2002～2015 年中国对主要地区的广义贸易成本对比

资料来源：世界银行、UN Comtrade 数据库。

从图 6 -5 中可以看出，中国对其他“一带一路”沿线国家（OBR）的广义贸易成本最高，略微高于对欧盟的广义贸易成本，对“一带一路”沿线国家（BR）的广义贸易成本更低一些，但是对这 3 个地区均的贸易成本高于中国总体广义贸易成本，只有对东盟的广义贸易成本低于中国总体广义贸易成本。从变化趋势上看，总体来看，广义贸易成本变化可以在 2011 年划分为前后两个阶段，2011 年之前对几个主要地区的广义贸易成本均呈快速上升趋势，在 2011 年达到峰值，之后对欧盟和对其他“一带一路”沿线国家（OBR）的广义贸易成本几乎保持平稳不变，而对东盟和“一带一路”沿线国家（BR）的广义贸易成本出现小幅的下降，这种下降主要是由于对东盟的广义贸易成本下降造成的，因为“一带一路”沿线国家（BR）包含了所有东盟成员国。

6.2 广义贸易成本的经济效应：基于 GTAP 模型的模拟分析

6.2.1 模型简介与研究方案

6.2.1.1 GTAP 模型简介

全球贸易分析模型（global trade analysis project，GTAP）是由美国普渡大学研究开发的一种可计算一般均衡（computable general equilibrium，CGE）模型，该模型由于其能够利用多国多部门数据来模拟国际贸易政策变化所带来的影响，尤其适用于区域贸易协定的签订及相关贸易政策的改变对成员方和非成员方带来的影响，因而被广泛应用于贸易自由化和国际区域经济一体化领域（见图 6 -6）。本书的 GTAP 模拟采用 GTAP 8.0 数据库，涵盖了 129 个国家（地区）57 个部门的数据，以 2007 年为基期。

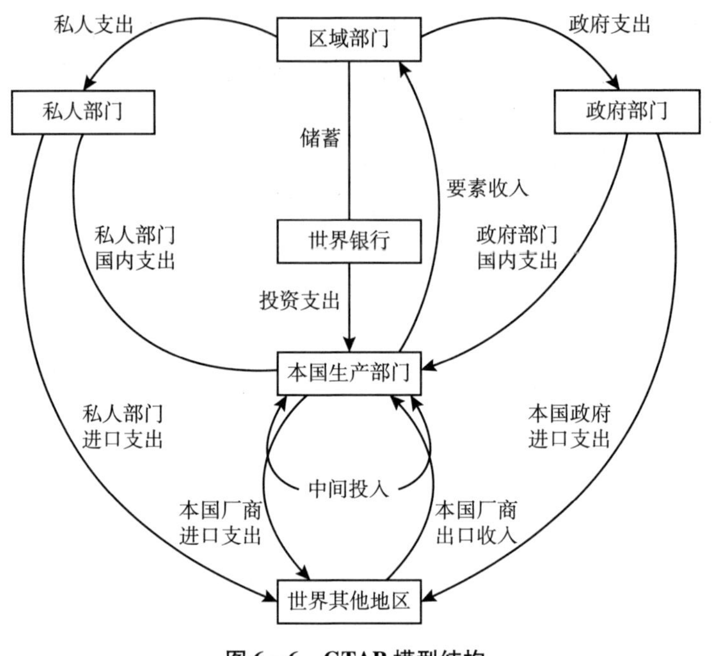

图 6-6　GTAP 模型结构

资料来源：Hertel T. Global Trade Analysis Project：Modeling and Applications［M］. Cambridge University Press，Cambridge，1997。

6.2.1.2　研究方案设计

首先进行地区和部门分类，根据中国与各贸易伙伴的实际贸易状况以及广义贸易成本变化的原因，本文将 GTAP 数据库中的 129 个国家（地区）的数据集聚成 7 个部分，分别为：中国（CHN）、美国（USA）、日本（JPN）、东盟①（ASEAN）、欧盟②（EU）、其他“一带一路”沿线国家③（OBR）和世界其他国家（ROW）。其他“一带一路”沿线国家将其中的东盟和部分欧盟成员国分离出来，尤其是对中国贸易经济成本非常低的东盟成员国，这样才能准确地分析“一带一路”沿线国家的贸易成本变化及其对中国贸易的

① 数据库中不包含缅甸的数据，因此东盟实际为 9 个国家的数据集聚。

② 欧盟按照目前 28 个国家进行数据集聚，由于以英国脱欧进程缓慢，故还没有将英国从欧盟中剔除。

③ 其他“一带一路”国家是指“一带一路”沿线的 65 个国家中除去中国、东盟 10 国以及位于欧洲中东部的 11 个欧盟国家。

影响。

根据联合国 SITC-3 分类法，并考虑广义贸易成本（包括关税和环境规制）对各产业的影响不同，将数据库中的 57 个部门重新集聚成以下 7 个部门：农业部门（agriculture）、资源部门（resource）、制造业部门（manufacture）、公用和基建部门（public）、贸易部门（trade）、运输和通信部门（trans-com）以及其他服务业部门（other services）。具体分类如表 6－5 所示。

表 6－5　　GTAP 8.0 数据库 57 个部门重新分类

部门名称	部门具体描述
农业（agriculture）	1. 水稻；2. 小麦；3. 未加工的谷物；4. 蔬菜、水、坚果；5. 油籽；6. 甘蔗、甜菜；7. 植物纤维；8. 农作物；9. 牛、羊、山羊、马；10. 未加工的动物产品；11. 生牛奶；12. 羊毛、蚕茧；13. 林业；14. 渔业
资源（resource）	15. 煤炭；16. 原油；17. 天然气；18. 未加工的矿物
制造业（manufacture）	19. 肉类：牛、羊、山羊、马；20. 加工的肉制品；21. 植物油和脂肪；22. 奶制品；23. 加工的大米；24. 糖；25. 加工的食品；26. 饮料和烟草制品；27. 纺织品；28. 穿着服装；29. 皮革制品；30. 木制品；31. 纸制品和出版物；32. 石油、煤炭产品；33. 化学、橡胶和塑料制品；34. 矿物制品；35. 黑色金属；36. 有色金属；37. 金属制品；38. 机动车及零部件；39. 运输设备；40. 电子设备；41. 机械设备；42. 制成品
公共和基建（public）	43. 电力；44. 天然气；45. 水；46. 建筑施工
贸易（trade）*	47. 贸易
运输和通信（trans-comm）	48. 陆地运输；49. 海洋运输；50. 航空运输；51. 通信
其他服务业（other services）	52. 金融服务；53. 保险；54. 商业服务；55. 休闲娱乐和其他服务；56. 公共管理、国防、卫生和教育；57. 住房

注：* 本研究剔除该部门。
资料来源：笔者根据 GTAP 软件整理。

在对原始数据进行了归集和重新分类之后，根据广义贸易成本（以关税税率表示）的变化来分别设定具体的外生变量冲击（shocks），然后采用 Johansen 方法，用 RunGTAP 3.59 软件进行一般均衡模拟求解。

6.2.2 情景设置

中国是制造大国，制造业的贸易成本变化对贸易和经济发展关系重大。但是目前的国际经济形势对中国制造业贸易成本影响不利，2010 年美国总统奥巴马提出“再工业化”战略虽然成效并不明显，但是特朗普政府 2017 年 12 月 2 日通过了大规模减税方案，明确地提出要促进美国制造业从海外回流，鼓励投资同时限制进口。2018 年 3 月 8 日美国对进口钢铁和铝产品全面征收 10% 和 25% 的关税①。这些无疑将增加中国的贸易成本。

美国对中国出口商品加征关税会增加中国商品的贸易经济成本，进而对广义贸易成本产生影响。表 6－6 显示了这种变化。2007 年中国贸易经济成本 *TC* 为 0.716，贸易经济成本指数 *TCI* 为 91.09，广义贸易成本为 132.38。2016 年贸易经济成本 *TC* 为 0.771，贸易经济成本指数 *TCI* 为 98.11，贸易环境成本指数 *ECI* 为 269.80②，广义贸易成本为 134.85。将关税增加 5%、10%、25% 和 50% 分别设置为情景 1、情景 2、情景 3 和情景 4，将关税税率直接加入 2016 年的贸易经济成本 *TC* 中，计算贸易经济成本指数 *TCI*。同时假设贸易环境成本指数 *ECI* 不发生变化，最终得出 4 种情景下新的广义贸易成本。

表 6－6　　中国广义贸易成本变化对比

项目	*TC*	*TCI*	*ECI*	*GTC*
2007 年	0.716	91.09	284.00	132.38
2016 年	0.771	98.11	269.80	134.85
情景 1	0.821	104.45	269.80	139.84

① 2018 年 7 月 10 日美国决定对中国 2000 亿美元商品加征 10% 的关税，已于 2018 年 9 月 24 日正式生效。同时特朗普总统计划提议将该进口关税从 2019 年 1 月 1 日起上调至 25%。2019 年 9 月 1 日，美国对华 3000 亿美元输美产品中第一批加征 15% 关税措施正式实施，此后双方经历了多轮磋商，并制定了排除清单。2020 年 9 月 15 日，世界贸易组织做出裁决：美国向中国征收 2000 亿美元违反关税义务。

② 由于缺少 2016 年的污染物排放数据，2016 年的贸易经济成本指数 TCI 为拟合值，根据 2001～2015 年贸易经济成本指数拟合生成，以便与贸易经济成本同步来计算 2016 年广义贸易成本。

续表

项目	*TC*	*TCI*	*ECI*	*GTC*
情景 2	0.871	110.81	269.80	144.84
情景 3	1.021	129.90	269.80	159.84
情景 4	1.2721	161.84	269.80	184.84

资料来源：笔者经过计算获得。

表 6 –6 显示的是美国对中国商品加征关税后中国广义贸易成本的变化，由于在 GTAP 模型中，价格指数是内生变量，不能直接进行外生冲击（shock），这里将广义贸易成本变化率转化为关税税率，如表 6 –7 所示，在 RunGTAP 3.59 软件中，设置冲击变量为 *tms*，冲击部门选择制造业，即美国从中国进口制造业产品进口关税的变化，冲击类型设定为变化幅度（change power）。

表 6 –7　　中国广义贸易成本变化率与关税税率转化　　单位：%

关税税率	5	10	25	50
GTC 变化率	5.63	9.41	20.74	39.63

资料来源：笔者经过计算获得。

6.2.3　模拟结果

6.2.3.1　贸易条件的变化和进出口

运行 RunGTAP 3.59 软件，通过对各相关指标的计算结果进行统计整理，可以清楚地考察不同广义贸易成本变化幅度带来的影响。

（1）贸易条件的变化。

从表 6 –8 可以看出，中国被加征关税导致广义贸易成本上升后，贸易条件明显恶化，其他所有地区的贸易条件都得到了改善。其中美国是最大的受益者，在情景 4 加征 50% 进口关税的情况下，美国的贸易条件增加了 2.75%，其次是作为制造大国的日本，世界其他国家和东盟也有一定程度的改善。中国是唯一一个贸易条件恶化的地区，恶化程度是美国贸易条件改善程度的3倍以上。

表6-8　　世界各地区贸易条件变化情况　　单位：%

情景	中国	东盟	美国	其他“一带一路”国家	欧盟	日本	世界其他国家
情景1	-1.11	0.09	0.39	0.05	0.03	0.15	0.11
情景2	-1.85	0.14	0.65	0.08	0.06	0.25	0.18
情景3	-4.07	0.31	1.43	0.18	0.12	0.56	0.40
情景4	-7.80	0.60	2.75	0.35	0.23	1.07	0.76

资料来源：GTAP软件运行结果统计整理。

（2）出口的变化。

从各地区的变化来看，美国对中国制造业部门产品加征关税造成中国广义贸易成本上升，首当其冲是中国的出口总额，其下降幅度大约为广义贸易成本上升幅度的一半。这种下降一方面是由于被征收关税导致广义贸易成本增加，出口数量减少；另一方面则是源自贸易条件的恶化（见表6-8），导致出口价格降低。但是美国的出口总额同样也出现下降，下降幅度大约为中国的60%。除了中美之外，其他5个地区的出口均出现了不同程度的增加，其中增加最多的是世界其他地区（ROW），这其中就包括了韩国，出口增加程度第二的是日本，日本和韩国同样是制造业较发达的国家，中国被征收关税后这两国的产品部分取代了中国产品。而一直被认为制造业发展潜力巨大的东盟出口总额增长并不明显，甚至低于“一带一路”其他国家，仅仅略高于欧盟地区（见表6-9）。

表6-9　　世界各地区出口总额的变化情况　　单位：%

情景	中国	东盟	美国	其他“一带一路”国家	欧盟	日本	世界其他国家
情景1	-2.60	0.07	-1.54	0.10	0.06	0.19	0.23
情景2	-4.35	0.11	-2.57	0.16	0.10	0.32	0.39
情景3	-9.58	0.25	-5.67	0.35	0.22	0.70	0.86
情景4	-18.35	0.48	-10.85	0.68	0.42	1.34	1.66

资料来源：GTAP软件运行结果统计整理。

从世界各部门出口总额的变化来看，各部门不同情景下出口总额变化如图 6 - 7 所示。对于中国制造业产品加征关税降低了全世界制造品的出口，50% 的关税税率将使全世界制造品出口下降 2. 53%。除了制造业部门之外，农业部门、交通和通信部门，以及资源部门的出口也受到影响，出口金额下降。其他服务业部门的出口出现了增长，幅度大约是制造业部门出口降幅的 1/8。公共和基建部门的出口有微弱的增长，但是该部门仅包含水、天然气、电力和建筑施工，出口历来都比较少，只有少数国家该部门存在出口。总体而言，美国对中国制造业产品征税降低了制造业产品在全世界贸易中的比重。

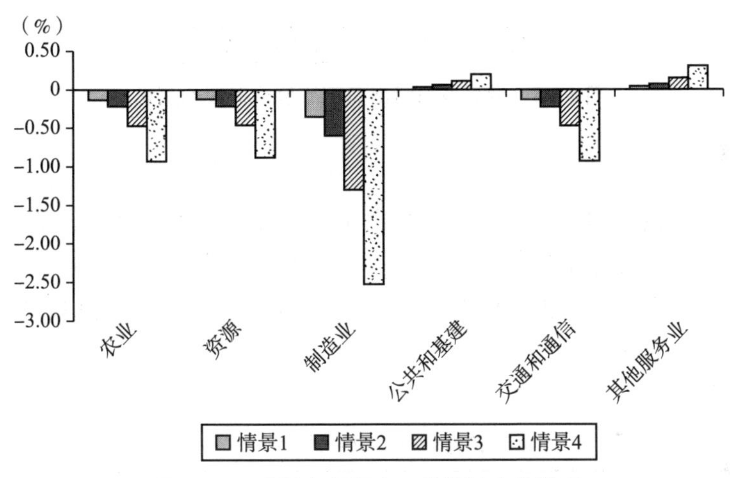

图 6 - 7　世界各部门出口总额的变化情况

除了数量和金额的变化，世界各部门出口产品的价格指数也发生了变化，如图 6 - 8 所示。

（3）进口的变化。

表 6 - 10 显示，以世界价格计算，美国加征关税后导致中国广义贸易成本上升后，中国和美国的进口金额出现了下降。其中中国的下降幅度最为明显，大约为贸易成本上升幅度的一半。这是由于中国加工制造业发达，对外贸易有“大进大出”的特点，出口的下降必然影响中国在制造业产业链的分工，导致进口明显减少。另外，贸易条件的恶化也会导致进口的下降。增加

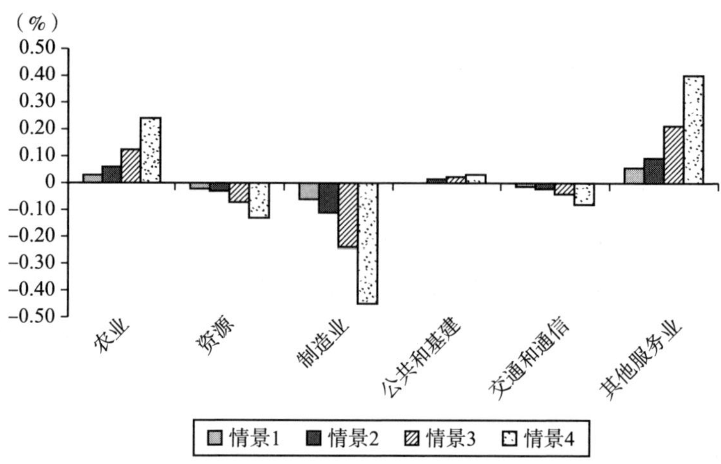

图 6-8 世界各部门出口产品价格指数的变化

关税导致美国的进口金额减少，这是由于一方面进口商品被加征关税后国内价格上升，引起需求的数量减少；另一方面世界制造品价格指数下降（见图 6-8），导致进口商品价格的降低。世界其他地区和日本的进口增加最多，欧盟的进口增加最少。

表 6-10　　世界各地区进口总额的变化情况　　单位：%

情景	中国	东盟	美国	其他“一带一路”国家	欧盟	日本	世界其他国家
情景 1	-2.79	0.08	-1.18	0.08	0.04	0.26	0.28
情景 2	-4.67	0.14	-1.98	0.14	0.07	0.43	0.47
情景 3	-10.29	0.31	-4.36	0.30	0.15	0.96	1.03
情景 4	-19.70	0.59	-8.34	0.58	0.29	1.83	1.98

资料来源：GTAP 软件运行结果统计整理。

各部门进口总量的变化（如图 6-9 所示）与出口总额的变化（如图 6-7 所示）基本是相似的，差别在于交通和通信部门出口数量的下降幅度要更低，而出口金额下降幅度更高。

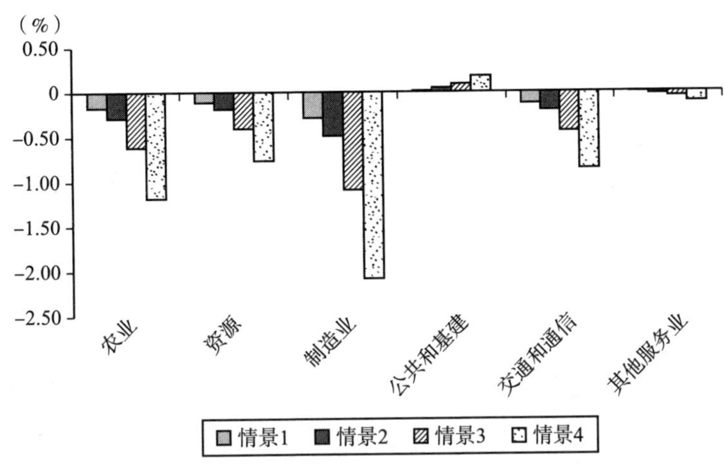

图 6－9　世界各部门进口总量的变化情况

（4）贸易收支平衡的变化。

美国关税政策冲击下，各地区的贸易收支平衡变化如图 6－10 所示。从图 6－10 中可以看出，中国贸易收支平衡严重恶化，而美国的贸易账户显著改善，两者的幅度大体相等。欧盟和其他“一带一路”沿线国家有小幅度改善，世界其他国家和地区以及日本出现了恶化但是相对不明显。

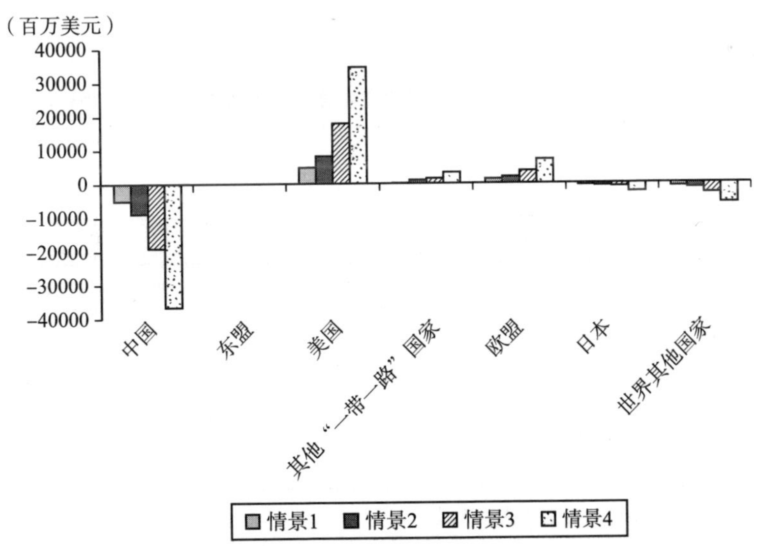

图 6－10　不同情景下世界各地区贸易收支平衡的变化

分别考察中国和美国的贸易收支平衡情况，如表6－11和表6－12所示，可以发现非常明显的特征：中国的贸易赤字增加全部来自制造业部门，其他部门均为盈余增加状况，总体贸易账户的恶化程度大约为制造业贸易赤字的1/3。而美国则刚好相反，只有制造业部门出现了贸易盈余，其他部门贸易账户继续恶化，总体贸易盈余相对于制造业部门贸易盈余的一半左右。因此，如果以改善国际收支状况为目的，美国特朗普政府的“关税战”在短期内是能够起到一定效果的。

表6－11　中国各部门贸易收支平衡的变化情况　单位：百万美元

部门	情景1	情景2	情景3	情景4
农业	1784.87	2983.24	6575.17	12589.20
资源	2496.86	4173.27	9198.04	17611.10
制造业	－15471.84	－25859.69	－56995.74	－109127.30
公共和基建	425.98	711.99	1569.25	3004.57
交通和通信	3132.71	5236.03	11540.41	22095.93
其他服务业	2490.82	4163.17	9175.78	17568.48
合计	－5140.60	－8591.99	－18937.09	－36258.02

资料来源：GTAP软件运行结果统计整理。

表6－12　美国各部门贸易收支平衡的变化情况　单位：百万美元

部门	情景1	情景2	情景3	情景4
农业	－776.12	－1297.21	－2859.09	－5474.18
资源	－209.18	－349.63	－770.60	－1475.44
制造业	9434.72	15769.23	34755.99	66545.77
公共和基建	－137.82	－230.35	－507.71	－972.08
交通和通信	－1271.06	－2124.46	－4682.39	－8965.18
其他服务业	－2156.08	－3603.68	－7942.66	－15207.47
合计	4884.46	8163.90	17993.54	34451.42

资料来源：GTAP软件运行结果统计整理。

6.2.3.2 贸易结构和产业结构的变化

（1）贸易结构的变化。

图 6－11 显示的是各地区出口总量的变化。

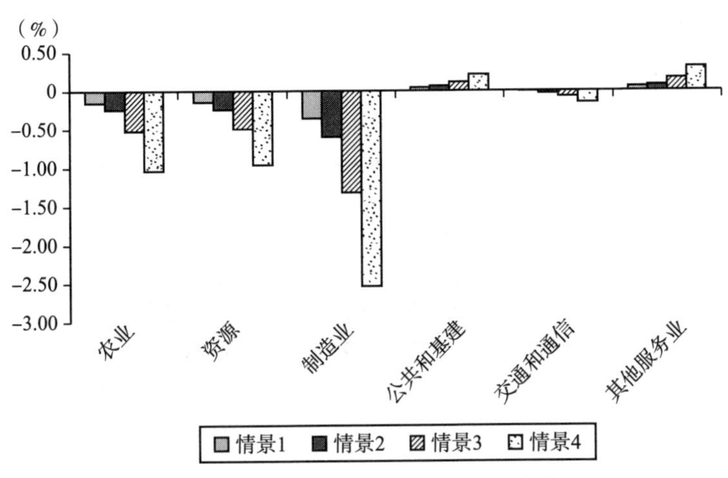

图 6－11 世界各部门出口数量的变化

显然美国对中国制造业加征关税降低了全球的总出口，对于农业部门、交通和通信部门以及资源部门的出口也有明显负面的影响，仅对公共和基建部门的出口有正向作用，但是考虑到该部门出口的比例非常小，因此可以说美国的关税政策降低了全世界总体出口数量。

对于各地区出口数量的影响如图 6－12 所示，对比各地区出口总额的变化（见表 6－9），可以发现：中国出口总金额下降的最多，而美国出口产品数量下降的最多。这其中显然体现了贸易条件变化的结果。其他 5 个地区的出口数量均有增加但是幅度不大。

（2）产业结构的变化。

图 6－13 显示了中国各部门产出发生的变化。在制造业部门产品被美国加征关税的情况下，中国制造业部门的产出所受到的影响并不是非常大，即使在情景 4 被征收 50% 关税的情况下，制造业部门产出下降还不到 1%。反而是公共和基建部门的产出下降更多，大约是制造业部门的 4 倍。

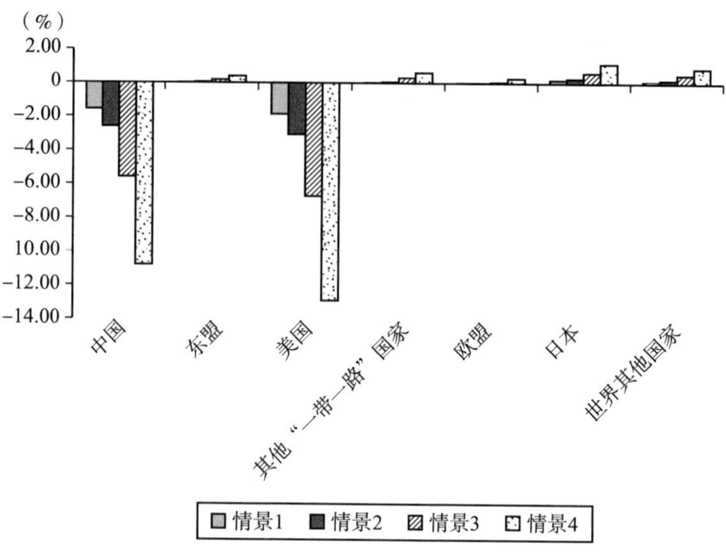

图6-12　世界各地区出口数量的变化

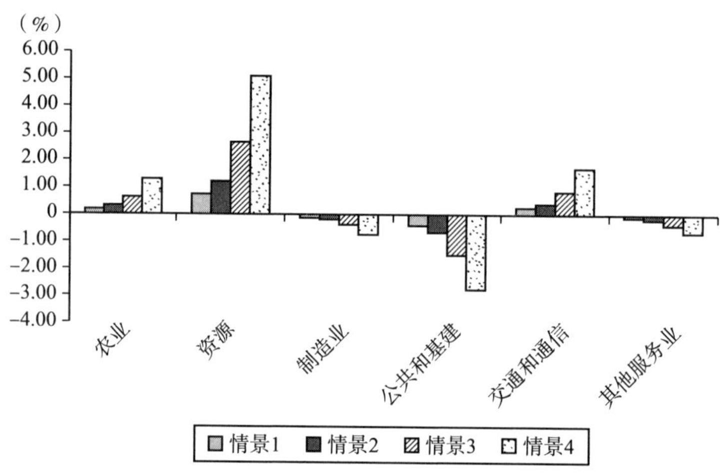

图6-13　不同情景下中国各部门产出的变化

一个值得注意的现象是，当制造业部门出口受到消极影响时，资源部门的产出明显增加了。一方面这可能意味着资源部门的出口增加，表6-11中资源部门贸易盈余的增加可以证明这一点；另一方面也可能意味着国内对于资源部门产品的消费增加。根据中国经济自身的资源禀赋和经济结构，资源部门出口增加并不是可持续的外贸增长方式，中国政府也并不鼓励通过增加资源出口改善贸易收支平衡。而在制造业产出下降的情况下，如果国内对于资源部门产品消费的增加意味着环境成本上升，产业结构恶化。因此，无论是哪一种情况，在制造业出口遭遇负面的外部冲击时，资源行业产出的增加都不是一件值得庆幸的事情。

再来考察美国各部门产出的变化情况，如表6－13所示。对中国制造业产品加征关税之后，美国制造业的产出变化微乎其微，几乎可以忽略不计，即使在加征高达50%进口关税的情况下依然如此。所以说，如果美国政府打算通过关税来保护制造业、增加制造业从业人员从而降低失业率，那是不现实的。相反，农业部门、公共和基建部门、资源部门，以及交通和通信部门的产出都将下降，这些都不利于就业。只有其他服务业的产出有所增加，而这并不是美国“再工业化”和增加制造业产品进口关税的目的。

表6－13　美国各部门产出的变化情况　单位：%

部门	情景1	情景2	情景3	情景4
农业	－0.18	－0.31	－0.68	－1.30
资源	－0.15	－0.25	－0.55	－1.06
制造业	0.00	0.01	0.01	0.02
公共和基建	－0.16	－0.27	－0.59	－1.13
交通和通信	－0.02	－0.03	－0.07	－0.13
其他服务业	0.04	0.06	0.14	0.27

资料来源：GTAP软件运行结果统计整理。

（3）GDP和福利的变化。

从各地区的GDP变化来看，中国GDP受到的拖累非常严重，美国无疑是最大的受益者，世界其他地区的GDP也有明显增长，增幅大约为美国的一半左右，具体见表6－14。

表 6-14　各地区 GDP 的变化情况　单位：%

情景	中国	东盟	美国	“一带一路”国家	欧盟	日本	世界其他国家
情景 1	-1.71	0.06	0.35	0.04	0.04	0.05	0.19
情景 2	-2.85	0.10	0.59	0.06	0.06	0.09	0.31
情景 3	-6.28	0.23	1.29	0.13	0.14	0.20	0.68
情景 4	-12.03	0.44	2.47	0.25	0.26	0.39	1.31

资料来源：GTAP 软件运行结果统计整理。

关于各地区福利水平的变化，根据国际经济学理论，任何形式的关税都会降低世界的福利。图 6-14 显示出了美国征收碳关税之后各地区的福利变化，可以看出美国是征收关税的最大受益者，10% 的税率就可以使福利增加大约 118.28 亿美元，而此时中国福利所遭受的损失为 348.06 亿美元，是美国福利增加值的 3 倍左右。世界其他国家、欧盟、日本、东盟和其他“一带一路”沿线国家的福利都有不同程度的增加。在 4 种情境下，全世界的净福利损失分别为 74.57 亿美元、124.64 亿美元、274.71 亿美元和 525.99 亿美元，每种情景都分别为中国福利净损失的 1/3 左右。

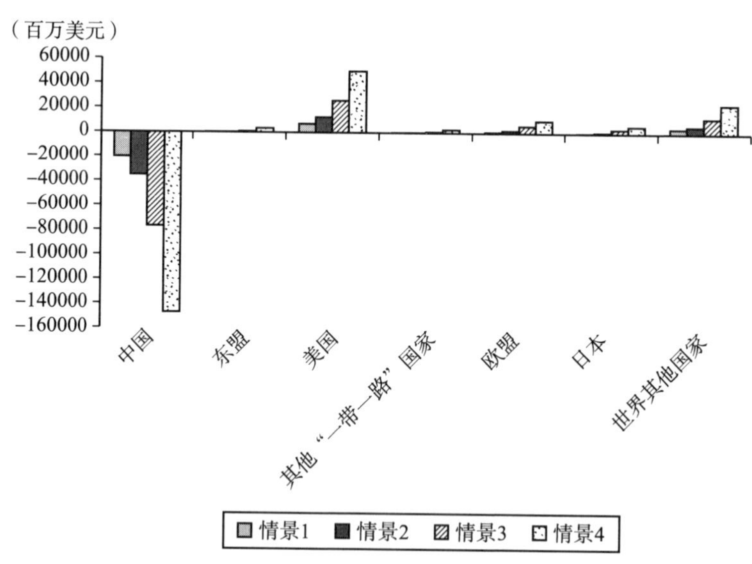

图 6-14　世界各地区福利的变化

6.2.4 结果分析对比

将本节的研究结果与郭美新等（Guo et al.，2018）进行对比，发现有如下相似之处：首先，两者都认为被征收关税对中国产出的影响不大。郭美新等（Guo et al.，2018）基于 EK（2002）模型利用 64 个国家 17 个部门的数据进行模拟，发现在美国对中国产品征收 45% 关税而且中国不展开报复的情况下，除了纺织业以外，中国其他行业产出的下降不到 5%，对产出的影响不大。本节利用 GTAP 模型的模拟也发现，即使美国征收 50% 的进口关税，对于制造业部门产出造成的下降只有 0.68%，对于公共和基建部门产出的影响比制造部门更高，关税反而增加了农业部门和资源部门的产出。总体而言对中国产出的影响并不大。其次，美国征收关税降低了全世界的进出口，同时也降低了美国的进口，恶化了全世界的福利，对世界经济增长产生了明显的消极影响。最后，郭美新等（Guo et al.，2018）认为中美贸易摩擦对一些小国来讲可能是有利的，本节也发现类似的结论。比如，对于其他“一带一路”国家（OBR）来说，由于“贸易转移”效应，中美贸易摩擦将增加他们产品的出口和产出，改善他们的贸易条件和国际收支状况，增加他们的福利。

本节与郭美新等（Guo et al.，2018）的结果也存在一些差异。首先是关于福利方面，郭美新等（Guo et al.，2018）模拟发现美国的实际工资降低，而且降低幅度大于中国，消费者福利恶化。而本节的模拟结果显示，征收关税之后，在所有地区中美国整体福利得到了最大限度的改善，改善的很大一部分原因是关税收入，尽管这并不直接体现在消费者的收益中。基于 GTAP 模型的模拟未发现任何证据可以表明中国的整体福利会得到改善。

其次是关于美国的产量和贸易条件。郭美新等（Guo et al.，2018）认为“美国生产和出口的更多”，导致“一些小国进口价格下降”，本节的模拟结果显示美国并没有生产更多，反而是更少。即使对中国制造业产品征收 50% 的进口关税，美国的制造业的产量也只有 0.02% 的增加，几乎可以忽略不计；但是农业部门、资源部门、公共和基建部门，以及运输和通信部门的产量全部下降，下降幅度是制造业产出增加的几十倍以上。正是基于这个模拟结果，可以判断征收关税对于促进美国就业没有任何帮助。如果“美国生产和出口的更多”，导致“一些小国的进口价格下降”，这必然意味着美国出口价格更低，贸易条件恶化。所以，其他地区进口价格下降，很大程度上是由于中国出口价格降低导致了世界平均价格水平下降，而不是由于美国导致的。

6.3 本章小结

通过第 6.1 节的广义贸易成本测算和 6.2 利用 GTAP 模型对广义贸易成本变化的影响进行模拟，可以得到如下结论：

（1）利用熵权法的计算结果显示，2002～2015 年中国广义贸易成本中贸易经济成本和贸易环境成本的权重分别为 0.786 和 0.214。其中加总贸易经济成本指数 *ATCI* 除去 2009 年经济危机的影响之外变化很小，贸易环境成本指数 *ECI* 在 2009 年之前和 2009 年之后分别呈两个倒 U 形走势，最高峰出现在 2011 年。

（2）中国广义贸易成本变化大致可以分为三个阶段：2002～2007 年呈上升趋势，这主要是由贸易环境成本上升迅速造成的，这期间加总贸易经济成本在缓慢下降；第二阶段是在 2008～2010 年全球经济危机期间，广义贸易成本大体保持平稳，2009 年有小幅度的下降，呈微笑曲线状。其中贸易环境成本呈现 V 形走势，降幅较大，而贸易加总经济成本刚好呈现倒 V 形走势，降低幅度更小；第三阶段是从 2011～2015 年，广义贸易成本稳中有降，降幅较小。其中 2013 年贸易加总经济成本已经确立了上行趋势，但是贸易环境成本保持稳中有降，尤其是 2014 年起加速下降，因此广义贸易成本出现了平稳中略微有小幅度下降的趋势。广义贸易成本的变化主要体现了贸易环境成本的变化。

（3）中国对东盟和美国、日本、韩国的广义贸易成本低于中国整体的广义贸易成本，而对欧盟、金砖国家、“一带一路”沿线其他国家的广义贸易成本均高于中国整体的广义贸易成本，这与贸易经济成本的计算结果基本一致。

（4）针对遭遇关税引起的中国广义贸易成本上升，利用 GTAP 模型对其影响进行了模拟，结果发现：美国对中国制造业部门产品加征关税，恶化了中国的贸易条件，导致中国进出口总额减少，其中出口总额降低更明显，因此中国贸易赤字增加，这种增加完全是来自制造业部门。制造业产品贸易在全球贸易的比重中降低，但是中国制造业的产出降低并不明显。

相反，对于美国而言关税显著改善了美国的贸易条件，尽管导致了美国的进出口总额都出现下降，由于进口商品基数更大，因而贸易赤字得到减少，这种减少全部要归功于制造业部门盈余的增加。但是关税降低了美国服务业以外其他部门的产出，对于美国制造业产出也没有明显的促进作用。在关税政策的帮助下美国GDP呈快速增长，福利显著增加。如果以改善贸易收支平衡和促进经济增长为目的，美国的关税政策是有效的；但是如果以促进制造业就业为目的，关税则是无效的。

第7章
结论与政策建议

在前6章的规范分析和实证分析的基础上，本章总结出如下结论，并且提出相应的政策建议。

7.1 基本结论

在经济学理论基础上，通过前6章的规范分析和实证分析，本书得到主要结论如下：

（1）利用诺维（Novy，2013）的方法测算2002～2016年中国与173个贸易伙伴的贸易经济成本，结果发现中国加总贸易经济成本仅为平均贸易经济成本的43%左右，平均贸易经济成本忽略权重的差异，会导致对贸易经济成本的测算结果偏高。而且贸易经济成本持续下降的趋势已经改变，2014年出现拐点由下降转为上升趋势。对不同贸易伙伴经济成本变化出现拐点的时间存在差异，对东盟、美国、日本、韩国以及中国香港地区贸易经济成本低于加总贸易经济成本，而对欧盟、金砖国家以及“一带一路”其他国家高于加总贸易经济成本。

（2）根据能源消耗指标和污染物排放指标，

利用熵权法计算我国贸易的环境成本，发现在2001～2007年环境成本快速上升，2008～2010年全球经济危机中呈V形变化，2011年回升之后到达最高值后逐渐平稳，2015年再次出现明显下降。从能源消耗的角度，我国与越南、泰国、马来西亚、印度、南非、俄罗斯的出口的含污贸易条件PTT小于100，与其他排名前20的主要贸易伙伴含污贸易条件PTT均大于100，与大多数国家的PTT在2005年达到峰值后逐步下降。从污染物排放的角度，与2001年相比，2015年我国固体废弃物排放量降低到2%，废水排放量基本持平，但是其中氨氮去除量和化学需氧量都几乎减半，二氧化硫排放量持平，烟尘粉尘降低了1/3。从污染物排放量角度，环境贸易经济成本的增加完全来自废气排放总量的增加，也就是温室气体的增加。

（3）将贸易经济成本和贸易环境成本指数化后，利用熵权法计算中国广义贸易成本，两者的权重分别为0.786和0.214。广义贸易成本变化大致可以分为三个阶段：2002～2007年，贸易环境成本迅速增加导致广义贸易成本上升；2008～2010年全球经济危机，贸易环境成本呈现V形走势而贸易加总经济成本呈现倒V形，广义贸易成本大体呈微笑曲线状；2011～2015年，加总贸易经济成本上行，而贸易环境成本稳中有降，广义贸易成本稳中有降，但是降幅较小。对东盟和美国、日本、韩国以及中国香港地区的广义贸易成本低于中国整体的广义贸易成本，而对欧盟、金砖国家、“一带一路”沿线其他国家均高于中国整体广义贸易成本，这与贸易经济成本的计算结果基本一致。

（4）关于贸易经济成本的影响因素，结合当前国际经济局势发展变化，引入贸易伙伴“对自由贸易的态度”这一因素，并且以反倾销案件数量作为代理变量，在经典的引力模型中加入反倾销相关变量进行回归，发现中国发起和遭遇反倾销的数量以及贸易伙伴遭遇反倾销的数量都增加了中国的出口贸易经济成本。但是对于贸易伙伴特定针对中国发起的反倾销指控数量和采取的反倾销措施数量，无论是固定效应模型、随机效应模型还是采用极大似然法回归，即使数据滞后一期，对中国出口贸易经济成本的影响均不显著。也就是说，是贸易伙伴“对自由贸易的态度”而不是“与中国进行贸易的态度”，显著影响了我国出口贸易经济成本。反事实模拟表明，2002～2016年如果中国不遭遇任何反倾销指控，出口贸易经济成本将降低36.40%。如果所有贸易伙伴都不相互发起任何反倾销指控，中国出口成本将下降23.89%。如果所有贸易伙伴都不遭遇、发起任何反倾销指控，中国出口成本将下降

2.07%。简言之，中国是全球自由贸易的受益者之一，应该继续坚定地成为WTO的拥护者和支持者，维护国际自由贸易秩序。

（5）在异质性企业贸易理论模型中引入排污费变量，分析企业的环境成本排污费对出口的影响，研究发现企业出口额与单位产值排污费和单位金额排污费强度呈U形关系，并且位于曲线的左侧，还没有达到拐点，企业出口额随着这两种排污费强度的增加而下降，但是与单位产量排污费正相关。所有企业排污费指标均与出口数量正相关。单位产量排污费强度对企业出口扩展边际具有正向作用，排污费总量和单位产量排污费强度对出口集约边际具有正向作用。无论是总排污费还是3种单位排污费强度指标均与出口质量均呈U形关系，尽管还没有达到拐点，波特假设一定程度上得到了证实。排污费主要通过降低企业全要素生产率、增加企业长期投资和研发投入来影响企业出口行为，不同行业存在差异。

（6）利用GTAP模型将全球划分为7个地区和6个部门进行广义贸易成本变化模拟，结果发现美国对中国制造业部门产品加征关税，恶化了中国的贸易条件，导致中国进出口总额减少，其中出口总额降低更明显，因此中国贸易赤字增加，这种增加完全是来自制造业部门。制造业产品贸易在全球贸易的比重中降低，但是中国制造业的产出降低并不明显。

相反，对于美国而言，关税显著改善了美国的贸易条件，尽管导致了美国的进出口总额都出现下降，但是由于进口商品基数更大，因而贸易赤字得到减少，这种减少全部要归功于制造业部门盈余的增加。但是关税降低了美国服务业以外其他部门的产出，对于美国制造业产出也没有明显的促进作用。在关税政策下，美国GDP快速增长，福利显著增加。如果以改善贸易收支平衡和促进经济增长为目的，美国的关税政策是有效的；但是如果以促进制造业就业为目的，关税则是无效的。

7.2 降低广义贸易成本的政策建议

7.2.1 降低对欧盟和其他“一带一路”国家的贸易经济成本

通过第4章对加总贸易经济成本和第6章广义贸易成本的测度可以发现，

目前中国对欧盟和其他“一带一路”沿线国家的贸易成本比较高，明显高于对美国和东盟地区的贸易成本。

在美国对中国产品加征关税之后，从短期看，中国有必要调整对各贸易伙伴的出口份额，降低对美国市场的依赖程度，进一步挖掘其他海外市场的潜力，以减缓对国内出口企业造成的冲击。从长期看，进一步加强与欧盟和其他“一带一路”沿线国家进一步经贸合作，不仅是必要的，也是非常可行的。中国与欧盟在要素禀赋和产业结构上存在着一定程度上的互补，产业间贸易发展很有潜力；而与其他“一带一路”沿线国家在全球价值链中分工不同，产业内贸易发展潜力较大。应该积极同欧盟进行沟通开展经贸合作，促进中欧自由贸易协定的签署，同时进一步通过“一带一路”倡议的实施扩大投资，带动中国与相关国家经贸往来的发展。

7.2.2 保持平稳的对外贸易增长速度

从中国的广义贸易成本测度中可以看出，贸易的经济成本和环境成本变化趋势并不一致，存在某种程度上的“此消彼长”，2002 ~ 2007 年中国出口增加迅速，贸易经济成本持续下降，但是贸易环境成本增长很快；而 2013 年以后贸易经济成本开始上升，贸易环境成本却开始下降。因此，从广义贸易成本的角度来说，过去的经验显示，同时降低贸易经济成本和贸易环境成本几乎很难实现，“又快又好”的对外贸易增长并不是一个非常现实的目标。

中国的对外贸易增长要保持在一个比较合理的速度，这个速度可以依据广义贸易成本的变化来判断。2002 年加入 WTO 以来的经验表明，广义贸易成本的变化趋势与全世界出口占 GDP 比重的变化趋势接近，因此需要合理地控制广义贸易成本，尤其是控制对外的贸易环境成本，使其变化幅度与全世界出口占 GDP 比重的变化基本一致，这样才不会以过高的广义贸易成本来换取有限的出口总额增加，不会导致贸易条件恶化和国内福利损失严重。在平稳的对外贸易增长中逐步调整产业结构，提高产品的质量和附加值，实现“好”的增长，而不是在增加广义贸易成本的情况下，追求“快”的增长，这对于新时期中国经济发展是非常现实的目标，尤其是在当前国际贸易摩擦加剧的情况下。

7.2.3 进一步扩大对外开放程度

第4章的经验研究表明中国是自由贸易的受益者之一，世界各国“对自由贸易的支持态度”降低了中国贸易经济成本，促进了中国对外贸易的发展。因此在当前美国发动“贸易战”、全球自由贸易前景黯淡的情况下，中国政府应该续做“多边贸易体系的坚定支持者和维护者”①，进一步扩大开放，努力推动形成对外开放的新局面。

进一步对外开放，可以从三个方面进行：一是以“一带一路”倡议为重点，积极鼓励中国企业“走出去”。与“一带一路”沿线国家开展深入的经济合作，使中国的贸易伙伴进一步多样化，分散当前形势下的对外贸易和投资风险。二是积极参与自由贸易协定（free trade agreement，FTA）的谈判。三是支持国内自由贸易园区（free trade zone，FTZ）的建设。

同时，中国政府应该积极参与全球经济治理中，进一步对接国际贸易规则，切实履行加入世贸组织承诺，积极推进贸易投资自由化便利化，有力维护争端解决机制法律地位，全力支持发展中国家融入多边体系，维护WTO多边贸易体系的权威性和有效性。通过“一带一路”倡议主导建立更多的国际组织，为世界提供国际公共品，并继续推动人民币国际化进程。

7.2.4 谨慎扩大传统基建投资，坚持产业结构调整

本书第6章利用GTAP模型对广义贸易成本冲击的影响进行模拟，结果显示当制造业出口受阻时，制造业部门国内产出小幅下降，而资源部门的产出却明显增加了。考虑到中国已经通过调整出口退税率、增加出口关税等措施抑制矿产资源的出口，在制造业产出不增长的情况下，如果资源部门产出增加就很可能出现国内产业结构的恶化。

传统的基础设施建设会增加对资源行业产品的需求。当出口和消费对经

---

① 中国驻欧盟使团团长张明大使2018年7月26日在《欧盟观察》发表署名文章《中国是多边贸易体系的坚定支持者、维护者》，本书赞同该文章的观点并且沿用了“多边贸易体系的坚定支持者和维护者”这一说法。

济增长的拉动乏力时，根据凯恩斯理论和中国以往的经验，政府倾向于通过扩大基础设施建设来拉动经济增长。而传统基础设施建设必然拉动对高能耗、高污染行业产品的需求，比如钢铁和水泥等。这就非常不利于我国淘汰落后产能，优化产业结构。而且根据边际收益递减原理，持续进行传统基础设施投资对经济增长的拉动作用日趋减小，而环境污染已经接近自容纳率，边际成本非常高。盲目扩大基础设施建设在短期内会增加环境污染，从长期看会错过产业结构调整的机会，不利于中国制造业的产业升级和可持续发展。

因此，在当前中国出口遭遇外部严重冲击的情况下，对于扩大基础设施建设要慎重，根据实际需要合理地选择投资项目，仔细评估投资的成本与收益，不宜全面大规模地推进基础设施建设项目，更不能在加大基建投资的过程中放弃产业结构调整。要继续对高能耗、高污染、低效率的企业继续关停或者实施兼并重组，以降低能源消耗和污染物排放水平。在“阵痛”过程中加快产业升级，逐步降低高污染高能耗行业在整个经济和出口中的比重，提升高技术高附加值产品行业和产品的比例，这样才能有助于实现降低广义贸易成本的目标。

7.2.5 合理利用税收政策引导产业转型升级

通过第 5.2 节排污费对企业出口影响的实证研究可以发现，让企业负担合理的环境成本不但不会恶化企业的出口，反而对出口额、出口扩展边际、出口品质量都有正向促进作用。因此如何合理地设定和调整环境税的税率，是一个非常重要的问题。本书认为排污费税率的设定和调整，应该以 2004 年单位产量排污费强度为重要参考依据，达到既能约束企业排污、促进生态文明建设，又能增加出口额、提升产品质量，同时还增加政府税收的“三赢”效果。

同时经验研究结果显示，“造纸及纸制品”以及“黑色金属冶炼及压延加工业”等高能耗、高污染行业更倾向于投资减排设备，而不是增加研发投入进行技术创新。因此政府对于高能耗、高污染行业，可以实行相应的研发鼓励措施，比如借鉴澳大利亚的经验对研发经费投入减免税，甚至是研发补贴等，促进企业进行技术创新，通过创新实现提高产品附加值、降低环境污染的目的。

附　　录

附表 1　　中国与 173 个贸易伙伴 2002～2016 年贸易经济成本（$\sigma=8$）

序号	国家和地区	代码	2002年	2003年	2004年	2005年	2006年	2007年	2008年	2009年	2010年	2011年	2012年	2013年	2014年	2015年	2016年
4	阿富汗	AFG	3. 749	3. 073	2. 805	2. 784	3. 272	2. 581	2. 651	2. 931	2. 751	2. 723	2. 569	2. 526	2. 358	2. 488	2. 694
8	阿尔巴尼亚	ALB	3. 748	3. 803	2. 369	2. 317	2. 288	1. 949	1. 830	1. 972	1. 774	1. 751	1. 744	1. 685	1. 722	1. 763	1. 747
12	阿尔及利亚	DZA	1. 762	1. 646	1. 453	1. 364	1. 512	1. 180	1. 261	1. 304	1. 276	1. 244	1. 222	1. 243	1. 317	1. 388	1. 535
24	安哥拉	AGO	1. 403	1. 178	1. 085	1. 010	0. 894	0. 743	0. 810	0. 840	0. 770	0. 775	0. 729	0. 785	0. 771	0. 935	1. 110
28	安提瓜和巴布达	ATG	5. 725	—	—	—	3. 718	6. 023	2. 748	2. 752	2. 773	2. 901	2. 828	2. 737	3. 531	4. 641	3. 696
31	阿塞拜疆	AZE	2. 451	1. 643	1. 717	1. 854	1. 929	2. 705	1. 146	1. 832	1. 814	1. 733	1. 734	1. 801	1. 845	1. 948	1. 802
32	阿根廷	ARG	1. 493	1. 272	1. 204	1. 160	1. 149	1. 054	1. 025	1. 267	1. 126	1. 159	1. 191	1. 210	1. 263	1. 263	1. 306
36	澳大利亚	AUS	0. 978	0. 939	0. 883	0. 837	0. 816	0. 794	0. 784	0. 834	0. 750	0. 737	0. 754	0. 754	0. 754	0. 789	0. 791
40	奥地利	AUT	1. 500	1. 450	1. 406	1. 400	1. 359	1. 332	1. 339	1. 450	1. 333	1. 330	1. 362	1. 382	1. 349	1. 358	1. 370
44	巴哈马	BHS	3. 624	2. 683	2. 804	3. 106	3. 448	2. 051	2. 733	3. 231	3. 071	1. 714	1. 618	3. 651	3. 158	1. 810	1. 984
48	巴林	BHR	1. 757	1. 726	1. 612	1. 609	1. 605	1. 544	1. 540	1. 626	1. 405	1. 320	1. 407	1. 431	1. 487	1. 705	1. 929
50	孟加拉国	BGD	1. 779	1. 758	1. 619	1. 548	1. 489	1. 515	1. 513	1. 618	1. 421	1. 362	1. 378	1. 352	1. 350	1. 314	1. 356

续表

序号	国家和地区	代码	2002年	2003年	2004年	2005年	2006年	2007年	2008年	2009年	2010年	2011年	2012年	2013年	2014年	2015年	2016年
51	亚美尼亚	ARM	2.861	3.042	2.845	3.303	2.455	2.156	2.505	2.316	2.077	2.176	2.256	2.116	1.963	1.927	1.868
52	巴巴多斯	BRB	3.703	4.141	3.584	3.485	3.041	2.981	3.060	2.746	2.629	2.352	2.371	2.439	2.419	2.406	2.399
56	比利时	BEL	0.907	0.884	0.813	0.750	0.707	0.684	0.712	0.918	0.774	0.686	0.723	0.532	0.763	0.821	0.865
68	玻利维亚	BOL	2.614	2.718	2.217	2.068	1.999	1.937	1.710	1.950	1.792	1.639	1.656	1.669	1.542	1.651	1.722
70	波黑	BIH	4.019	3.668	3.393	2.072	2.042	2.301	2.707	2.826	2.683	2.588	2.641	2.539	2.156	2.422	2.470
72	博茨瓦纳	BWA	4.628	2.704	2.559	2.464	2.321	1.978	1.590	1.917	1.804	1.662	1.873	1.807	1.798	1.846	2.032
76	安道尔	BRA	1.301	1.158	1.058	1.058	1.015	0.976	0.908	1.024	0.927	0.901	0.905	0.908	0.932	0.953	0.983
90	所罗门群岛	SLB	2.293	1.997	1.824	1.695	1.674	1.532	1.549	1.610	1.432	1.431	1.438	1.452	1.425	1.367	1.403
96	文莱	BRN	1.558	1.449	1.472	1.736	1.472	1.504	1.691	1.538	1.257	1.243	1.248	1.474	1.356	1.516	1.562
100	保加利亚	BGR	2.041	1.785	1.677	1.615	1.419	1.543	1.521	1.833	1.597	1.493	1.391	1.375	1.384	1.446	1.506
104	缅甸	MMR	1.236	1.246	1.228	1.221	1.249	1.226	1.237	1.318	1.185	1.117	1.149	1.007	0.772	0.907	0.989
108	布隆迪	BDI	3.338	2.832	3.300	3.111	2.740	3.049	3.644	2.982	2.651	2.334	2.414	2.486	2.759	2.959	2.934
112	白俄罗斯	BLR	2.091	1.908	1.730	1.569	1.479	1.490	1.552	1.675	1.504	1.445	1.399	1.574	1.523	1.487	1.537
116	柬埔寨	KHM	1.529	1.515	1.434	1.484	1.443	1.439	1.533	1.646	1.394	1.243	1.262	1.173	1.169	1.104	1.077
120	喀麦隆	CMR	1.825	1.803	1.721	1.857	1.608	1.638	1.499	1.607	1.493	1.422	1.345	1.481	1.363	1.342	1.473
124	加拿大	CAN	1.120	1.092	0.997	0.978	0.977	0.950	0.962	1.064	1.003	0.973	0.974	0.977	0.980	0.968	1.034
140	中非	CAF	3.461	2.998	2.656	2.418	2.864	2.604	2.371	2.558	2.254	2.419	2.265	2.406	2.614	2.468	2.429

续表

序号	国家和地区	代码	2002年	2003年	2004年	2005年	2006年	2007年	2008年	2009年	2010年	2011年	2012年	2013年	2014年	2015年	2016年
144	斯里兰卡	LKA	1.887	1.788	1.736	1.642	1.682	1.655	1.691	1.777	1.696	1.612	1.638	1.630	1.583	1.572	1.570
148	乍得	TCD	3.349	3.284	1.989	—	1.939	—	2.159	2.003	1.470	1.883	1.830	1.863	1.921	2.127	2.116
152	智利	CHL	1.125	1.048	0.983	—	0.922	—	0.845	0.923	0.827	0.819	0.830	0.850	0.851	0.872	0.884
170	哥伦比亚	COL	3.887	3.674	1.724	1.683	1.594	1.360	1.387	1.530	1.330	1.296	1.280	1.270	1.143	1.247	1.323
178	刚果（布）	COG	1.488	1.254	1.910	1.079	1.032	0.807	0.799	0.946	1.035	0.685	1.006	1.052	0.950	1.076	1.136
180	刚果（金）	COD	2.505	2.276	1.763	1.827	1.684	1.659	1.357	1.434	1.236	1.171	1.196	1.250	1.224	1.251	1.347
188	哥斯达黎加	CRI	1.658	1.431	2.439	1.263	1.125	1.097	1.156	1.236	1.193	1.176	1.160	1.205	1.217	1.495	1.519
191	克罗地亚	HRV	2.484	2.422	2.231	1.840	1.759	1.695	1.763	1.914	1.913	1.844	1.899	1.847	1.928	1.892	1.823
192	古巴	CUB	A1.687	1.757	1.622	1.516	1.322	1.283	1.351	1.576	1.492	1.519	1.619	1.646	1.804	1.723	—
196	塞浦路斯	CYP	2.641	2.627	2.636	2.437	2.438	2.149	2.081	2.075	1.996	2.005	1.709	1.913	1.879	2.021	2.094
203	捷克	CZE	1.485	1.356	1.444	1.334	1.254	1.153	1.170	1.246	1.076	1.036	1.042	1.026	0.950	0.942	0.954
204	贝宁	BEN	1.534	1.329	1.258	1.171	1.213	1.193	1.247	1.379	1.279	1.246	1.239	1.280	1.233	1.456	1.604
208	丹麦	DNK	1.423	1.319	1.280	1.247	1.222	1.194	1.172	1.307	1.228	1.224	1.231	1.258	1.227	1.223	1.248
212	多米尼克	DMA	2.163	2.254	2.037	2.180	1.726	1.899	2.114	2.699	2.324	3.003	2.730	3.522	2.924	2.951	2.828
214	多米尼加	DOM	2.793	2.472	2.051	2.031	1.748	1.740	1.745	1.955	1.807	1.689	1.646	1.736	1.732	1.777	1.888
218	厄瓜多尔	ECU	2.167	1.927	1.725	1.857	1.678	1.601	1.282	1.476	1.468	1.430	1.364	1.412	1.374	1.392	1.488
222	萨尔瓦多	SLV	2.555	2.521	2.354	2.167	2.341	2.350	2.365	2.717	2.403	2.460	2.446	2.418	2.381	1.993	2.031

续表

序号	国家和地区	代码	2002年	2003年	2004年	2005年	2006年	2007年	2008年	2009年	2010年	2011年	2012年	2013年	2014年	2015年	2016年
226	赤道几内亚	GNQ	1. 780	1. 756	1. 585	1. 539	1. 366	1. 386	1. 275	1. 394	1. 443	1. 444	1. 409	1. 377	1. 347	1. 489	1. 681
231	埃塞俄比亚	ETH	2. 366	2. 234	1. 994	1. 620	1. 533	1. 597	1. 641	1. 582	1. 502	1. 600	1. 573	1. 569	1. 452	1. 512	1. 544
233	爱沙尼亚	EST	1. 613	1. 720	1. 798	1. 707	1. 268	1. 540	1. 598	1. 779	1. 426	1. 310	1. 382	1. 413	1. 447	1. 482	1. 517
242	斐济	FJI	2. 460	2. 269	2. 251	2. 465	2. 556	2. 475	2. 723	2. 924	2. 687	2. 647	1. 950	1. 771	1. 782	1. 982	2. 014
246	芬兰	FIN	1. 200	1. 161	1. 059	1. 044	0. 997	0. 992	1. 048	1. 207	1. 117	1. 118	1. 139	1. 203	1. 236	1. 310	1. 358
251	法国	FRA	1. 237	1. 134	1. 091	1. 065	1. 035	1. 014	1. 029	1. 133	1. 030	1. 024	1. 036	1. 070	1. 053	1. 065	1. 098
262	吉布提	DJI	3. 257	2. 661	2. 371	2. 299	2. 357	2. 090	2. 083	2. 749	2. 279	2. 664	2. 268	2. 483	2. 080	2. 127	—
266	加蓬	GAB	1. 905	1. 784	1. 717	1. 538	1. 333	1. 313	1. 230	1. 468	1. 476	1. 605	1. 523	1. 481	1. 403	1. 365	1. 421
268	格鲁吉亚	GEO	2. 786	2. 389	2. 107	2. 662	2. 349	2. 094	2. 456	2. 245	1. 958	1. 855	1. 935	1. 827	1. 847	1. 907	1. 886
270	冈比亚	GMB	—	1. 920	2. 545	2. 517	2. 268	1. 707	2. 027	1. 953	1. 752	1. 457	1. 420	1. 426	1. 536	1. 533	1. 449
275	巴勒斯坦	PSE	4. 189	3. 763	4. 100	3. 492	3. 525	3. 621	3. 601	3. 609	3. 851	3. 426	3. 926	3. 934	4. 323	3. 791	4. 005
276	德国	DEU	0. 916	0. 839	0. 795	0. 766	0. 733	0. 734	0. 732	0. 815	0. 716	0. 710	0. 732	0. 758	0. 751	0. 770	0. 789
288	加纳	GHA	1. 731	1. 583	1. 403	1. 374	1. 541	1. 629	1. 546	1. 657	1. 557	1. 288	1. 182	1. 180	1. 173	1. 160	1. 159
300	希腊	GRC	1. 966	1. 885	1. 870	1. 828	1. 817	1. 723	1. 742	1. 831	1. 639	1. 689	1. 661	1. 697	1. 706	1. 748	1. 730
304	格陵兰岛	GRL	3. 213	2. 735	2. 894	2. 486	2. 870	2. 884	2. 758	3. 265	3. 039	3. 149	3. 175	3. 465	3. 056	3. 650	—
308	格林纳达	GRD	9. 295	3. 938	7. 693	5. 630	4. 332	4. 267	4. 365	4. 627	5. 036	6. 388	4. 890	4. 546	5. 105	4. 969	5. 268
320	危地马拉	GTM	2. 835	2. 506	1. 786	1. 626	1. 774	1. 789	2. 145	2. 166	1. 964	2. 091	1. 900	1. 728	1. 965	1. 706	1. 891

续表

序号	国家和地区	代码	2002年	2003年	2004年	2005年	2006年	2007年	2008年	2009年	2010年	2011年	2012年	2013年	2014年	2015年	2016年
324	几内亚	GIN	2. 032	2. 030	1. 902	2. 099	1. 796	1. 458	1. 710	2. 229	1. 668	1. 897	1. 985	1. 526	1. 649	1. 742	1. 239
328	圭亚那	GUY	2. 040	2. 596	2. 226	1. 830	1. 701	1. 805	1. 888	2. 161	1. 975	1. 968	1. 795	1. 936	1. 847	1. 831	1. 940
332	海地	HTI	4. 793	4. 037	3. 338	3. 325	2. 738	2. 390	2. 346	2. 666	2. 319	2. 311	2. 300	2. 220	2. 210	2. 283	2. 378
340	洪都拉斯	HND	2. 877	2. 445	2. 089	2. 074	1. 953	2. 019	2. 122	2. 039	1. 812	1. 733	1. 483	1. 623	1. 704	2. 002	2. 110
344	中国香港	HKG	0. 114	0. 117	0. 117	0. 116	0. 119	0. 125	0. 130	0. 141	0. 138	0. 129	0. 119	0. 124	0. 132	0. 144	0. 129
348	匈牙利	HUN	1. 349	1. 229	1. 172	1. 248	1. 096	1. 006	1. 018	1. 093	0. 946	0. 929	0. 955	0. 965	0. 949	0. 965	0. 935
352	冰岛	ISL	2. 420	2. 174	2. 198	2. 047	2. 107	2. 198	2. 202	2. 376	2. 228	2. 142	2. 083	2. 082	2. 194	2. 219	2. 188
360	印度尼西亚	IDN	0. 934	0. 904	0. 852	0. 819	0. 842	0. 829	0. 832	0. 941	0. 860	0. 817	0. 819	0. 828	0. 863	0. 919	0. 936
364	伊朗	IRN	—	—	1. 001	0. 942	0. 897	0. 901	0. 898	1. 024	0. 909	0. 858	0. 970	0. 939	0. 842	0. 957	—
368	伊拉克	IRQ	—	—	1. 691	1. 533	1. 495	1. 500	1. 421	1. 266	1. 007	0. 983	0. 967	0. 978	0. 893	0. 949	0. 982
372	爱尔兰	IRL	1. 250	1. 209	1. 160	1. 108	1. 117	1. 133	1. 130	1. 267	1. 211	1. 236	1. 252	1. 252	1. 282	1. 299	1. 276
376	以色列	ISR	1. 412	1. 340	1. 260	1. 225	1. 186	1. 160	1. 206	1. 339	1. 195	1. 177	1. 199	1. 216	1. 241	1. 251	1. 260
381	意大利	ITA	1. 182	1. 153	1. 103	1. 077	1. 027	1. 016	1. 020	1. 135	1. 009	1. 004	1. 060	1. 069	1. 054	1. 065	1. 082
384	科特迪瓦	CIV	1. 881	1. 755	1. 686	1. 731	1. 587	1. 786	1. 721	1. 843	1. 699	1. 668	1. 667	1. 580	1. 613	1. 646	1. 824
388	牙买加	JAM	1. 905	1. 669	1. 489	1. 599	1. 446	1. 872	2. 347	2. 220	2. 600	2. 544	1. 936	2. 487	2. 016	2. 043	2. 250
392	日本	JPN	0. 696	0. 649	0. 617	0. 605	0. 589	0. 588	0. 608	0. 712	0. 643	0. 643	0. 669	0. 674	0. 677	0. 701	0. 726
398	哈萨克斯坦	KAZ	1. 037	0. 902	0. 866	0. 806	0. 822	0. 762	0. 754	0. 893	0. 807	0. 810	0. 828	0. 852	0. 921	1. 059	1. 043

续表

序号	国家和地区	代码	2002年	2003年	2004年	2005年	2006年	2007年	2008年	2009年	2010年	2011年	2012年	2013年	2014年	2015年	2016年
400	约旦	JOR	1. 546	1. 467	1. 379	1. 385	1. 483	1. 456	1. 391	1. 515	1. 451	1. 377	1. 365	1. 476	1. 431	1. 440	1. 536
404	肯尼亚	KEN	2. 219	2. 087	1. 908	1. 894	1. 874	1. 859	1. 843	1. 982	1. 843	1. 784	1. 842	1. 834	1. 736	1. 675	1. 715
410	韩国	KOR	0. 655	0. 594	0. 535	0. 519	0. 505	0. 502	0. 471	0. 558	0. 503	0. 492	0. 502	0. 513	0. 522	0. 541	0. 571
414	科威特	KWT	1. 402	1. 269	1. 296	1. 384	1. 163	1. 129	1. 039	1. 169	1. 023	0. 986	1. 171	1. 008	0. 984	1. 016	
417	吉尔吉斯斯坦	KGZ	1. 355	1. 270	1. 123	1. 088	0. 990	0. 987	0. 930	1. 221	1. 167	1. 166	1. 221	1. 319	1. 399	1. 377	1. 301
418	老挝	LAO	1. 953	1. 842	1. 866	1. 772	1. 624	1. 600	1. 545	1. 404	1. 242	1. 262	1. 231	1. 124	1. 071	1. 175	1. 253
422	黎巴嫩	LBN	2. 296	2. 227	2. 033	2. 255	2. 115	1. 954	2. 033	2. 285	1. 974	2. 025	2. 093	1. 875	2. 019	2. 172	2. 182
426	莱索托	LSO	—	4. 633	4. 582	2. 816	2. 485	2. 595	2. 479	2. 650	2. 435	2. 336	2. 381	2. 264	2. 312	2. 329	2. 306
428	拉脱维亚	LVA	2. 361	2. 014	1. 953	2. 093	1. 992	1. 942	2. 028	2. 119	1. 836	1. 721	1. 703	1. 667	1. 627	1. 668	1. 692
430	利比里亚	LBR	1. 499	1. 539	1. 404	1. 511	1. 693	1. 603	1. 512	1. 638	1. 192	1. 142	0. 980	1. 122	1. 103	1. 233	1. 429
440	立陶宛	LTU	2. 131	2. 002	2. 007	2. 017	1. 922	1. 923	1. 862	1. 976	1. 796	1. 627	1. 583	1. 549	1. 554	1. 649	1. 631
442	卢森堡	LUX	2. 073	1. 606	1. 436	1. 309	1. 340	1. 350	1. 301	1. 472	1. 615	1. 554	1. 569	1. 632	1. 617	1. 573	1. 704
446	中国澳门	MAC	1. 152	1. 083	1. 090	1. 109	1. 127	1. 165	1. 230	1. 415	1. 540	1. 564	1. 495	1. 468	1. 579	1. 536	1. 662
450	马达加斯加	MDG	2. 148	2. 085	1. 834	1. 865	1. 764	1. 752	1. 594	1. 793	1. 646	1. 671	1. 665	1. 585	1. 634	1. 534	1. 540
454	马拉维	MWI	3. 363	4. 663	3. 923	2. 823	2. 911	2. 989	2. 339	2. 357	2. 175	2. 090	1. 877	1. 956	2. 088	2. 063	2. 121
458	马来西亚	MYS	0. 453	0. 360	—	0. 187	0. 174	0. 368	0. 428	0. 524	0. 466	0. 476	0. 491	0. 486	0. 513	0. 523	0. 565
462	马尔代夫	MDV	5. 275	4. 666	3. 390	3. 775	2. 990	3. 205	2. 819	3. 624	3. 786	3. 394	3. 418	3. 168	3. 240	3. 376	3. 123

续表

序号	国家和地区	代码	2002年	2003年	2004年	2005年	2006年	2007年	2008年	2009年	2010年	2011年	2012年	2013年	2014年	2015年	2016年
466	马里	MLI	2. 708	1. 988	1. 676	1. 763	1. 704	1. 932	1. 852	2. 123	1. 858	1. 741	1. 606	1. 844	1. 963	1. 985	1. 889
470	马耳他	MLT	1. 333	1. 318	1. 214	1. 248	1. 139	1. 258	1. 129	1. 202	1. 040	0. 957	0. 952	1. 029	1. 072	1. 176	1. 276
478	毛里塔尼亚	MRT	1. 844	1. 933	1. 583	2. 119	1. 310	1. 192	1. 123	1. 185	1. 137	1. 069	1. 063	1. 051	1. 088	1. 227	1. 140
480	毛里求斯	MUS	2. 118	2. 232	2. 047	1. 977	2. 041	2. 153	2. 225	2. 339	2. 145	2. 182	2. 144	2. 130	2. 107	2. 059	2. 052
484	墨西哥	MEX	1. 398	1. 309	1. 229	1. 241	1. 182	1. 156	1. 166	1. 221	1. 076	1. 034	1. 036	1. 043	1. 031	1. 029	1. 016
496	蒙古国	MNG	1. 105	1. 073	0. 981	0. 966	0. 876	0. 860	0. 966	1. 001	0. 913	0. 858	0. 894	0. 885	0. 828	0. 937	0. 995
498	摩尔多瓦	MDA	2. 862	2. 395	3. 178	3. 116	2. 965	2. 731	2. 655	2. 699	2. 463	2. 343	2. 246	2. 318	2. 272	2. 306	2. 355
504	摩洛哥	MAR	1. 619	1. 543	1. 481	1. 418	1. 371	1. 356	1. 401	1. 555	1. 464	1. 469	1. 453	1. 494	1. 536	1. 537	1. 521
508	莫桑比克	MOZ	2. 119	1. 994	1. 836	1. 741	1. 690	1. 640	1. 629	1. 627	1. 493	1. 462	1. 382	1. 356	1. 092	1. 301	1. 293
512	阿曼	OMN	1. 302	1. 221	1. 101	1. 055	0. 971	0. 944	0. 899	1. 068	0. 941	0. 900	0. 843	0. 819	0. 838	0. 937	0. 985
516	纳米比亚	NAM	1. 967	1. 915	1. 844	1. 761	1. 555	1. 451	1. 367	1. 379	1. 409	1. 581	1. 542	1. 503	1. 475	1. 581	1. 704
524	尼泊尔	NPL	2. 213	2. 176	2. 094	2. 106	2. 098	1. 973	2. 294	2. 406	2. 118	2. 057	1. 820	1. 751	1. 754	2. 077	2. 160
528	荷兰	NLD	1. 026	0. 981	0. 904	0. 874	0. 841	0. 813	0. 840	0. 951	0. 833	0. 808	0. 792	0. 798	0. 813	0. 828	0. 844
548	瓦努阿图	VUT	3. 328	3. 274	2. 991	2. 859	2. 474	2. 809	2. 795	2. 521	2. 915	2. 240	2. 267	2. 081	2. 023	2. 105	2. 346
554	新西兰	NZL	1. 312	1. 286	1. 229	1. 238	1. 229	1. 235	1. 215	1. 268	1. 167	1. 131	1. 133	1. 102	1. 082	1. 125	1. 133
558	尼加拉瓜	NIC	3. 790	2. 954	2. 355	2. 016	2. 688	2. 324	2. 338	2. 577	2. 250	1. 969	1. 620	1. 680	1. 846	1. 907	2. 179
562	尼日尔	NER	6. 518	9. 333	4. 262	5. 420	2. 685	4. 003	3. 458	3. 580	3. 188	2. 730	2. 054	2. 271	1. 904	1. 846	2. 000

续表

序号	国家和地区	代码	2002年	2003年	2004年	2005年	2006年	2007年	2008年	2009年	2010年	2011年	2012年	2013年	2014年	2015年	2016年
566	尼日利亚	NGA	1.496	1.520	1.343	1.332	1.386	1.317	1.300	1.312	1.371	1.293	1.368	1.362	1.264	1.429	1.506
579	挪威	NOR	1.473	1.432	1.366	1.397	1.380	1.367	1.360	1.363	1.339	1.331	1.426	1.454	1.420	1.399	1.464
583	密克罗尼西亚	FSM	—	—	2.032	4.082	3.631	2.899	4.392	2.642	2.758	3.014	2.498	2.511	2.552	2.872	2.420
584	马绍尔群岛	MHL	3.221	2.392	3.375	4.204	1.886	2.314	3.308	1.161	1.225	1.073	1.079	0.965	1.077	1.018	1.036
586	巴基斯坦	PAK	1.305	1.268	1.239	1.166	1.167	1.162	1.236	1.292	1.191	1.194	1.148	1.144	1.163	1.177	1.224
591	巴拿马	PAN	1.899	1.500	1.583	1.482	1.476	1.597	1.304	1.526	1.442	1.374	1.385	1.538	1.429	1.323	1.783
598	巴布亚新几内亚	PNG	1.495	1.293	1.317	1.494	1.391	1.340	1.335	1.407	1.354	1.296	1.366	1.436	1.347	—	—
600	巴拉圭	PRY	2.094	1.905	1.558	1.579	1.622	1.847	1.817	1.958	1.730	1.794	1.794	1.793	1.841	1.912	2.069
604	秘鲁	PER	1.461	1.412	1.299	1.206	1.130	1.053	1.047	1.175	1.045	1.025	1.037	1.046	1.071	1.073	1.061
608	菲律宾	PHL	0.901	0.771	0.710	0.691	0.670	0.671	0.734	0.872	0.794	0.805	0.806	0.821	0.798	0.811	0.819
616	波兰	POL	1.618	1.487	1.446	1.414	1.350	1.264	1.260	1.326	1.261	1.252	1.248	1.248	1.206	1.203	1.207
620	葡萄牙	PRT	2.009	1.825	1.717	1.645	1.589	1.593	1.621	1.701	1.534	1.475	1.444	1.486	1.436	1.461	1.403
626	东帝汶	TLS	—	7.376	6.825	6.049	2.222	3.725	3.648	4.097	3.114	2.563	2.911	3.179	3.598	2.867	—
634	卡塔尔	QAT	1.759	1.611	1.558	1.460	1.387	1.423	1.288	1.401	1.288	1.178	1.129	1.096	1.099	1.224	1.334
642	罗马尼亚	ROU	1.437	1.406	1.398	1.446	1.300	1.560	1.547	1.595	1.420	1.402	1.443	1.445	1.404	1.431	1.410
643	俄罗斯	RUS	0.919	0.865	0.839	0.802	0.821	0.806	0.832	0.963	0.875	0.849	0.850	0.870	0.855	0.896	0.892
646	卢旺达	RWA	2.707	2.691	2.444	2.393	2.320	2.169	2.114	2.292	2.221	2.071	2.079	1.938	2.037	2.217	2.318

续表

序号	国家和地区	代码	2002年	2003年	2004年	2005年	2006年	2007年	2008年	2009年	2010年	2011年	2012年	2013年	2014年	2015年	2016年
662	圣卢西亚	LCA	—	5. 055	4. 399	2. 249	4. 365	3. 779	4. 164	3. 841	3. 905	3. 652	3. 665	4. 364	4. 185	4. 131	4. 396
678	圣多美和普林西比	STP	—	4. 416	3. 160	0. 833	0. 804	—	4. 388	5. 095	4. 723	5. 775	4. 260	5. 374	6. 204	4. 298	4. 565
682	沙特阿拉伯	SAU	1. 052	0. 973	0. 911	2. 174	2. 112	0. 776	0. 718	0. 855	0. 798	0. 742	0. 735	0. 760	0. 787	0. 865	0. 917
686	塞内加尔	SEN	2. 688	2. 259	2. 339	—	2. 330	1. 902	2. 296	1. 921	1. 811	1. 753	1. 805	1. 844	1. 736	1. 511	1. 468
688	塞尔维亚	SRB	—	—	—	—	—	2. 261	2. 323	2. 321	2. 084	2. 062	1. 991	1. 897	2. 009	1. 949	1. 899
690	塞舌尔	SYC	4. 564	4. 138	4. 334	4. 554	3. 083	2. 531	2. 485	4. 144	4. 329	2. 542	3. 081	3. 114	3. 321	3. 518	3. 627
694	塞拉利昂	SLE	3. 239	6. 223	2. 510	2. 591	2. 694	2. 256	2. 310	2. 346	2. 187	1. 876	1. 389	1. 358	1. 332	1. 641	1. 554
699	印度	IND	1. 252	1. 155	1. 019	0. 960	0. 924	0. 882	0. 837	0. 982	0. 893	0. 888	0. 946	0. 974	0. 995	1. 035	1. 070
702	新加坡	SGP	0. 137	0. 124	0. 112	0. 113	0. 099	0. 103	0. 103	0. 122	0. 114	0. 112	0. 115	0. 118	0. 119	0. 129	0. 133
703	斯洛伐克	SVK	2. 076	1. 799	1. 814	1. 648	1. 440	1. 197	1. 164	1. 326	1. 102	0. 966	0. 930	0. 920	0. 963	1. 007	0. 995
704	越南	VNM	0. 933	0. 860	0. 770	0. 757	0. 751	0. 705	0. 705	0. 781	0. 662	0. 593	0. 554	0. 521	0. 476	0. 423	0. 392
705	斯洛文尼亚	SVN	2. 025	1. 951	1. 896	1. 803	1. 636	1. 601	1. 604	1. 756	1. 528	1. 501	1. 468	1. 433	1. 419	1. 419	1. 279
710	南非	ZAF	1. 203	1. 156	1. 085	1. 058	1. 002	0. 946	0. 908	1. 024	0. 904	0. 811	0. 764	0. 747	0. 773	0. 825	0. 883
716	津巴布韦	ZWE	1. 662	1. 746	1. 479	1. 481	—	1. 353	1. 529	1. 750	1. 512	1. 433	1. 439	1. 464	1. 466	1. 452	1. 528
724	西班牙	ESP	1. 451	1. 365	1. 312	1. 246	1. 178	1. 127	1. 124	1. 288	1. 157	1. 151	1. 192	1. 216	1. 206	1. 209	1. 210
740	苏里南	SUR	2. 301	1. 869	2. 434	1. 977	2. 259	2. 291	2. 256	2. 185	2. 083	2. 015	1. 953	1. 985	1. 895	1. 974	2. 027
748	斯威士兰	SWZ	2. 099	2. 077	2. 014	2. 191	2. 300	2. 340	2. 520	2. 623	3. 009	3. 703	2. 179	2. 201	2. 419	3. 861	3. 682

续表

序号	国家和地区	代码	2002年	2003年	2004年	2005年	2006年	2007年	2008年	2009年	2010年	2011年	2012年	2013年	2014年	2015年	2016年
752	瑞典	SWE	1.315	1.221	1.186	1.163	1.143	1.130	1.134	1.212	1.147	1.152	1.179	1.205	1.215	1.216	1.254
757	瑞士	CHE	1.377	1.323	1.212	1.182	1.155	1.105	1.125	1.278	1.105	1.066	1.081	0.958	1.063	1.063	1.063
762	塔吉克斯坦	TJK	2.469	2.012	1.930	1.789	1.666	1.779	1.569	1.296	1.479	1.434	1.437	1.503	1.598	1.625	1.714
764	泰国	THA	0.826	0.754	0.691	0.650	0.629	0.630	0.627	0.721	0.639	0.612	0.627	0.652	0.650	0.656	0.662
768	多哥	TGO	1.808	1.429	1.297	1.349	1.435	1.338	1.407	1.470	1.330	1.302	1.209	1.230	1.224	1.203	1.360
776	汤加	TON	3.856	3.636	2.095	5.090	4.182	3.658	4.082	3.792	4.590	3.826	5.739	3.781	3.859	3.997	3.923
780	特立尼达和多巴哥	TTO	2.412	2.211	2.444	2.017	1.992	1.937	1.932	1.823	1.775	1.591	1.821	1.808	1.838	2.049	1.912
784	阿联酋	ARE	1.142	1.013	0.912	0.852	0.821	0.826	0.774	0.905	0.821	0.748	0.560	0.459	0.505	0.562	0.687
788	突尼斯	TUN	1.926	2.100	1.934	1.868	1.842	1.946	1.731	1.813	1.684	1.601	1.626	1.676	1.675	1.705	1.754
792	土耳其	TUR	1.625	1.458	1.449	1.427	1.341	1.272	1.270	1.383	1.237	1.242	1.251	1.228	1.256	1.298	1.331
795	土库曼斯坦	TKM	2.668	2.352	2.110	2.087	2.084	1.813	1.878	1.897	1.379	1.150	0.992	1.081	1.128	1.164	1.368
800	乌干达	UGA	2.501	—	2.187	2.109	2.068	2.061	2.165	2.341	2.209	2.089	2.066	2.014	1.954	1.999	2.075
804	乌克兰	UKR	1.230	1.081	1.084	1.133	1.232	1.182	1.130	1.168	1.097	1.049	1.095	1.109	1.117	1.121	1.241
807	马其顿	MKD	3.032	2.210	2.821	2.363	2.723	2.265	2.447	2.380	2.036	1.857	1.902	2.084	2.098	1.975	2.226
818	埃及	EGY	1.720	1.603	1.500	1.459	1.436	1.429	1.366	1.407	1.350	1.284	1.343	1.311	1.380	1.429	1.551
826	英国	GBR	1.201	1.179	1.127	1.092	1.062	1.060	1.043	1.138	1.034	1.017	1.014	1.001	0.987	1.019	1.024
834	坦桑尼亚	TZA	2.241	1.859	1.692	1.533	1.557	1.498	1.591	1.623	1.425	1.395	1.447	1.364	1.397	1.405	1.486

续表

序号	国家和地区	代码	2002年	2003年	2004年	2005年	2006年	2007年	2008年	2009年	2010年	2011年	2012年	2013年	2014年	2015年	2016年
842	美国	USA	0.865	0.814	0.762	0.740	0.714	0.716	0.725	0.807	0.728	0.721	0.722	0.720	0.722	0.743	0.771
854	布基纳法索	BFA	3.344	2.214	1.960	1.899	1.886	1.836	2.130	2.107	2.049	1.996	1.926	1.937	2.023	2.247	2.517
858	乌拉圭	URY	1.799	1.725	1.597	1.527	1.434	1.396	1.307	1.410	1.257	1.240	1.194	1.201	1.196	1.249	1.305
860	乌兹别克斯坦	UZB	1.955	1.522	1.420	1.400	1.324	1.380	1.410	1.471	1.300	1.421	1.367	1.248	1.306	1.398	1.382
862	委内瑞拉	VEN	1.779	1.605	1.412	1.309	1.162	1.199	1.104	1.298	1.195	1.003	0.975	1.069	—	—	—
882	萨摩亚	WSM	—	3.036	2.667	3.673	3.948	3.037	2.399	2.145	3.544	3.824	3.731	4.149	3.217	2.745	2.775
887	也门	YEM	1.266	1.069	1.029	0.952	0.960	1.033	0.998	1.211	1.100	1.140	1.068	1.122	1.170	1.433	1.659
894	赞比亚	ZMB	1.835	1.893	1.622	1.643	1.580	1.450	1.458	1.456	1.232	1.159	1.184	1.189	1.204	1.314	1.360

注：—表示由于数据缺失无法计算。

附表 2

中国与173个贸易伙伴2002～2015年广义贸易成本

序号	国家和地区	代码	2002年	2003年	2004年	2005年	2006年	2007年	2008年	2009年	2010年	2011年	2012年	2013年	2014年	2015年
4	阿富汗	AFG	396.30	336.69	320.36	326.57	383.66	318.88	323.72	342.01	333.21	339.70	321.86	317.65	300.75	309.06
8	阿尔巴尼亚	ALB	396.20	409.69	276.76	279.87	285.26	255.68	241.62	246.11	235.53	242.45	239.38	233.61	237.15	236.54
12	阿尔及利亚	DZA	197.60	193.99	185.16	184.57	207.66	178.78	184.72	179.31	185.74	191.75	187.12	189.37	196.65	199.05
24	安哥拉	AGO	161.70	147.19	148.36	149.17	145.86	135.08	139.62	132.91	135.11	144.89	137.89	143.59	142.02	153.75
28	安提瓜和巴布达	ATG	593.90	—	—	—	428.26	663.08	333.42	324.11	335.44	357.47	347.75	338.75	418.05	524.36
31	阿塞拜疆	AZE	266.50	193.69	211.56	233.57	249.36	331.28	173.22	232.11	239.56	240.66	238.35	245.21	249.40	255.06
32	阿根廷	ARG	170.70	156.59	160.26	164.17	171.36	166.18	161.12	175.61	170.79	183.25	184.07	186.04	191.26	186.50
36	澳大利亚	AUS	119.20	123.29	128.16	131.87	138.06	140.18	137.02	132.31	133.17	141.05	140.40	140.52	140.28	139.11
40	奥地利	AUT	171.40	174.39	180.46	188.17	192.36	193.98	192.52	193.91	191.44	200.34	201.12	203.27	199.84	196.04
44	巴哈马	BHS	383.80	297.69	320.26	358.77	401.26	265.88	331.92	372.01	365.22	238.75	226.81	430.13	380.75	241.24
48	巴林	BHR	197.10	201.99	201.06	209.07	216.96	215.18	212.62	211.51	198.67	199.34	205.70	208.17	213.64	230.77
50	孟加拉国	BGD	199.30	205.19	201.76	202.97	205.36	212.28	209.92	210.71	200.27	203.64	202.80	200.30	199.97	191.67
51	亚美尼亚	ARM	307.50	333.59	324.36	378.47	301.96	276.38	309.12	280.51	265.85	285.03	290.53	276.71	261.20	252.92
52	巴巴多斯	BRB	391.70	443.49	398.26	396.67	360.56	358.88	364.62	323.51	321.08	302.62	302.02	309.02	306.82	300.77
56	比利时	BEL	112.10	117.79	121.16	123.17	127.16	129.18	129.82	140.71	135.51	136.03	137.25	118.26	141.26	142.34
68	玻利维亚	BOL	282.80	301.19	261.56	254.97	256.36	254.48	229.62	243.91	237.40	231.33	230.55	231.98	219.18	225.30
70	波黑	BIH	423.30	396.19	379.16	255.37	260.66	290.88	329.32	331.51	326.45	326.15	329.10	318.98	280.53	302.45

续表

序号	国家和地区	代码	2002年	2003年	2004年	2005年	2006年	2007年	2008年	2009年	2010年	2011年	2012年	2013年	2014年	2015年
72	博茨瓦纳	BWA	484.20	299.79	295.76	294.57	288.56	258.58	217.62	240.61	238.54	233.57	252.24	245.82	244.74	244.82
76	安道尔	BRA	151.50	145.19	145.66	153.97	157.96	158.38	149.42	151.31	150.86	157.45	155.45	155.86	158.11	155.51
90	所罗门群岛	SLB	250.70	229.09	222.26	217.67	223.86	213.98	213.52	209.91	201.33	210.50	208.80	210.24	207.39	196.88
96	文莱	BRN	177.20	174.29	187.06	221.77	203.66	211.18	227.72	202.71	183.83	191.69	189.78	212.45	200.55	211.78
100	保加利亚	BGR	225.50	207.89	207.56	209.67	198.36	215.08	210.72	232.21	217.87	216.72	204.09	202.58	203.36	204.87
104	缅甸	MMR	145.00	153.99	162.66	170.27	181.36	183.38	182.32	180.71	176.63	179.09	179.86	165.76	142.16	150.95
108	布隆迪	BDI	355.20	312.59	369.86	359.27	330.46	365.68	423.02	347.11	323.26	300.74	306.40	313.67	340.82	356.13
112	白俄罗斯	BLR	230.50	220.19	212.86	205.07	204.36	209.78	213.82	216.41	208.57	211.90	204.89	222.46	217.27	208.92
116	柬埔寨	KHM	174.30	180.89	183.26	196.57	200.76	204.68	211.92	213.51	197.51	191.66	191.20	182.40	181.87	170.63
120	喀麦隆	CMR	203.90	209.69	211.96	233.87	217.26	224.58	208.52	209.61	207.45	209.60	199.51	213.14	201.24	194.44
124	加拿大	CAN	133.40	138.59	139.56	145.97	154.16	155.78	154.82	155.31	158.45	164.70	162.39	162.74	162.90	156.99
140	中非	CAF	367.50	329.19	305.46	289.97	342.86	321.18	295.72	304.71	283.53	309.26	291.51	305.68	326.35	307.06
144	斯里兰卡	LKA	210.10	208.19	213.46	212.37	224.66	226.28	227.72	226.61	227.78	228.54	228.78	228.09	223.23	217.43
148	乍得	TCD	356.30	357.79	238.76	—	250.36	—	274.52	249.21	205.18	255.70	247.94	251.40	257.04	272.92
152	智利	CHL	133.90	134.19	138.16	—	148.66	—	143.12	141.21	140.90	149.32	147.99	150.06	150.03	147.39
170	哥伦比亚	COL	410.10	396.79	212.26	216.47	215.86	196.78	197.32	201.91	191.17	196.96	192.94	192.03	179.23	184.94
178	刚果（布）	COG	170.20	154.79	230.86	156.07	159.66	141.48	138.52	143.51	161.62	135.94	165.59	170.23	159.95	167.86

续表

序号	国家和地区	代码	2002年	2003年	2004年	2005年	2006年	2007年	2008年	2009年	2010年	2011年	2012年	2013年	2014年	2015年
180	刚果（金）	COD	271.90	256.99	216.16	230.87	224.86	226.68	194.32	192.31	181.78	184.51	184.53	190.08	187.31	185.37
188	哥斯达黎加	CRI	187.20	172.49	283.76	174.47	168.96	170.48	174.22	172.51	177.51	185.02	181.01	185.57	186.58	209.72
191	克罗地亚	HRV	269.80	271.59	262.96	232.17	232.36	230.28	234.92	240.31	249.43	251.77	254.89	249.77	257.73	249.41
192	古巴	CUB	—	205.09	202.06	199.77	188.66	189.08	193.72	206.51	207.37	219.31	226.83	229.63	245.32	232.51
196	塞浦路斯	CYP	285.50	292.09	303.46	291.87	300.26	275.68	266.72	256.41	257.73	267.90	235.84	256.33	252.79	262.30
203	捷克	CZE	169.90	164.99	184.26	181.57	181.86	176.08	175.62	173.51	165.72	170.99	169.20	167.66	159.98	154.39
204	贝宁	BEN	174.80	162.29	165.66	165.27	177.76	180.08	183.32	186.81	186.04	191.97	188.82	193.09	188.22	205.77
208	丹麦	DNK	163.70	161.29	167.86	172.87	178.66	180.18	175.82	179.61	180.99	189.75	188.09	190.89	187.66	182.57
212	多米尼克	DMA	237.70	254.79	243.56	266.17	229.06	250.68	270.02	318.81	290.55	367.68	337.93	417.32	357.30	355.35
214	多米尼加	DOM	300.70	276.59	244.96	251.27	231.26	234.78	233.12	244.41	238.81	236.32	229.57	238.68	238.14	237.91
218	厄瓜多尔	ECU	238.10	222.09	212.36	233.87	224.26	220.88	186.82	196.51	204.91	210.39	201.35	206.28	202.32	199.45
222	萨尔瓦多	SLV	276.90	281.49	275.26	264.87	290.56	295.78	295.12	320.61	298.44	313.39	309.56	306.90	303.08	259.53
226	赤道几内亚	GNQ	199.40	204.99	198.36	202.07	193.06	199.38	186.12	188.31	202.46	211.81	205.83	202.77	199.65	209.15
231	埃塞俄比亚	ETH	258.00	252.79	239.26	210.17	209.76	220.48	222.72	207.11	208.35	227.35	222.22	222.01	210.14	211.47
233	爱沙尼亚	EST	182.70	201.39	219.66	218.87	183.26	214.78	218.42	226.81	200.80	198.34	203.21	206.38	209.61	208.38
242	斐济	FJI	267.40	256.29	264.96	294.67	312.06	308.28	330.92	341.31	326.84	332.10	259.95	242.14	243.09	258.44
246	芬兰	FIN	141.40	145.49	145.76	152.57	156.16	159.98	163.42	169.61	169.87	179.23	178.85	185.40	188.54	191.21

续表

序号	国家和地区	代码	2002年	2003年	2004年	2005年	2006年	2007年	2008年	2009年	2010年	2011年	2012年	2013年	2014年	2015年
251	法国	FRA	145.10	142.79	148.96	154.67	159.96	162.18	161.52	162.21	161.20	169.77	168.59	172.12	170.27	166.70
262	吉布提	DJI	347.10	295.49	276.96	278.07	292.16	269.78	266.92	323.81	286.09	333.75	291.72	313.33	272.89	272.90
266	加蓬	GAB	211.90	207.79	211.56	201.97	189.76	192.08	181.62	195.71	205.74	227.85	217.25	213.17	205.22	196.73
268	格鲁吉亚	GEO	300.00	268.29	250.56	314.37	291.36	270.18	304.22	273.41	253.91	252.93	258.51	247.80	249.67	250.94
270	冈比亚	GMB	—	221.39	294.36	299.87	283.26	231.48	261.32	244.21	233.32	213.06	207.01	207.72	218.57	213.55
275	巴勒斯坦	PSE	440.30	405.69	449.86	397.37	408.96	422.88	418.72	409.81	443.22	410.01	457.61	458.47	497.27	439.32
276	德国	DEU	113.00	113.29	119.36	124.77	129.76	134.18	131.82	130.41	129.76	138.36	138.15	140.84	139.99	137.18
288	加纳	GHA	194.50	187.69	180.16	185.57	210.56	223.68	213.22	214.61	213.85	196.16	183.11	183.08	182.24	176.18
300	希腊	GRC	218.00	217.89	226.86	230.97	238.16	233.08	232.82	232.01	222.06	236.29	231.06	234.82	235.51	235.02
304	格陵兰岛	GRL	342.70	302.89	329.26	296.77	343.46	349.18	334.42	375.41	362.09	382.25	382.44	411.58	370.55	425.21
308	格林纳达	GRD	950.90	423.19	809.16	611.17	489.66	487.48	495.12	511.61	561.80	706.15	553.98	519.65	575.43	557.13
320	危地马拉	GTM	304.90	279.99	218.46	210.77	233.86	239.68	273.12	265.51	254.60	276.48	255.00	237.84	261.43	230.86
324	几内亚	GIN	224.60	232.39	230.06	258.07	236.06	206.58	229.62	271.81	224.91	257.07	263.43	217.71	229.80	234.47
328	圭亚那	GUY	225.40	288.99	262.46	231.17	226.56	241.28	247.42	265.01	255.68	264.19	244.42	258.63	249.67	243.30
332	海地	HTI	500.70	433.09	373.66	380.67	330.26	299.78	293.22	315.51	290.04	298.53	294.97	287.07	285.89	288.51
340	洪都拉斯	HND	309.10	273.89	248.76	255.57	251.76	262.68	270.82	252.81	239.32	240.72	213.31	227.36	235.33	260.44
344	中国香港	HKG	32.80	41.09	51.56	59.77	68.36	73.28	71.62	63.01	71.91	80.24	76.82	77.46	78.18	74.58

续表

序号	国家和地区	代码	2002年	2003年	2004年	2005年	2006年	2007年	2008年	2009年	2010年	2011年	2012年	2013年	2014年	2015年
348	匈牙利	HUN	156. 30	152. 29	157. 06	172. 97	166. 06	161. 38	160. 42	158. 21	152. 80	160. 30	160. 42	161. 55	159. 81	156. 70
352	冰岛	ISL	263. 40	246. 79	259. 66	252. 87	267. 16	280. 58	278. 82	286. 51	280. 94	281. 59	273. 31	273. 27	284. 32	282. 15
360	印度尼西亚	IDN	114. 80	119. 79	125. 06	130. 07	140. 66	143. 68	141. 82	143. 01	144. 11	149. 09	146. 82	147. 87	151. 27	152. 09
364	伊朗	IRN	—	—	139. 96	142. 37	146. 16	150. 88	148. 42	151. 31	149. 08	153. 18	161. 96	158. 98	149. 12	155. 97
368	伊拉克	IRQ	—	—	208. 96	201. 47	205. 96	210. 78	200. 72	175. 51	158. 91	165. 71	161. 63	162. 84	154. 26	155. 14
372	爱尔兰	IRL	146. 40	150. 29	155. 86	158. 97	168. 16	174. 08	171. 62	175. 61	179. 26	191. 03	190. 20	190. 29	193. 11	190. 14
376	以色列	ISR	162. 60	163. 39	165. 86	170. 67	175. 06	176. 78	179. 22	182. 81	177. 68	185. 07	184. 91	186. 68	188. 98	185. 32
381	意大利	ITA	139. 60	144. 69	150. 16	155. 87	159. 16	162. 38	160. 62	162. 41	159. 01	167. 74	170. 98	171. 98	170. 35	166. 76
384	科特迪瓦	CIV	209. 50	204. 89	208. 46	221. 27	215. 16	239. 38	230. 72	233. 21	228. 06	234. 22	231. 63	223. 03	226. 21	224. 81
388	牙买加	JAM	211. 90	196. 29	188. 76	208. 07	201. 06	247. 98	293. 32	270. 91	318. 13	321. 82	258. 54	313. 80	266. 58	264. 53
392	日本	JPN	91. 00	94. 29	101. 56	108. 67	115. 36	119. 58	119. 42	120. 11	122. 41	131. 73	131. 86	132. 43	132. 66	130. 34
398	哈萨克斯坦	KAZ	125. 10	119. 59	126. 46	128. 77	138. 66	136. 98	134. 02	138. 21	138. 88	148. 35	147. 80	150. 27	157. 06	166. 15
400	约旦	JOR	176. 00	176. 09	177. 76	186. 67	204. 76	206. 38	197. 72	200. 41	203. 23	205. 07	201. 42	212. 68	208. 07	204. 23
404	肯尼亚	KEN	243. 30	238. 09	230. 66	237. 57	243. 86	246. 68	242. 92	247. 11	242. 41	245. 82	249. 19	248. 50	238. 53	227. 72
410	韩国	KOR	86. 90	88. 79	93. 36	100. 07	106. 96	110. 98	105. 72	104. 71	108. 43	116. 62	115. 13	116. 41	117. 17	114. 32
414	科威特	KWT	161. 60	156. 29	169. 46	186. 57	172. 76	173. 68	162. 52	165. 81	160. 45	165. 96	182. 11	165. 90	163. 32	161. 82
417	吉尔吉斯斯坦	KGZ	156. 90	156. 39	152. 16	156. 97	155. 46	159. 48	151. 62	171. 01	174. 82	183. 98	187. 04	196. 97	204. 84	197. 91

续表

序号	国家和地区	代码	2002年	2003年	2004年	2005年	2006年	2007年	2008年	2009年	2010年	2011年	2012年	2013年	2014年	2015年
418	老挝	LAO	216.70	213.59	226.46	225.37	218.86	220.78	213.12	189.31	182.36	193.55	188.09	177.49	171.99	177.68
422	黎巴嫩	LBN	251.00	252.09	243.16	273.67	267.96	256.18	261.92	277.41	255.59	269.87	274.28	252.56	266.82	277.47
426	莱索托	LSO	21.40	492.69	498.06	329.77	304.96	320.28	306.52	313.91	301.62	301.01	303.03	291.43	296.17	293.17
428	拉脱维亚	LVA	257.50	230.79	235.16	257.47	255.66	254.98	261.42	260.81	241.71	239.45	235.28	231.73	227.67	226.99
430	利比里亚	LBR	171.30	183.29	180.26	199.27	225.76	221.08	209.82	212.71	177.35	181.59	162.99	177.26	175.28	183.51
440	立陶宛	LTU	234.50	229.59	240.56	249.87	248.66	253.08	244.82	246.51	237.71	230.13	223.27	219.93	220.37	225.10
442	卢森堡	LUX	228.70	189.99	183.46	179.07	190.46	195.78	188.72	196.11	219.62	222.79	221.83	228.26	226.68	217.49
446	中国澳门	MAC	136.60	137.69	148.86	159.07	169.16	177.28	181.62	190.41	212.18	223.83	214.44	211.85	222.88	213.84
450	马达加斯加	MDG	236.20	237.89	223.26	234.67	232.86	235.98	218.02	228.21	222.81	234.49	231.47	223.54	228.30	213.62
454	马拉维	MWI	357.70	495.69	432.16	330.47	347.56	359.68	292.52	284.61	275.64	276.38	252.70	260.64	273.68	266.51
458	马来西亚	MYS	66.70	65.39	—	66.87	73.86	97.58	101.42	101.31	104.72	114.96	114.02	113.64	116.20	112.53
462	马尔代夫	MDV	548.90	495.99	378.86	425.67	355.46	381.28	340.52	411.31	436.80	406.84	406.78	381.88	388.94	397.86
466	马里	MLI	292.20	228.19	207.46	224.47	226.86	253.98	243.82	261.21	243.97	241.48	225.53	249.46	261.19	258.72
470	马耳他	MLT	154.70	161.19	161.26	172.97	170.36	186.58	171.52	169.11	162.16	163.07	160.14	167.93	172.09	177.83
478	毛里塔尼亚	MRT	205.80	222.69	198.16	260.07	187.46	179.98	170.92	167.41	171.85	174.29	171.28	170.19	173.73	182.97
480	毛里求斯	MUS	233.20	252.59	244.56	245.87	260.56	276.08	281.12	282.81	272.70	285.60	279.37	278.11	275.61	266.09
484	墨西哥	MEX	161.20	160.29	162.76	172.27	174.66	176.38	175.22	171.01	165.80	170.79	168.59	169.33	168.06	163.08

续表

序号	国家和地区	代码	2002年	2003年	2004年	2005年	2006年	2007年	2008年	2009年	2010年	2011年	2012年	2013年	2014年	2015年
496	蒙古国	MNG	131. 90	136. 69	137. 96	144. 77	144. 06	146. 78	155. 22	149. 01	149. 46	153. 18	154. 37	153. 58	147. 71	153. 88
498	摩尔多瓦	MDA	307. 60	268. 89	357. 66	359. 77	352. 96	333. 88	324. 12	318. 81	304. 49	301. 68	289. 61	296. 92	292. 09	290. 82
504	摩洛哥	MAR	183. 30	183. 69	187. 96	189. 97	193. 56	196. 38	198. 72	204. 41	204. 52	214. 27	210. 30	214. 52	218. 57	213. 91
508	莫桑比克	MOZ	233. 30	228. 79	223. 46	222. 27	225. 46	224. 78	221. 52	211. 61	207. 46	213. 55	203. 21	200. 71	174. 09	190. 28
512	阿曼	OMN	151. 60	151. 49	149. 96	153. 67	153. 56	155. 18	148. 52	155. 71	152. 28	157. 34	149. 22	146. 96	148. 73	153. 93
516	纳米比亚	NAM	218. 10	220. 89	224. 26	224. 27	211. 96	205. 88	195. 32	186. 81	199. 10	225. 51	219. 14	215. 42	212. 40	218. 32
524	尼泊尔	NPL	242. 70	246. 99	249. 26	258. 77	266. 26	258. 08	288. 02	289. 51	269. 91	273. 13	247. 00	240. 20	240. 38	267. 91
528	荷兰	NLD	124. 00	127. 49	130. 26	135. 57	140. 56	142. 08	142. 62	144. 01	141. 42	148. 20	144. 15	144. 88	146. 23	143. 04
548	瓦努阿图	VUT	354. 20	356. 79	338. 96	334. 07	303. 86	341. 68	338. 12	301. 01	349. 61	291. 34	291. 63	273. 18	267. 24	270. 70
554	新西兰	NZL	152. 60	157. 99	162. 76	171. 97	179. 36	184. 28	180. 12	175. 71	174. 83	180. 51	178. 23	175. 23	173. 13	172. 75
558	尼加拉瓜	NIC	400. 40	324. 79	275. 36	249. 77	325. 26	293. 18	292. 42	306. 61	283. 13	264. 29	227. 01	233. 04	249. 49	250. 88
562	尼日尔	NER	673. 20	962. 69	466. 06	590. 17	324. 96	461. 08	404. 42	406. 91	376. 92	340. 41	270. 41	292. 15	255. 37	244. 81
566	尼日利亚	NGA	171. 00	181. 39	174. 16	181. 37	195. 06	192. 48	188. 62	180. 11	195. 31	196. 70	201. 81	201. 31	191. 29	203. 12
579	挪威	NOR	168. 70	172. 59	176. 46	187. 87	194. 46	197. 48	194. 62	185. 21	192. 07	200. 50	207. 60	210. 44	206. 89	200. 12
583	密克罗尼西亚	FSM	—	—	243. 06	456. 37	419. 56	350. 68	497. 82	313. 11	333. 99	368. 75	314. 73	316. 16	320. 16	347. 41
584	马绍尔群岛	MHL	343. 50	268. 59	377. 36	468. 57	245. 06	292. 18	389. 42	165. 01	180. 69	174. 67	172. 91	161. 55	172. 63	162. 02
586	巴基斯坦	PAK	151. 90	156. 19	163. 76	164. 77	173. 16	176. 98	182. 22	178. 11	177. 25	186. 75	179. 81	179. 44	181. 22	177. 95

续表

序号	国家和地区	代码	2002年	2003年	2004年	2005年	2006年	2007年	2008年	2009年	2010年	2011年	2012年	2013年	2014年	2015年
591	巴拿马	PAN	211.30	179.39	198.16	196.37	204.06	220.48	189.02	201.51	202.33	204.75	203.46	218.92	207.80	192.56
598	巴布亚新几内亚	PNG	170.90	158.69	171.56	197.57	195.56	194.78	192.12	189.61	193.54	197.01	201.56	208.63	199.68	—
600	巴拉圭	PRY	230.80	219.89	195.66	206.07	218.66	245.48	240.32	244.71	231.12	246.82	244.33	244.33	248.99	251.39
604	秘鲁	PER	167.50	170.59	169.76	168.77	169.46	166.08	163.32	166.41	162.64	169.84	168.63	169.69	172.01	167.57
608	菲律宾	PHL	111.50	106.49	110.86	117.27	123.46	127.88	132.02	136.11	137.56	147.88	145.55	147.16	144.71	141.29
616	波兰	POL	183.20	178.09	184.46	189.57	191.46	187.18	184.62	181.51	184.21	192.59	189.79	189.92	185.49	180.51
620	葡萄牙	PRT	222.30	211.89	211.56	212.67	215.36	220.08	220.72	219.01	211.57	214.85	209.41	213.67	208.51	206.33
626	东帝汶	TLS	—	766.99	722.36	653.07	278.66	433.28	423.42	458.61	369.52	323.65	356.05	382.94	424.78	346.95
634	卡塔尔	QAT	197.30	190.49	195.66	194.17	195.16	203.08	187.42	189.01	186.99	185.23	177.83	174.65	174.80	182.66
642	罗马尼亚	ROU	165.10	169.99	179.66	192.77	186.46	216.78	213.32	208.41	200.15	207.58	209.30	209.57	205.33	203.28
643	俄罗斯	RUS	113.30	115.89	123.76	128.37	138.56	141.38	141.82	145.21	145.67	152.32	149.98	152.10	150.43	149.85
646	卢旺达	RWA	292.10	298.49	284.26	287.47	288.46	277.68	270.02	278.11	280.25	274.48	272.87	258.86	268.61	281.88
662	圣卢西亚	LCA	—	534.89	479.76	273.07	492.96	438.68	475.02	433.01	448.61	432.54	431.46	501.43	483.45	473.32
678	圣多美和普林西比	STP	—	470.99	355.86	131.47	136.86	—	497.42	558.41	530.47	644.86	490.94	602.49	685.31	489.99
682	沙特阿拉伯	SAU	126.60	126.69	130.96	265.57	267.66	138.38	130.42	134.41	137.93	141.60	138.49	141.11	143.61	146.69
686	塞内加尔	SEN	290.20	255.29	273.76	—	289.46	250.98	288.22	241.01	239.26	242.67	245.43	249.51	238.54	211.29
688	塞尔维亚	SRB	—	—	—	—	—	286.88	290.92	281.01	266.59	273.60	264.05	254.82	265.87	255.15

续表

序号	国家和地区	代码	2002年	2003年	2004年	2005年	2006年	2007年	2008年	2009年	2010年	2011年	2012年	2013年	2014年	2015年
690	塞舌尔	SYC	477.80	443.19	473.26	503.57	364.76	313.88	307.12	463.31	491.05	321.62	373.05	376.52	397.05	412.02
694	塞拉利昂	SLE	345.30	651.69	290.86	307.27	325.86	286.38	289.62	283.51	276.89	255.01	203.89	200.87	198.16	224.31
699	印度	IND	146.60	144.89	141.76	144.17	148.86	148.98	142.32	147.11	147.50	156.18	159.57	162.51	164.38	163.72
702	新加坡	SGP	35.10	41.79	51.06	59.47	66.36	71.08	68.92	61.11	69.59	78.56	76.42	76.86	76.86	73.12
703	斯洛伐克	SVK	229.00	209.29	221.26	212.97	200.46	180.48	175.02	181.51	168.36	163.96	157.98	157.03	161.22	160.91
704	越南	VNM	114.70	115.39	116.86	123.87	131.56	131.28	129.12	127.01	124.33	126.69	120.36	117.14	112.51	102.52
705	斯洛文尼亚	SVN	223.90	224.49	229.46	228.47	220.06	220.88	219.02	224.51	210.97	217.45	211.78	208.33	206.79	202.14
710	南非	ZAF	141.70	144.99	148.36	153.97	156.66	155.38	149.42	151.31	148.55	148.48	141.39	139.77	142.21	142.76
716	津巴布韦	ZWE	187.60	203.99	187.76	196.27	—	196.08	211.52	223.91	209.37	210.71	208.85	211.50	211.57	205.44
724	西班牙	ESP	166.50	165.89	171.06	172.77	174.26	173.48	171.02	177.71	173.88	182.47	184.17	186.65	185.50	181.13
740	苏里南	SUR	251.50	216.29	283.26	245.87	282.36	289.88	284.22	267.41	266.51	268.86	260.25	263.54	254.43	257.63
748	斯威士兰	SWZ	231.30	237.09	241.26	267.27	286.46	294.78	310.62	311.21	359.01	437.72	282.90	285.22	306.86	446.34
752	瑞典	SWE	152.90	151.49	158.46	164.47	170.76	173.78	172.02	170.11	172.88	182.58	182.90	185.55	186.42	181.78
757	瑞士	CHE	159.10	161.69	161.06	166.37	171.96	171.28	171.12	176.71	168.64	173.99	173.10	160.90	171.23	166.53
762	塔吉克斯坦	TJK	268.30	230.59	232.86	227.07	223.06	238.68	215.52	178.51	206.03	210.82	208.71	215.40	224.75	222.77
764	泰国	THA	104.00	104.79	108.96	113.17	119.36	123.78	121.32	121.01	122.04	128.62	127.62	130.24	129.90	125.79
768	多哥	TGO	202.20	172.29	169.56	183.07	199.96	194.58	199.32	195.91	191.15	197.60	185.88	188.10	187.29	180.53

续表

序号	国家和地区	代码	2002年	2003年	2004年	2005年	2006年	2007年	2008年	2009年	2010年	2011年	2012年	2013年	2014年	2015年
776	汤加	TON	407.00	392.99	249.36	557.17	474.66	426.58	466.82	428.11	517.20	449.99	638.91	443.17	450.79	459.94
780	特立尼达和多巴哥	TTO	262.60	250.49	284.26	249.87	255.66	254.48	251.82	231.21	235.66	226.49	247.06	245.88	248.75	265.14
784	阿联酋	ARE	135.60	130.69	131.06	133.37	138.56	143.38	136.02	139.41	140.21	142.22	120.92	110.94	115.47	116.43
788	突尼斯	TUN	214.00	239.39	233.26	234.97	240.66	255.38	231.72	230.21	226.52	227.52	227.55	232.71	232.40	230.75
792	土耳其	TUR	183.90	175.19	184.76	190.87	190.56	187.98	185.62	187.21	181.88	191.60	190.09	187.86	190.51	190.07
795	土库曼斯坦	TKM	288.20	264.59	250.86	256.87	264.86	242.08	246.42	238.61	196.07	182.37	164.21	173.22	177.72	176.60
800	乌干达	UGA	271.50	—	258.56	259.07	263.26	266.88	275.12	283.01	279.03	276.27	271.57	266.50	260.32	260.08
804	乌克兰	UKR	144.40	137.49	148.26	161.47	179.66	178.98	171.62	165.71	167.84	172.32	174.48	176.02	176.68	172.30
807	马其顿	MKD	324.60	250.39	321.96	284.47	328.76	287.28	303.32	286.91	261.76	253.05	255.21	273.46	274.73	257.75
818	埃及	EGY	193.40	189.69	189.86	194.07	200.06	203.68	195.22	189.61	193.19	195.75	199.22	196.20	202.93	203.13
826	英国	GBR	141.50	147.29	152.56	157.37	162.66	166.78	162.92	162.71	161.53	169.11	166.41	165.20	163.62	162.10
834	坦桑尼亚	TZA	245.50	215.29	209.06	201.47	212.16	210.58	217.72	211.21	200.61	206.87	209.63	201.47	204.65	200.71
842	美国	USA	107.90	110.79	116.06	122.17	127.86	132.38	131.12	129.61	130.95	139.44	137.17	137.05	137.17	134.48
854	布基纳法索	BFA	355.80	250.79	235.86	238.07	245.06	244.38	271.62	259.61	263.01	267.03	257.61	258.78	267.23	284.89
858	乌拉圭	URY	201.30	201.89	199.56	200.87	199.86	200.38	189.32	189.91	183.88	191.44	184.41	185.16	184.51	185.16
860	乌兹别克斯坦	UZB	216.90	181.59	181.86	188.17	188.86	198.78	199.62	196.01	188.13	209.47	201.66	189.89	195.50	200.06
862	委内瑞拉	VEN	199.30	189.89	181.06	179.07	172.66	180.68	169.02	178.71	177.68	167.67	162.50	171.96	—	—

续表

序号	国家和地区	代码	2002年	2003年	2004年	2005年	2006年	2007年	2008年	2009年	2010年	2011年	2012年	2013年	2014年	2015年
882	萨摩亚	WSM	—	332.99	306.56	415.47	451.26	364.48	298.52	263.41	412.55	449.80	438.02	479.98	386.65	334.76
887	也门	YEM	148.00	136.29	142.76	143.37	152.46	164.08	158.42	170.01	168.20	181.38	171.78	177.30	181.97	203.54
894	赞比亚	ZMB	204.90	218.69	202.06	212.47	214.46	205.78	204.42	194.51	181.31	183.30	183.34	183.99	185.38	191.64

注：—表示由于数据缺失无法计算。

参考文献

一、中文部分

[1] 卜茂亮，李双，张三峰．环境规制与出口：来自三维面板数据的证据［J］．国际经贸探索，2017（9）：40－47.

[2] 陈雯，李强．增加值出口的能源消耗和污染气体排放：新贸易核算方法下的中美对比［J］．吉林大学社会科学学报，2015（1）：74－82.

[3] 党玉婷．中美贸易的内涵污染实证研究：基于投入产出技术矩阵的测算［J］．中国工业经济，2013（12）：18－30.

[4] 丁媛媛，彭星．中国与东盟双边贸易成本测度、贸易增长分解及影响因素研究［J］．经济问题探索，2012（5）：179－184.

[5] 独孤昌慧，李冬．我国工业进出口含污量及影响因素研究：基于投入产出和 LMDI 的我国工业废气排放分析［J］．国际商务（对外经济贸易大学学报），2014（4）：5－15.

[6] 独孤昌慧，吴翔，周小琳．中美工业进出口贸易隐含污染及影响因素研究：基于非竞争型世界投入产出表的分析［J］．上海经济研究，2015（7）：106－114.

[7] 冯宗宪，米嘉伟，张军．中国与“一带一路”国家双边贸易成本测度及其影响因素研究［J］．西安交通大学学报（社会科学版），2017，37（4）：36－44.

[8] 傅京燕，赵春梅．环境规制会影响污染密集型行业出口贸易吗?：基于中国面板数据和贸易引力模型的分析［J］．经济学家，2014（2）：47－58.

[9] 龚静，尹忠明．服务贸易成本测算：来自全球40个经济体及19个服务部门的经验研究：基于WIOD数据库的Novy（2013）成本测算方法分析［J］．国际商务（对外经济贸易大学学报），2017（3）：49－60.

［10］顾阿伦．引入碳价格后中国出口贸易成本的变化［J］．中国人口·资源与环境，2015，125（1）：40－45.

［11］何红渠、黄灵峰．征收排污费能有效提高企业业绩吗？［J］．财经问题研究，2017（7）：28－33.

［12］黄新飞，李锐，黄文锋．贸易伙伴对第三方发起反倾销对中国出口三元边际的影响研究［J］．国际贸易问题，2017（1）：139－152.

［13］贾伟，秦富．中国谷物贸易成本的测度及其对贸易增长的影响［J］．国际贸易问题，2013（4）：62－72.

［14］蒋含明．海峡两岸贸易成本的测度及其影响因素：基于行业面板数据的实证分析［J］．世界经济研究，2012（6）：81－86.

［15］焦晓松，张丹，焦莉莉．中国对外双边贸易成本测度：基于改进引力模型的应用［J］．价格理论与实践，2017（1）：78－81.

［16］金春雨，王伟强．"污染避难所假说"在中国真的成立吗：基于空间VAR模型的实证检验［J］．国际贸易问题，2016（8）：108－118.

［17］阚大学，吕连菊．进出口贸易对环境污染的非线性影响：基于面板平滑转换回归模型［J］．国际商务（对外经济贸易大学学报），2016（2）：5－17.

［18］康晓玲，张莹．我国与"一带一路"沿线国家双边贸易成本的测算和影响因素分析［J］．西安电子科技大学学报（社会科学版），2016，24（7）：77－86.

［19］李娜，伍世代，代中强，王强．扩大开放与环境规制对我国产业结构升级的影响［J］．经济地理，2016（11）：110－115，123.

［20］李小平，卢现祥，陶小琴．环境规制强度是否影响了中国工业行业的贸易比较优势［J］．世界经济，2012（4）：62－78.

［21］廖涵，谢靖．环境规制对中国制造业贸易比较优势的影响：基于出口增加值的视角［J］．亚太经济，2017（4）：46－53，174.

［22］林伯强，蒋竺均．中国二氧化碳的环境库兹涅茨曲线预测及影响因素分析［J］．管理世界，2009，187（4）：27－36.

[23] 林伯强，刘泓汛．对外贸易是否有利于提高能源环境效率：以中国工业行业为例 [J]. 经济研究，2015 (9)：127 - 141.

[24] 刘洪铎．中国对外双边贸易成本的测度研究：以亚洲贸易伙伴为例 [J]. 亚太经济，2011 (4)：102 - 107.

[25] 刘洪铎，蔡晓珊．中国与“一带一路”沿线国家的双边贸易成本研究 [J]. 经济学家，2016 (7)：92 - 100.

[26] 刘家悦，谢靖．环境规制与制造业出口质量升级：基于要素投入结构异质性的视角 [J]. 中国人口·资源与环境，2018，28 (2)：158 - 167.

[27] 龙小宁，方菲菲，Chandra Piyush. 美国对华反倾销的出口产品种类溢出效应探究 [J]. 世界经济，2018 (5)：76 - 98.

[28] 陆旸．我国主要进口商品的 Armington 替代弹性估计 [J]. 国际贸易问题，2007 (12)：34 - 37.

[29] 陆旸．我国原油进口依存度的国别差异分析：基于 Armington 模型的实证检验 [J]. 国际贸易问题，2008 (6)：45 - 50.

[30] 陆旸．环境规制影响了污染密集型商品的贸易比较优势吗？[J]. 经济研究，2009 (4)：28 - 40.

[31] 罗胜强，鲍晓华．企业会因为遭遇反倾销而增加出口吗 [J]. 国际贸易问题，2018 (3)：124 - 137.

[32] 吕延方，王冬，陈树文．进出口贸易对生产率、收入、环境的门限效应：基于 1992 ~ 2010 年我国省际人均 GDP 的非线性面板模型 [J]. 经济学（季刊），2015，14 (2)：703 - 730.

[33] 马凌远．中国与 G-7 的双边服务贸易成本的测度与决定因素：基于改进引力模型的应用 [J]. 经济经纬，2012 (3)：70 - 74.

[34] 孟东梅，姜绍政．我国大豆进口的 Armington 弹性及福利波动分析 [J]. 商业研究，2013，55 (7)：57 - 60.

[35] 潘安，魏龙．中国与其他金砖国家贸易隐含碳研究 [J]. 数量经济技术经济研究，2015 (4)：54 - 70.

[36] 潘申彪，王剑斌．互联网发展差距对“一带一路”沿线主要国家出口贸易的影响研究 [J]. 国际商务（对外经济贸易大学学报），2018 (3)：70 - 84.

[37] 潘文卿，李跟强．中国区域间贸易成本：测度与分解 [J]. 数量经济技

术经济研究，2017（2）：55－71.

[38] 庞军，石媛昌，胡涛，等．我国出口贸易隐含污染排放变化的结构分解分析［J］．中国环境科学，2013，33（12）：2274－2285.

[39] 齐绍洲，徐佳．环境规制与制造业低碳国际竞争力：基于二十国集团“波特假说”的再检验［J］．武汉大学学报（哲学社会科学版），2018，71（1）：155－167.

[40] 齐晔，李惠民，徐明．中国进出口贸易中的隐含碳估算［J］．中国人口·资源与环境，2008，18（3）：8－13.

[41] 钱学锋，梁琦．测度中国与 G-7 的双边贸易成本：一个改进引力模型方法的应用［J］．数量经济技术经济研究，2008（2）：53－62.

[42] 钱学锋，熊平．中国出口增长的二元边际及其因素决定［J］．经济研究，2010（1）：65－79.

[43] 任力，黄崇杰．国内外环境规制对中国出口贸易的影响［J］．世界经济，2015（5）：59－80.

[44] 邵帅．环境规制如何影响货物贸易的出口商品结构［J］．南方经济，2017（10）：111－125.

[45] 沈利生，唐志．对外贸易对我国污染排放的影响：以二氧化硫排放为例［J］．管理世界，2008（6）：21－29.

[46] 施炳展．我国与主要贸易伙伴的贸易成本测定：基于改进的引力模型［J］．国际贸易问题，2008（11）：24－30.

[47] 施炳展．中国出口增长的三元边际［J］．经济学（季刊），2010，9（4）：1311－1330.

[48] 施炳展．互联网与国际贸易：基于双边双向网址链接数据的经验分析［J］．经济研究，2016（5）：172－187.

[49] 宋金田，迟艳华．基于引力模型的中国柑橘贸易成本测度［J］．决策与统计，2014（15）：113－115.

[50] 苏庆义．中国出口引致的污染气体排放及其影响因素：基于 WIOD 数据库的分析［J］．国际贸易问题，2015（9）：86－96.

[51] 孙瑾，杨英俊．中国与“一带一路”主要国家贸易成本的测度与影响因素研究［J］．国际贸易问题，2016（05）：94－103.

[52] 唐剑，周雪莲．中国对外贸易的环境影响综合效应分析［J］．中国人

口·资源与环境，2017，27（4）：87－94.

[53] 佟苍松．Armington 弹性的估计与美国进口中国商品的关税政策响应分析［J］．世界经济研究，2006（3）：45－48.

[54] 涂远芬．中国双边服务贸易成本的测度及影响因素分析［J］．国际商务（对外经济贸易大学学报），2016（1）：17－27.

[55] 王洪涛．中国创意产品出口贸易成本的测度与影响因素检验［J］．国际贸易问题，2014（10）：132－143.

[56] 王洪涛．中国文化产品出口贸易成本的测度与影响因素分析：基于中国文化贸易出口面板数据的实证检验［J］．当代财经，2014（10）：132－143.

[57] 王杰，刘斌．环境规制与企业全要素生产率：基于中国工业企业数据的经验分析［J］．中国工业经济，2014（3）：44－56.

[58] 王孝松，翟光宇，林发勤．贸易壁垒如何影响了中国的出口边际?：以反倾销为例的经验研究［J］．经济研究，2014（11）：58－71.

[59] 魏昀妍，樊秀峰，柳春．中国与丝路沿线国家双边贸易成本的变化及其影响因素研究［J］．当代财经，2016（10）：100－108.

[60] 吴小康，于津平．进口国通关成本对中国出口的影响［J］．世界经济，2016（10）：103－126.

[61] 谢锐，赵果梅．GMRIO 模型视角下中国对外贸易环境效应研究［J］．数量经济技术经济研究，2016（5）：84－102.

[62] 熊立春，程宝栋．中国林产品贸易成本测算及其影响因素研究［J］．国际贸易问题，2017（11）：25－35.

[63] 徐保昌，谢建国．排污费如何影响企业生产率：来自中国制造业企业的证据［J］．世界经济，2016（8）：143－168.

[64] 徐慧．中国进出口贸易的环境成本转移：基于投入产出模型的分析［J］．世界经济研究，2010（1）：51－55.

[65] 许广月，宋德勇．中国碳排放环境库兹涅茨曲线的实证研究：基于省域面板数据［J］．中国工业经济，2010（5）：37－47.

[66] 许统生，陈瑾，薛智韵．中国制造业贸易成本的测度［J］．中国工业经济，2011（7）：15－25.

[67] 许统生，洪勇，涂远芬，等．加入世贸组织后中国省际贸易成本测度、

效应及决定因素［J］. 经济评论，2013（3）：126－135.
［68］许统生，李志萌，涂远芬，等. 中国农产品贸易成本测度［J］. 中国农村经济，2012（3）：14－24.
［69］许统生，梁肖. 中国加总贸易成本的测算及对制造业出口结构的影响［J］. 财贸经济，2016（3）：123－137.
［70］许统生，廖秋敏，涂远芬. 中国工业品宏微观 Armington 弹性：估算、应用与决定因素［J］. 世界经济，2018（2）：71－94.
［71］薛冰，卫平. APEC 国家双边贸易成本测算：基于纳入不可观测部分的测算方法［J］. 世界经济研究，2017（5）：28－37，50.
［72］杨青龙. 再论“国际贸易的全成本”［J］. 财贸经济，2012（5）：82－90.
［73］杨青龙，吴倩. “一带一路”国家的贸易便利化水平测算及评价［J］. 江淮论坛，2018（2）：50－56.
［74］杨曦，彭水军. 碳关税可以有效解决碳泄漏和竞争力问题吗?：基于异质性企业贸易模型的分析［J］. 经济研究，2017（5）：61－74.
［75］杨振兵，马霞，蒲红霞. 环境规制、市场竞争与贸易比较优势：基于中国工业行业面板数据的经验研究［J］. 国际贸易问题，2015（3）：65－75.
［76］杨子晖，田磊. “污染天堂”假说与影响因素的中国省际研究［J］. 世界经济，2017（5）：148－172.
［77］余淼杰. 中国的贸易自由化与制造业企业生产率［J］. 经济研究，2010（10）：97－110.
［78］张杰，郑文平. 政府补贴如何影响中国企业出口的二元边际［J］. 世界经济，2015（6）：22－48.
［79］张胜满，张继栋. 产品内分工视角下环境规制对出口二元边际的影响：基于两步系统 GMM 动态估计方法的研究［J］. 世界经济研究，2016（1）：76－86.
［80］张文城，彭水军. 南北国家的消费侧与生产侧资源环境负荷比较分析［J］. 世界经济，2014（8）：126－150.
［81］张文城，盛斌. 中国出口的环境成本：基于增加值出口污染强度的分析［J］. 数量经济技术经济研究，2017（8）：105－119.
［82］张友国. 中国贸易增长的能源环境代价［J］. 数量经济技术经济研究，

2009（1）：16－30.

［83］张友国．碳排放视角下的区域间贸易模式：污染避难所与要素禀赋［J］．中国工业经济，2015（8）：5－19.

［84］赵丽佳．我国油料进口的Armington弹性估计与进口福利波动分析［J］．国际贸易问题，2008（9）：3－7.

［85］周默涵．企业异质性、贸易自由化与环境污染［J］．中南财经政法大学学报，2017（4）：100－108.

［86］朱丹丹，黄梅波．中国对外援助的贸易成本削减效应研究［J］．世界经济研究，2015（7）：100－107.

［87］康志勇，汤学良，刘馨．环境规制、企业创新与中国企业出口研究：基于“波特假说”的再检验［J］．国际贸易问题，2020（2）：125－141.

［88］刘啟仁，陈恬．出口行为如何影响企业环境绩效［J］．中国工业经济，2020（1）：99－117.

［89］马淑琴，戴军，温怀德．贸易开放、环境规制与绿色技术进步：基于中国省际数据的空间计量分析［J］．国际贸易问题，2019（10）：132－145.

［90］宋德勇，杨秋月．环境规制打破了“资源诅咒”吗?：基于跨国面板数据的经验分析［J］．中国人口·资源与环境，2019，29（10）：61－69.

［91］王毅，黄先海，余骁．环境规制是否降低了中国企业出口国内附加值率［J］．国际贸易问题，2019（10）：117－131.

［92］张彩云．技术标准型环境规制与企业出口动态：基于清洁生产标准的一次自然实验［J］．国际贸易问题，2019（12）：32－45.

二、外文部分

［1］Anderson J E. A theoretical foundation for the gravity equation［J］. The American Economic Review，1979，69（1）：106－116.

［2］Anderson J E，Wincoop V E. Gravity with gravitas：a solution to the border puzzle［J］. American Economic Review，2004（93）：170－192.

［3］Antweiler W，Copeland B R，Taylor M S. Is free trade good for the environment?［J］. American Economic Review，2001，91（4）：877－908.

[4] Arkolakis C, Costinot A, Rodríguez-Clare A. New trade models, same old gains? [J]. American Economic Review, 2012, 102 (1): 94-130.

[5] Arouri M E H, Caporale G M, Rault C, et al. Environmental regulation and competitiveness: evidence from Romania [J]. Ecological Economics, 2012, 81: 130-139.

[6] Arvis J F, Duval Y, Shepherd B, et al. Trade costs in the developing world: 1996-2010 [J]. World Trade Review, 2016, 15 (3): 451-474.

[7] Barbera A J, McConnell V D. The impact of environmental regulations on industry productivity: direct and indirect effects [J]. Journal of Environmental Economics and Management, 1990, 18 (1): 50-65.

[8] Bergstrand J H, Egger P. Trade costs and intra-industry trade [J]. Review of World Economics, 2006, 142 (3): 433-458.

[9] Bernard A B, Jensen J B, Redding S J, et al. The margins of US trade [J]. American Economic Review, 2009, 99 (2): 487-493.

[10] Bernard A B, Redding S J, Schott P K. Comparative advantage and heterogeneous firms [J]. The Review of Economic Studies, 2007, 74 (1): 31-66.

[11] Blalock G, Gertler P J. Learning from exporting revisited in a less developed setting [J]. Journal of Development Economics, 2004, 75 (2): 397-416.

[12] Bown C P, Crowley M A. Trade deflection and trade depression [J]. Journal of International Economics, 2007, 72 (1): 176-201.

[13] Bown C P, Crowley M A. Policy externalities: how US antidumping affects Japanese exports to the EU [J]. European Journal of Political Economy, 2006, 22 (3): 696-714.

[14] Brouthers K D, Brouthers L E. Why service and manufacturing entry mode choices differ: the influence of transaction cost factors, risk and trust [J]. Journal of Management Studies, 2003, 40 (5): 1179-1204.

[15] Brown D K. Tariffs, the terms of trade, and national product differentiation [J]. Journal of Policy Modeling, 1987, 9 (3): 503-526.

[16] Cagatay S, Mihci H. Degree of environmental stringency and the impact on trade patterns [J]. Journal of Economic Studies, 2006, 33 (1): 30-51.

[17] Chaney T. Distorted gravity: the intensive and extensive margins of interna-

tional trade [J]. American Economic Review, 2008, 98 (4): 1707 - 1721.

[18] Chatzistamoulou N, Diagourtas G, Kounetas K. Do pollution abatement expenditures lead to higher productivity growth? Evidence from Greek manufacturing industries [J]. Environmental Economics and Policy Studies, 2017, 19 (1): 15 - 34.

[19] Cole M A. Trade, the pollution haven hypodissertation and the environmental Kuznets curve: examining the linkages [J]. Ecological Economics, 2004, 48 (1): 71 - 81.

[20] Cole M A, Elliott R J R. Determining the trade-environment composition effect: the role of capital, labor and environmental regulations [J]. Journal of Environmental Economics and Management, 2003, 46 (3): 363 - 383.

[21] Cole M A, Rayner A J, Bates J M. The environmental Kuznets curve: an empirical analysis [J]. Environment and Development Economics, 1997, 2 (4): 401 - 416.

[22] Copeland B R, Taylor M S. North-South trade and the environment [J]. The Quarterly Journal of Economics, 1994, 109 (3): 755 - 787.

[23] Costantini V, Mazzanti M. On the green and innovative side of trade competitiveness? The impact of environmental policies and innovation on EU exports [J]. Research Policy, 2012, 41 (1): 132 - 153.

[24] Cui J, Lapan H E, Moschini G C. Are exporters more environmentally friendly than non-exporters? Theory and evidence [R]. Working Paper, 2012.

[25] De Santis R. Impact of environmental regulations on trade in the main EU countries: conflict or synergy? [J]. The World Economy, 2012, 35 (7): 799 - 815.

[26] Deardorff A V. Testing trade theories and predicting trade flows [J]. Handbook of International Economics, 1984, 1: 467 - 517.

[27] Demidova S, Rodriguez-Clare A. Trade policy under firm-level heterogeneity in a small economy [J]. Journal of International Economics, 2009, 78 (1): 100 - 112.

[28] Dynamic Modeling and Applications for Global Economic Analysis [M]. Cambridge University Press, 2012.

[29] Eaton J, Kortum S. Technology, geography, and trade [J]. Econometrica, 2002, 70 (5): 1741 –1779.

[30] Eaton J, Kortum S, Neiman B, et al. Trade and the global recession [J]. American Economic Review, 2016, 106 (11): 3401 –3438.

[31] Ederington J, Levinson A, Minier J. Footloose and pollution-free [J]. Review of Economics and Statistics, 2005, 87 (1): 92 –99.

[32] Ederington J, Minier J. Is environmental policy a secondary trade barrier? An empirical analysis [J]. Canadian Journal of Economics, 2003, 36 (1): 137 –154.

[33] Eum J, Sheldon I, Thompson S. Asymmetric trade costs: agricultural trade among developing and developed countries [J]. Journal of Agricultural & Food Industrial Organization, 2018.

[34] Feenstra R C. Advanced International Trade: Theory and Evidence (Second Edition) [M]. Princeton University Press, 2016.

[35] Feenstra R C. International Trade and Investment [M]. Law Press, 2004: 338 –186.

[36] Feenstra R C, Luck P, Obstfeld M, et al. In search of the Armington elasticity [J]. Review of Economics and Statistics, 2018, 100 (1): 135 –150.

[37] Forslid R, Okubo T, Ulltveit-Moe K H. International trade, CO_2 emissions and heterogeneous firms [R]. Working Paper, 2011.

[38] Galeotti M, Lanza A. Richer and cleaner? A study on carbon dioxide emissions in developing countries [J]. Energy Policy, 1999, 27 (10): 565 –573.

[39] Gallaway M P, McDaniel C A, Rivera S A. Short-run and long-run industry-level estimates of US Armington elasticities [J]. The North American Journal of Economics and Finance, 2003, 14 (1): 49 –68.

[40] Gray J A. The Psychology of Fear and Stress [M]. CUP Archive, 1987.

[41] Gray W B, Shadbegian R J. Pollution abatement costs, regulation, and

plant-level productivity [R]. National Bureau of Economic Research, 1995.

[42] Grossman G M, Krueger A B. Economic growth and the environment [J]. The Quarterly Journal of Economics, 1995, 110 (2): 353 -377.

[43] Grossman G M, Krueger A B. Environmental impacts of a North American free trade agreement [R]. National Bureau of Economic Research, 1991.

[44] Guo M, Lu L, Sheng L, et al. The day after tomorrow: evaluating the burden of Trump's trade war [J]. Asian Economic Papers, 2018, 17 (1): 101 -120.

[45] Hall R E, Jones C I. Why do some countries produce so much more output per worker than others? [J]. The Quarterly Journal of Economics, 1999, 114 (1): 83 -116.

[46] Hamamoto M. Environmental regulation and the productivity of Japanese manufacturing industries [J]. Resource and Energy Economics, 2006, 28 (4): 299 -312.

[47] Handley K, Limão N. Policy uncertainty, trade, and welfare: theory and evidence for China and the United States [J]. American Economic Review, 2017, 107 (9): 2731 -2783.

[48] Harris M N, Konya L, Matyas L. Modelling the impact of environmental regulations on bilateral trade flows: OECD, 1990 - 1996 [J]. World Economy, 2002, 25 (3): 387 -405.

[49] Head K, Mayer T. Gravity Equations: Workhorse, Toolkit, and Cookbook [M]. Handbook of International Economics. Elsevier, 2014, 4: 131 -195.

[50] Head K, Ries J. Heterogeneity and the FDI versus export decision of Japanese manufacturers [J]. Journal of the Japanese and International Economies, 2003, 17 (4): 448 -467.

[51] Helpman E, Melitz M, Rubinstein Y. Estimating trade flows: trading partners and trading volumes [J]. The Quarterly Journal of Economics, 2008, 123 (2): 441 -487.

[52] Helpman E, Melitz M J, Yeaple S R. Export versus FDI with heterogeneous firms [J]. American Economic Review, 2004, 94 (1): 300 -316.

[53] Hering L, Poncet S. Environmental policy and exports: evidence from Chi-

nese cities [J]. Journal of Environmental Economics and Management, 2014, 68 (2): 296 - 318.

[54] Herrero A G, Xu J. China's Belt and Road initiative: can Europe expect trade gains? [J]. China & World Economy, 2017, 25 (6): 84 - 99.

[55] Holladay J S. Are exporters mother nature's best friends? [J]. New York University School of Law, 2010.

[56] Holtz-Eakin D, Selden T M. Stoking the fires? CO_2 emissions and economic growth [J]. Journal of Public Economics, 1995, 57 (1): 85 - 101.

[57] Hopenhayn H A. Entry, exit, and firm dynamics in long run equilibrium [J]. Econometrica: Journal of the Econometric Society, 1992: 1127 - 1150.

[58] Hummels D, Klenow P J. The variety and quality of a nation's exports [J]. American Economic Review, 2005, 95 (3): 704 - 723.

[59] Jacks D S, Meissner C M, Novy D. Trade costs, 1870 - 2000 [J]. American Economic Review, 2008, 98 (2): 529 - 534.

[60] Jaffe A B, Peterson S R, Portney P R, et al. Environmental regulation and the competitiveness of US manufacturing: what does the evidence tell us? [J]. Journal of Economic literature, 1995, 33 (1): 132 - 163.

[61] Jug J, Mirza D. Environmental regulations in gravity equations: evidence from Europe [J]. World Economy, 2005, 28 (11): 1591 - 1615.

[62] Justin R. Pierce. Plant-level responses to antidumping duties: evidence from U. S. manufacturers [J]. Social Science Electronic Publishing, 2011, 85 (2): 222 - 233.

[63] Kahneman D, Tversky A. The simulation heuristic [R]. Stanford Univ Ca Dept of Psychology, 1981.

[64] Kee H L, Neagu C, Nicita A. Is protectionism on the rise? Assessing national trade policies during the crisis of 2008 [J]. Review of Economics and Statistics, 2013, 95 (1): 342 - 346.

[65] Kreickemeier U, Richter P M. Trade and the environment: the role of firm heterogeneity [J]. Review of International Economics, 2014, 22 (2): 209 - 225.

[66] Krugman P. Increasing returns, imperfect competition and the positive theory

of international trade [J]. Handbook of International Economics, 1995, 3: 1243 - 1277.

[67] Leibenstein H. Shaping the world economy: suggestions for an international economic policy [R]. Working Paper, 1966.

[68] Levinsohn J, Petrin A. Estimating production functions using inputs to control for unobservables [J]. The Review of Economic Studies, 2003, 70 (2): 317 - 341.

[69] Levinson A, Taylor M S. Unmasking the pollution haven effect [J]. International Economic Review, 2008, 49 (1): 223 - 254.

[70] McAusland C. Globalisation's direct and indirect effects on the environment [J]. Globalisation, Transport and the Environment, 2010: 31 - 53.

[71] McCallum J. National borders matter: Canada-U. S. regional trade patterns [J]. American Economic Review, 1995, 85 (3): 615 - 623.

[72] Melitz M J. The impact of trade on intra-industry reallocations and aggregate industry productivity [J]. Econometrica, 2003, 71 (6): 1695 - 1725.

[73] Melitz M J, Polanec S. Dynamic Olley-Pakes productivity decomposition with entry and exit [J]. The Rand Journal of Economics, 2015, 46 (2): 362 - 375.

[74] Melitz M J, Ottaviano G I P. Market size, trade, and productivity [J]. The Review of Economic Studies, 2008, 75 (1): 295 - 316.

[75] Milner C, McGowan D. Trade costs and trade composition [J]. Economic Inquiry, 2013, 51 (3): 1886 - 1902.

[76] Miroudot S, Sauvage J, Shepherd B. Measuring the cost of international trade in services [J]. World Trade Review, 2013, 12 (4): 719 - 735.

[77] Mrázová M, Neary J P. Together at last: trade costs, demand structure, and welfare [J]. American Economic Review, 2014, 104 (5): 298 - 303.

[78] Muradian R, Martinez-Alier J. Trade and the environment: from a 'Southern' perspective [J]. Ecological Economics, 2001, 36 (2): 281 - 297.

[79] Novy D. Gravity redux: measuring international trade costs with panel data [J]. Economic inquiry, 2013, 51 (1): 101 - 121.

[80] Novy D. Is the iceberg melting less quickly? International trade costs after

World War II [R]. Working Paper, 2006.

[81] Olley G S, Pakes A. The dynamics of productivity in the telecommunications equipment industry [J]. Econometrica, 1996, 64 (6): 1263 - 1297.

[82] Panayotou T. Empirical tests and policy analysis of environmental degradation at different stages of economic development [R]. International Labour Organization, 1993.

[83] Porter M E, Van der Linde C. Toward a new conception of the environment-competitiveness relationship [J]. Journal of Economic Perspectives, 1995, 9 (4): 97 - 118.

[84] Prusa T J. The Trade Effects of U. S. Antidumping Actions [M]//Feenstra R C. The Effects of U. S. Trade Protection and Promotion Policies. Chicago: University of Chicago Press, 1997: 191 - 213.

[85] Redding S, Venables A J. Economic geography and international inequality [J]. Journal of International Economics, 2004 (62): 53 - 82.

[86] Reinert K A, Roland-Holst D W. Armington elasticities for United States manufacturing sectors [J]. Journal of Policy Modeling, 1992, 14 (5): 631 - 639.

[87] Savage I R, Deutsch K W. A statistical model of the gross analysis of transaction flows [J]. Econometrica: Journal of the Econometric Society, 1960: 551 - 572.

[88] Shiells C R, Reinert K A. Armington models and terms-of-trade effects: some econometric evidence for North America [J]. Canadian Journal of Economics, 1993, 26 (2): 299 - 316.

[89] Shiells C R, Stern R M, Deardorff A V. Estimates of the elasticities of substitution between imports and home goods for the United States [J]. Weltwirtschaftliches Archiv, 1986, 122 (3): 497 - 519.

[90] Smith J B, Sims W A. The impact of pollution charges on productivity growth in Canadian brewing [J]. The Rand Journal of Economics, 1985: 410 - 423.

[91] Stern, R. M. Price elasticities in international trade: an annotated bibliography [M]. Springer, 1976.

[92] Tobey J A. The effects of domestic environmental policies on patterns of world

trade: an empirical test [J]. Kyklos, 1990, 43 (2): 191 –209.

[93] Trefler D. The case of the missing trade and other mysteries [J]. The American Economic Review, 1995: 1029 –1046.

[94] Van Beers C, Van Den Bergh J C J M. An empirical multi-country analysis of the impact of environmental regulations on foreign trade flows [J]. Kyklos, 1997, 50 (1): 29 –46.

[95] Vandenbussche H, Zanardi M. The global chilling effects of antidumping proliferation [J]. Social Science Electronic Publishing, 2006, 12 (3): 1 –36.

[96] Xu T, Li Y, Chen H. The impact of environmental regulations on Chinese export [J]. The Journal of Global Business Management, 2016, 12 (1): 19 –29.

[97] Yang C H, Tseng Y H, Chen C P. Environmental regulations, induced R&D, and productivity: evidence from Taiwan's manufacturing industries [J]. Resource & Energy Economics, 2012, 34 (4): 514 –532.

[98] Yokoo H. Heterogeneous firms, the Porter hypothesis and trade [Z]. Kyoto Sustainability Initiative Communications, 2009.

后　　记

本书是在我的博士论文基础上完成的。因此，首先毫无疑问要感谢我的导师许统生教授，能够在众多考生中有机会成为许老师的学生是一件非常荣幸的事情。许老师治学非常严谨，作为教学名师“传道、授业、解惑”每一个环节做得一丝不苟，尤其是在学术论文修改的环节，每一种解决问题的方案、每一个变量的选取的依据和经济含义，甚至每一个词汇的表达都要经过反复推敲千锤百炼，力求做到精益求精。这样的反复训练不仅让我深刻理解了严格的学术规范，培养了良好的学术习惯，也让我明白什么是一个高校教师和知名学者应有的高尚品质。诗经中所说的“如切如磋，如琢如磨”，应该就是许老师这样的君子。

其次要感谢我的父母，从小培养我教育我独立自强，鼓励我做有文化有事业的新时代女性。感谢我的双胞胎儿子，陪伴我整个求学的过程。感谢我的先生一直不断激励我在事业上有所追求。

感谢陈绵水教授、彭继增教授、李秀香教授、黄建军教授、黎新伍教授、钟昌标教授、伍世安教授和袁红林教授，各位专家对于该论文提出了非常富有建设性的建议；感谢我的老师陶长琪教授、方宝璋教授、廖卫东教授、聂高辉教授、饶晓辉教授、吴涛博士，在学术上给予我的耐心指导；感谢我的师姐涂远芬副教授、师妹方玉霞博士，在论文写作过程中给了我非常大的帮助，经常在学术交流中给我启发；感谢我的朋友占佳，在最艰难的日子里给我鼓励和安慰。感谢江西财经大学，在五年多的博士学术生涯中给予我的诸多关爱。

最后，感谢江西理工大学学术著作出版资助以及江西理工大学繁荣哲学社会科学项目（FZ18－YB－06）的支持。